大宋宰相

王安石

毕宝魁
— 著 —

中国友谊出版公司

图书在版编目（CIP）数据

大宋宰相王安石 / 毕宝魁著 . -- 北京：中国友谊
出版公司，2023.3
ISBN 978-7-5057-5607-6

Ⅰ . ①大… Ⅱ . ①毕… Ⅲ . ①王安石（1021-1086）
－生平事迹 Ⅳ . ① K827=441

中国国家版本馆 CIP 数据核字 (2023) 第 024585 号

书名	大宋宰相王安石
作者	毕宝魁
出版	中国友谊出版公司
发行	中国友谊出版公司
经销	新华书店
印刷	天津中印联印务有限公司
规格	880×1230 毫米　32 开
	10 印张　259 千字
版次	2023 年 3 月第 1 版
印次	2023 年 3 月第 1 次印刷
书号	ISBN 978-7-5057-5607-6
定价	55.00 元
地址	北京市朝阳区西坝河南里 17 号楼
邮编	100028
电话	(010) 64678009

目 录

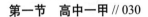

第四章　上万言书

第五章　多事之秋

人生得一知已足矣！许多人这样慨叹。一般人是这样，想要建功立业之人更如此。当一位可堪大任之知心朋友天折后，王安石仿佛失去了左右手。

用几个月时间，王安石编集了一个唐诗选本，对唐诗的流传有很大作用。但围绕这个选本，后人有很大争论，产生种种说法。

一个中年人，回到自己的内室，可床边上坐的不是妻子，却是个陌生的美女，这是怎么回事？王安石就遇到了这样的怪事。

皇帝死，对臣子是大丧，母亲死，对儿子是大丧，都令人悲痛。在不到半年时间里，如果一个人连续遭此大丧，他的感受将如何呢？

过继出去的儿子对亲生父亲还能不能叫爹，这在民间实在算不上什么事。可在宫廷中则不同，为此竟产生一场影响深远的大争论。

第六章　锐意变法

英宗在世，几次下诏赴阙，均封还札子，坚决不肯进京为官，宁可在家讲学。神宗登基，一道札子下来，当即出仕。这表现出王安石的性格，也为后世的政故留下口实。

第七章 坚韧不拔

死、苦。这样的班子怎能领导变更法度这样复杂的社会工程呢?

第二节　阻力重重 // 182

做事必有挫折。"其事愈大者,其遇挫愈多,其不退也愈难。非至强之人,未有能善于其终者也。"善哉!梁任公之言。

第三节　李定事件 // 188

一个人,只是说几句实话就遭到许多人之攻击与刁难,甚至险些被以"莫须有"之罪名而治罪。这又为数年后之"乌台诗案"种下苦果。

第四节　百折不挠 // 196

变法在深入发展,涉及社会生活之各个方面。吕氏家族出了"家贼",大相国寺墙壁上出现匿名诗。

第五节　全面推行新法 // 201

尽管风大浪急,险象环生,但变法之航船依旧朝着既定方向艰难地行进。尽管有几百人闹事闹到王安石家里,但依旧不能改变其变法之决心。

第八章　辞去相位

第一节　省兵置将 // 208

西北边将王韶带兵深入敌境一千八百余里,浴血奋战五十四天,一直与朝廷失去联系。结果将怎样呢?神宗和王安石一直在焦急地盼望着消息。

第九章　东山再起

苏轼因在东面之坡地建房而喜得"苏东坡"之雅号，王安石也是由于所建住宅之处而得名"半山老人"。可"半山"之名又因何而生呢？

在政治主张方面有严重分歧的一对政敌，晚年却坐到一起，彻夜长谈，心心相印，相互敬重，实为大君子之所为，亦为后人留下一段发人深省的文坛佳话。

天意自古高难问，正在变法大业取得重大成功之时，年仅三十八岁的神宗皇帝却突然殡天。这使变法大业功亏一篑，使千古名相王安石含恨而终。

死后的王安石享受过极高的荣耀，也受到过猛烈的抨击。对他评价之关键是对于变法之评价。他是一本厚厚的书，值得我们认真阅读和思索。

［第一章］
少年高志

男儿少壮不树立，挟此穷老将安归？

——王安石

第一节　灵堂中闪现的念头

儿童的心里仿佛是一张白纸，初染之色将成人生图画之底色，对其一生都会产生重要影响。8 岁的王安石随父参加一隆重丧礼，使他幼小的心灵产生了震颤。

宋仁宗天圣六年（1028），暮秋时节。霜风凄紧，关河冷落，落叶萧萧，一派凄凉景象。

在抚州临川（今属江西）县城东的一所大宅院里，搭着一个很大很大的灵棚，一班僧人在悠扬的佛曲声的伴奏下，晃动着脑袋，一边敲着木鱼一边齐声背诵着经文，在为一位死者超度亡灵，祈祷他早日升入天堂，保佑他的后代发达昌盛，光宗耀祖。

死者看来是个有身份的人，前来吊唁的人络绎不绝。既有不同品级的各类官员，也有名商大贾，地方豪绅，更多的是普通百姓。

一口五鼓三圆大棺材停放在灵棚的正中央。大棺材彩绘花纹的前脸中央，在紫檀色的底色上，是用金粉画成的天堂的图案，亭台楼阁，曲榭回廊，应有尽有。在天堂图案的中间，有死者的名位，即："先考王氏贯之府君享年六十有二之灵柩。"白纸黑字，十分显眼。

在棺材前，有一个很大的五尺多长的供桌，上面摆着三牲、馒头和其他供果。几炷正在燃烧着的香冒出一缕缕篆形的香烟，盘旋上升。一副庄严肃穆的气氛。

在供桌前，齐排排地跪着死者的儿孙们，一大片。根据所跪的位置和所穿孝服的不同，就可以分出跪拜者与死者之间的血缘关系。在正中间第一排跪着而且穿斩衰之服的，当然是死者的儿子。在第二排跪着穿齐衰之服的则是死者的亲侄等人。依此类推，与死者关系越远的人，跪的位置也就越靠后。这就是中国古代所谓的"五服"制度。

可见在等级制度分明的封建社会里，即使是叩头，也是有一定地位的，辈分小或职务低的人连叩头都得不到一个好位置。这就难怪大名鼎鼎的秦朝丞相李斯当年从厕所里出来后会仰天长叹，发誓无论如何也要弄个仓廪之鼠的位置了。

在第二排，跪拜行礼的是一位三十多岁，面容刚毅的男子。男子身后，跪着他的五个儿子。五个儿子的正中央，也就是第三个小男孩儿，一脸稚气，一双大眼睛，长长的眼睫毛，非常有神而又撩人喜欢。这个小男孩儿就是本书的传主，在中国历史乃至在世界改革历史上都赫赫有名的北宋最著名，后来争论最大的荆国公王安石。

宋真宗天禧五年十一月十二日（公历1021年12月18日），王安石出生在临江军（故治在今江西清江）官府府邸的维崧堂里。当时王益正在临江军判官任上。其后，安石便随着父亲仕宦的足迹到处宦游。这年已经八岁了。别看王安石只有八岁，但已明白不少道理。虽然他在学着父亲王益的动作，王益叩头他就叩头，王益挺起身来他就挺起身来，亦跪亦拜，亦步亦趋，但他的小心眼里一刻也没有停止活动。他在想着来参加这次丧礼前爹爹王益的语重心长的嘱咐。爹爹的话又出现在他的耳边：

"咱们这枝老王家源出太原，属于太原王氏，汉魏间就是士族。据先人讲，是在西晋年间'八王之乱'时避难流落到江南来的。在唐代时，太原王氏是名门望族，是当时的五大姓之一。盛唐时著名的诗人王右丞就是太原王氏。五代战乱，咱们家族的谱牒丢失，现在已不知属于哪一支脉了。也不知道究竟是什么时候，是哪一代先人搬到这里来的。

"五代时期，咱们的先人曾经在南唐李氏王朝中做官，曾经与当时著名的大臣徐铉、潘佑、冯延巳同殿称臣。自从国朝建立，搬到这里之后，咱们家族就未出现过名人，连个中进士的也没有。一直到我的老叔，也就是你们刚死的这位爷爷才开始渐渐起家。他是振兴咱们临川王氏家族的第一人，你们要向这位爷爷学习，发奋读书，科举登第，光大门楣，光宗耀祖。永远记住：只有读书才能有所作为，只有读书才能当官，只有读书才能起祖。"

爹爹的这些话反复出现在小王安石的脑海里，他对棺材里的这位爷爷敬重而佩服，叩头也极其虔诚而恭敬。从他四五岁刚刚懂事的时候，爹爹妈妈就不止一次地向他讲述过这位亲叔伯爷爷的故事。

爷爷叫王贯之，在真宗咸平三年（1000）陈尧咨榜中的进士。爹爹那一年才七岁，比现在的自己还小一岁，也刚刚懂事。只记得当时是举族大庆，十里八村的人都非常艳羡。比出个县令还要风光。当时的爹爹见中进士是这样的光彩荣耀，这么好玩，就暗下决心，也要考个进士。于是刻苦读书，又受到爷爷的亲自指点，终于如愿以偿。爷爷后来做过州的军事推官、通判、知州等官。一直做到尚书主客郎中。为人宽厚刚猛相济，所至均有政绩，民望甚好。

爷爷一生的事迹很多，在小安石幼小的心灵里，有两件事一直深深地留在记忆中，永远也不可磨灭。一件事是爷爷在考中进士后，一天晚上和几个要好的朋友喝酒庆贺。其中的一个朋友没有考中，忌妒爷爷王贯之，就借着酒劲把爷爷考中的证件，如同现代的毕业文凭撕碎并扔进火里烧了。其他朋友都大惊失色，王贯之却不动声色，搀扶着那个朋友去睡觉，就像什么也没有发生一样。

第二天，王贯之主动到有关部门去，作了一番深刻的自我检讨，说明自己一时不慎把证件丢失了。当即虽然遭到了严厉的批评，但因为有存根，管事者又给爷爷补了一个证件。那个朋友酒醒之后，听说这件事，非常感动。其他朋友都非常佩服他的度量。

后来，那个朋友也考中了进士，并在王贯之的属下做官。当有机会时，王贯之又把那个朋友推荐上去。有人说他是非不分，以德报怨，他则一笑曰："我只知道他确实有这个才能，何必计较什么德与怨呢？"人们更服其雅量。

还有一件事，就是爷爷曾经提点淮南刑狱，当时的宰相是丁谓。

丁谓把他的两个党羽派遣到爷爷的属下去任职，并特别嘱托说这两个人是能吏，要关照关照，暗示爷爷尽快提拔他们。可经过一段时间的考察，爷爷发现这两个人不但没有什么才能和政绩，反而均是贪饕污秽之辈，均犯有贪污敲诈的罪行。于是，毫不留情，不但没有提拔，反而将其罪状报告给上级。宰相丁谓大怒，便借故将爷爷降职。后来，丁谓的罪状被揭发出来，有人提出爷爷当初如何抵制丁谓而得罪，执政者有意要重用爷爷。结果爷爷已重病在身，不久就去世了。爷爷共有六个儿子，这时已经死了四个，只剩下两个，一个当殿中丞，一个是进士（参见《主客郎中叔祖墓志铭》）。

自从爷爷王贯之考中进士步入仕途以来，对王氏家族产生了巨大的影响，十五年后，也就是在真宗祥符八年（1015），爹爹王益也考中了进士。不久，王贯之的一个儿子又考中进士。不到二十年，王家两代人中，已有三人进士及第，在周围几州间也是不多见的。王氏家族的名声渐起。

"是的。爹爹说的对，我一定要好好读书，发奋求学，一定要赶上爷爷，赶上爹爹，不能让王氏家族在我们这一代衰落。"想到这里，小王安石咬了咬牙，绷了绷小嘴唇。

第二节　随父到韶州

老虎因受仁政感化而忏悔自杀，天下竟有如此怪异之事？面对此事，王益是怎样处理的呢？对于少年王安石来说，这是极其生动的一课。

二年后，也就是天圣八年（1030），王安石已经十岁，他果然没有忘记在灵堂里立下的志向，刻苦读书。《诗经》、《论语》、《孟子》等书他已能够背诵。这一年，父亲王益的职务又有变化，王安石当然也就要随着父亲远游。

王安石的父亲王益，字损之，也是个非常杰出的人物。自从他的叔叔王贯之中了进士之后，他奋发苦读，知识大进，果敢有为。十七岁时拿着自己写的文章去干谒当时的大名士——寇准的密友张咏。张咏阅读了他的文章后，大为赞赏，到处揄扬，在士林中开始有了名声。

祥符八年（1015），王益进士及第，当时年仅二十二岁，可谓是少年得志。中进士后，吏部分配王益出任建安县主簿。主簿是县一级政府的主要官员，是县令的助手。掌管监印，检核文书籍簿之事，故古时又称之为"印曹"。

年仅二十二岁的王益担任这样一个重要而又棘手的职务，虽然有一定的权力，但因为初出茅庐，太年轻，当时的人都很轻视他。可过了一个多月，人们才发现这个年轻人不简单，处理事情简明果断，决不拖泥带水。那个月年，由于每年要向辽国和西夏进贡大量的金银布帛，农民的赋税负担格外重。拖欠赋税的情况也就相当普遍，这几乎是当时所有地方官吏最头疼的事。

这一年，建安县的情况又和往年一样，赋税迟迟不能收入府库，知州催促甚急，县令一筹莫展，请王益想办法尽快解决这一难题。王益果断地说："上行下效。凡是政令不能畅行者，多是由于在上者的缘故。如果大人责成下官办理此事，请把全权交给下官，允许下官在大人的职权范围之内行使权力，下官保证如期完成。"

"只要能如期完成，本官就全权委托与你。"

"好！谢谢大人的信任。下官就按照您的吩咐办理了。"于是，王益立刻传唤衙役前来，他要亲自带衙役们前去带人。县令问道："王主簿，你这是去带何人？""大人，下官说过，上令不能下行，病根都在上边。我县赋税收缴得慢，病根也在县里。县府中的牛孔目如此富足尚且不按时交纳赋税，何况那些贫苦的百姓呢？"

孔目之职是管理文书簿籍财务细目的专业官员，唐朝时各州府以及各方镇都设有孔目院，类似后来的"统计局""计划委员会"之类。孔目是这些机构里的官员。到宋代，对经济问题更加重视，于是，在州县都专门设有孔目的官职，正式列在朝廷命官的系列之中。这样，孔目的地位就比唐朝时要高多了。因为唐朝的孔目在流品之外，并不入流。而宋代的孔目不但入流，而且比一般的官员还重要。这就是我们在唐代许多文学作品中都很难看到"孔目"这一名词，而在宋代作品中却可经常看到"孔目"这一官职称谓的原因。

王益提到的这个牛孔目是本地区的一个头面人物。他本人是吃皇粮的，家族又很大，互为倚重，一般的外籍官员也就不敢轻易动他。每年赋税，这位牛孔目的家族都是最后一个完成。因为中国的百姓都把朝廷以及官府的脾气摸透了，这就是只要是好事就不顾一切往前抢，谁抢到谁便宜，下手晚了可能就什么也没有了。如果是不好的事，比如交纳赋税、出徭役之类，就尽量往后推，能挨一天就挨一天，因为朝廷的政策往往是多变的，也许你刚刚交纳完赋税，皇帝就死了。皇帝死似乎是坏事，但任何坏事的后面就是好事，老皇帝一死，势必就要有新君登基，这样就要有什么照例的赦免之类的举措。一切赋税或许就要免除了。所以古代的许多百姓有时是盼望老皇帝死，新皇帝坐龙庭的。即使是到了现代，七斤嫂一听说皇帝坐了龙庭不也还是大喜过望嘛。而交纳完赋税的那些人家则吃了个哑巴亏。白居易在《杜陵叟》诗中说"十家租税九家毕，虚受吾君蠲免恩"。没交赋税的那一家不就捡便宜了吗？这些天经地义的大道理，普通百姓都十分晓得，何况久在衙门里工作的牛孔目呢。于此一想，牛孔目尽量拖欠赋税也就可以理解了，而建安县经常不能准时完成上级交给的赋税任务也就不足为怪了。

"哦，你是？"县令似乎想说什么，说了半句又咽回去了。

王益带人，把几次催促都软磨硬泡，拖欠赋税迟迟不交的牛孔目带到大堂，打了二十大板，责令他家三天内交齐所欠的全部赋税。否则，还要重惩不贷。这一遭还真灵，第二天，牛孔目家拖欠的赋税就如数交清。百姓们本来是在观望，见这个年轻的主簿竟如此铁面无私，胆大敢干，连牛孔目这样吃皇粮的官都不能拖欠，也就没有什么好说的，都积极主动地前来交纳。结果，提前一天完成了赋税的收缴任务，县令大喜。

其实，王益的这一遭并不是什么新鲜的做法，只不过是没有点魄力不敢用罢了。其难得之处在于这不是通常俗语常说的"杀鸡给猴看"，找一两个倒霉的普通百姓痛打一番，显示一下官府的威力给那些拖欠赋税的百姓看，而是"杀猴给鸡看"，敢于杀猴子的人就比只敢杀鸡的人胆量大多了。

中国封建社会中，历朝历代都是坚决反对贪污惩治腐败的。但每到末世的时候，腐败就成为癌症般的不治之症，一切措施都无济于事，关键就在于上层。那些主管此项工作的官员只是弄些无足轻重的鸡毛蒜皮的小事敷衍搪塞，一个劲儿地打偷吃鱼肉的猫，而不敢打横行于街道上吃人的豺狼。有人总结说：那些所谓的惩治腐败的官员只敢打苍蝇不敢打老虎，真是再形象不过了。

正是由于这一点，那些敢于直面人生，敢于碰硬的官员才成为人民永远歌颂的对象。拉折殿槛也要斩奸佞之头的朱云；埋轮驿亭，大声疾呼"豺狼当道，安问狐狸"，点名道姓地弹劾正在当权的大将军梁冀的张钢；直接上书皇帝，要求斩当朝宰相大卖国贼秦桧之头的胡邦衡；坚决和当朝权奸老严嵩斗争到底，宁可丢掉脑袋也决不退避的杨继盛等勇士们之所以彪炳青史，与江河同在，与日月争辉，能够永远受到人民的敬仰与爱戴，原因也正在这里。

王益打了牛孔目，出色地完成赋税任务后，全县人更加敬佩这个年轻的官员。不久，因为政绩突出，提升为临江军判官。其后又先后任新金县、新繁县的县令，并加殿中丞的虚衔。一般县令是七品，在封建官吏中品级不算高，故有"七品芝麻官"的说法。而殿中丞则是从五品上，比单纯的县令职衔大多了。与此也可看出王益当时确实是很有政绩的。他的品行、胆识和杰出的政治才能对王安石有直接的影响。

不久，王益又被任命为韶州知州，小王安石和全家人一起，随父亲到了这个偏远的地方。韶州地处岭南，在今广东境内，故治在今广东韶关市南的曲江县境内，当时是个十分落后荒凉的地方。

这里居住的主要是少数民族，文化教育十分落后。儒家的封建礼教对这里的人们似乎没有影响，当然也就没有什么约束力。在大街上，经常可以看到男女青年拉着手走路，有的甚至勾肩搭背，在公共场所便随意调笑戏谑，毫无顾忌。乱伦淫荡之事经常发生，为此也曾出现一些案件。以前的政府官员认为这是历史遗留下来的风俗，这里的民风就是如此，故从来也不过问。王益到任之后，对这种风气进行了专项性的严厉整治和打击。凡是有伤风化者一律严惩不贷。几个月后，风气大变。人们交口称赞。

韶州下属的翁源县（今属广东）是个山区，老虎多而凶猛，经常伤害人和牲畜，成为当地的一大祸害。王益下令，命翁源县令组织专门的人员捕杀老虎，为民除害，以保证百姓的生命安全。

几个月后，翁源县的几名年长有德的老人前来州衙，并用车拉来用木匣装着的五颗虎头，献给知州大人。同时又呈献一封颂美王益政绩的颂词，请知州大人转呈朝廷。其大意是说：由于王益到任后政通人和，百兽都受了感动。老虎可能是受了感动，后悔当初的行为，竟有五只老虎自杀而死。县令命当地的百姓割下这五颗虎头来献。

王益听罢，挥了挥手，说道："老虎自杀？绝不可能！你们回去告诉县令大人，说本官赞佩他为民除虎的业绩，至于颂美之词就不必上呈了。以后不要再搞这种诡异之事。"说罢，把县令写的那份颂词交给来人。

由于韶州过于偏远，为真正掌握那里的政权和维持社会治安，朝廷从蜀地调去五百名官军驻扎在那里，拨给一定数量的官田，半耕半军，带有屯田的性质。当时叫做效忠士。这种由朝廷派驻在异地的军队在某一地区的驻扎时间是有规定的，如果不是特殊时期，到期就要由新的部队替换回去。可不知什么原因，这一年在韶州的效忠士到期却没有接到调回的命令，而且连一点消息也没有。这些效忠士也不想继续效忠了，人心浮动，军营中议论纷纷。

有人告密说，几个军官想要造反。韶州是个小州，负责保护州府的地方军和州府里的衙役加在一起也远远不是这些朝廷正规军的对手，如果真的发生叛乱，后果不堪设想。州府中的佐吏都惊恐万分。王益则非常沉稳，经过一番谋划，成功地逮捕了五名首犯。

五名首犯捕获之后，佐吏们都主张将这五个人押入监狱。王益没有采纳这些人的意见。而是马上宣布这五人的罪行，立即派人监押护送出境，片刻不停。并派人去军中宣布这五人不忠于朝廷的罪行，其他人属于受蒙蔽者，概不追究，以稳定人心。又派人严密监视军中的动静。

后来听说，当天，另外几个小头目已经策划好了，如果五名军官因为此事而被判刑入狱，他们就在当天的晚上前去劫狱造反。没有想到知州大人当天就把五人押送出境。羊无头不走，鸟无头不飞，人无头不成事。带头人被押走，军营很快就稳定了。众人闻此，更加佩服王益的预见高明。

在政治局面稳定之后，王益便率领全州百姓兴修水利，发展生产，创办学校。不到三年时间，全州大治，政通人和，人心大悦。王安石正是长知识，长见识的年龄，这三年中，耳濡目染，从父亲对政事的处理中，从茶余饭后父亲与下属及家人的交谈中学到了许多在儒家经典上学不到的东西。

明道二年（1033），王安石已经十三岁了。初秋季节，从临川老家来人报丧，老夫人即安石的祖母归西。王益立刻修表向朝廷请假回家丁忧。把政事交待之后，很快就带着全家踏上了返乡的途程。

途中，自然有许多辛苦，不必细说。在离临川只有一日途程的时候，到了安石的外祖母家。虽然奔丧时间很紧，可正路过也不能望门而过啊。于是，王益全家人就住到了安石的外祖母家。不料，就在这短暂的逗留中，小安石发现了一位小天才，对他的影响很大。

第三节 二访神童

人的命运一半由天，一半由人。上天对小仲永是非常优厚的，可他的父母对他则太刻薄，致使一个难得的天才儿童成为愚顽之辈。天下之为人父母者，可不慎欤？

王益的夫人姓吴，家在金溪县境，但离临川郡治只有三十里，地名叫乌石冈，是个很大的村落。吴氏是当地的大户。安石的外祖父叫吴畋，外祖母的娘家姓黄。外祖父吴畋的哥哥叫吴敏，早在淳化三年（992）就中了进士。吴敏的两个儿子吴芮、吴蒙也是进士及第，在金溪县早已是远近闻名的名门望族。

吴畋的宅院是一个非常宽阔的大院套，里外三层，全家主仆上百口。当时，安石的外祖父已故，外祖母还健在。听说女儿全家到来，喜出望外。安石的舅父吴亿也非常热情地招待姐姐姐夫一家。阖家欢乐，自不必提。

晚上，小安石随着妈妈到内宅去看望外祖母。外祖母黄氏二十二岁嫁到吴家，如今已经快四十年，是个年近花甲的老人。她非常和蔼可亲，对王安石这个小外孙格外喜欢。在询问安石的功课和一些其他情况后，外祖母和安石的母亲吴氏提起当地出现的一位神童来。

外祖母讲，八九年前邻村方家发生了一件奇怪的事。方家就是一个普通的农家，世世代代在黄土地上讨生活，从来也没有读书识字的。可他家生一个小男孩儿，名字叫仲永。从来也没有人教他读书识字，只是他有时和邻居几个同龄的念私塾的小孩儿在一起玩耍。家里也没有人看管他。笔墨纸砚等他从来也没有碰过，更不要说使用了。

一晃就到了五岁。有一天，吃过早饭后，小仲永突然提出要去念书，并说自己会作诗。他的爹爹一听，非常生气，说道："小小孩子红嘴白牙的竟胡说八道，咱们老方家从来也没有念书的。你连笔都没摸过，会作什么诗？会写什么字？"

"爹，我真的会作诗，真的会写字。不信，你给我笔和纸，我这就作给你看。"小仲永见爹爹不信，急得哭起鼻子来，可爱的小圆脸蛋上抹出了两个小蝴蝶。虽然说话还有奶黄子味，可说的却是那么肯定。

"你要真的会作诗，我就豁出老命来也供你念书。"爹爹还不太相信，但态度却有了转变。于是，让仲永的大一点的哥哥去邻居家借来文房四宝，又请来一个识文断字的私塾先生前来验证，因为方家没有认识字的人。

小仲永一见笔墨纸砚，立刻破涕为笑，乐得小手直拍。马上铺好了纸，提笔蘸墨，写出四句诗来。诗的大意是孝养父母，和睦本族。在诗的末尾还署上"方仲永"三个字。

仲永的爹爹虽然不认识字但也看见过字，见儿子写的倒挺像是那么回事，非常高兴。那个私塾先生大为惊奇，连连夸奖，说这是一个奇迹，小仲永写的诗完全可以超过他教过的二年级的学生。并提出要免费收这个聪明绝顶的小神童。仲永的爹爹当然同意。

小仲永高高兴兴地背着妈妈给做的小书包上学了。小仲永没上过一天学却会写诗的事不胫而走，成了方圆几十里地的大新闻。有的人不信，就亲自前来当面出题，或者是临时指定一个东西让他作诗。小仲永稍加思索就能写出诗来，而且还相当不错。前来求诗的人惊叹不已，就给仲永的爹爹一些钱，把仲永写的诗买下来带回去。

仲永的名气越来越大，前来求诗的人也就越来越多，每天都有几份。开始时，一有人来，妈妈就去私塾里把正在专心致志读书的小仲永找回来。后来，来的人渐渐增多，仲永写诗挣的钱比他爹爹辛辛苦苦种地挣的钱还多。仲永的爹爹一看，干脆就让儿子作诗挣钱吧，还念什么书？于是，就硬逼着仲永退学。那位好心的私塾先生怎么劝也不行，仲永怎么哭也不行，最后小胳膊拧不过大腿，聪明而可怜的小仲永还是被爹爹硬拽着膀子拉回家中。

小仲永上学之后，学习成绩提高非常迅速。可不久就常常被妈妈叫回家去，不得安心读书。又不久，就被爹爹硬拽回家去，完全失学了。但他作诗挣的钱却完全可以养活他一家的人。他的爹爹也就不再下地去扶犁点种，而是坐在家中接待那些前来买他儿子写字的人，天天晚上还可以喝上几盅。

"就靠这么个小孩子来养活一家人，也真够难为他的了。唉！"外祖母末了说，并长长叹了一口气。

"姥姥，仲永今年能有几岁了？他家离这远不远？"小安石听得入了神，用两个小手掌拄着下巴颏问道。

"那孩子四五岁开始会作诗，现在已经八九年了，估摸着也有十二三岁了。和你的年龄差不多。他家离这里不远，就在西边的方家坨，用不了半个时辰就能走到。"

一听和自己的年龄差不多，小安石更加感兴趣。

第二天，在小安石的一再央求下，王益同意等半天，下午再启程，让内侄带安石去见这位闻名几十里的神童。

常言道："百闻不如一见。"见到仲永后，王安石仔细打量起这位过早出名的少年来。只见他和自己的个头仿佛，但很明显比自己瘦了许多，眼睛并不明亮，看不出与普通人有什么区别。王安石试着出了两个题目请这位神童作诗。仲永见一个和他差不多的孩子来求诗，自然要显示一下，颇用心思。诗成之后，安石仔细阅读一遍，不免有些失望。觉得虽然还算不错，但和传闻相比，实在不是那么回事。再请求仲永的爹爹，让他看一看仲永五岁时作的诗，觉得现在作的诗没有什么进步。甚至还赶不上五岁时所写的那首诗，因为那首诗有一种灵动之气。

又过了七年之后，王安石从扬州还乡的途中再次经过外祖母家，向舅父问起仲永的近况。舅父说，仲永已经没有什么诗才了，和普通的农民没有什么区别。而且养成了好吃懒做的习惯，其生活境遇还赶不上普通百姓了。

原来，在当年王安石去访仲永的时候，来仲永家求诗的人已经寥寥无几了。因为仲永的诗如果是出自五岁孩子之手的话，确实是值得珍视的。可到了十多岁，所写的诗还是原来的那个水平，人们自然也就不感什么兴趣了。仲永的爹爹见儿子作诗的生意每况愈下，也有些着急。见上门的人日益减少，就干脆带着儿子走出去招揽生意。在小邑镇的市场上摆个摊子，有人给几个大钱就给人家作诗，形同乞丐。这样，仲永的诗就更不值钱了。如今，仲永已经是个大小伙子，就要到二十岁了，再到市场上去作那种儿童诗卖，还有谁肯出钱买呢。方仲永家又回到了贫困之中，二十岁了连个媳妇也娶不起。他爹爹每天晚上的那几盅浊酒当然也就喝不成了。听说那个用来烫酒的酒壶都被仲永的娘给摔坏了。

听完舅父的叙述，王安石心里感到有些堵得慌。这多么令人悲哀啊！一个绝顶聪明的天才的儿童，却被迫荒废了学业，被无知的父亲强迫着去挣钱，成为一个挣钱的工具，浪费了锦绣年华，荒废了大好青春，最终却成了一个被人鄙视的形同乞丐的废人。可悲啊，可怜啊，真是太可悲又可怜了，仲永。忽然，王安石想到：像仲永这样遭遇的儿童决不止他一个，这种现象不是偶然的，这更令人悲哀。于是，他满含深情地写下《伤仲永》一文，成为千古流传的一篇深有哲理韵味的好文章。王安石在文章的后半部分抒发感慨说：

王子曰：仲永之通悟，受之天也。其受之天也，贤于材人远矣。卒之为众人，则其受于人者不至也。彼其受之天也，如此其贤也，不受之人，且为众人。今夫不受之天，固众人；又不受之人，得为众人而已邪？

王安石在这里并不是宣扬什么天才论，而是强调后天学习环境的重要。仲永确实是个天分很高，用现代的术语来说就是智商很高的孩子，这为他学习成材提供了先天的条件。天分像仲永这样高的人可以说是很少见的，可惜的是他的爹爹缺乏远见，太急功近利了。可见，教育环境对于人的成才该是多么重要。即使天分如此高的仲永，因为没有得到应有的人为的教育也成为了一个平庸之辈，那些天分不好的人如果再不努力学习恐怕就连一个普通人也赶不上了。王安石的感慨确是发人深思的一个大问题。

第四节　酒美春浓花世界

这里是权力的巅峰，这里是黄金的海洋；这里到处是肉山酒海，这里到处是金粉红妆；这里有天下最高贵的莛宴，这里是天下最大的厨房。

王益守丧期满，进京到吏部销假，等候重新起用。这年是景祐三年（1036），王安石十六岁。这是王安石有生以来第一次来到京师开封府。进城后，他看到许多在外地看不到的事情，听到许多在外地听不到的新闻。他一下子被这里的繁华景象所吸引，仿佛自己长大了许多。

这里是全国政治、经济、文化、交通的中心，是当时天下最繁华的地方。开封城共有三层城墙。从外往里数，第一层是外城，周长四十八里二百二十三步。略呈长方形，南北略长而东西略短。大体相当于今天开封四周的土城遗址。四面各有一个正门，因为是皇帝出行时要走的御路，所以都是双重直门，门洞宽敞深邃，门楼巍峨壮观。这四个城门分别是：南面的叫南薰门，东面的叫新宋门，北面的叫新封丘门，西面的叫新郑门。另外还有戴楼门、陈州门、新曹门等几个城门，这些城门与那四个正门有所不同，全都设有三层瓮城，屈曲开门。这样，便于加固城防。

此外，因为开封城中共有四条河流穿城而过，故又设有几道水门，水门中都设有铁窗门，派有兵丁把守，十分严密。城墙外环绕着一条宽达十多丈的护城河，当时叫护龙河，河中流水一丈多深。城门处架设吊桥。护龙河两岸都栽上了杨柳树，每到春夏季节，河水清澈，杨柳依依，倒真是一处亮丽的风景线。

外城以内，大约是在正中央的位置上又有一个四方形的城墙，这就是内城，也叫里城。里城周长为二十里一百五十五步，共设十个城门。

南面正中的城门叫朱雀门，这是一个十分气派壮观的高大门楼，也是双重直门。它的北面正对着皇城也叫大内城即紫禁城的宣德门，南面正对外城的南薰门，这三道门中间的大街便是所谓的御路。

这是全城最宽敞最繁华的街道。尤其是从朱雀门到宣德门这一段，更是宽阔洁净，繁花似锦，美不胜收。路面有二百多步宽，古人所说的一步等于我们今天的两步。在古代，迈出一足之距离为跬，两足各迈一次的距离才叫步。所以，荀子在《劝学篇》中说："不积跬步，无以至千里。"各个时代所说的"步"的实际距离也不一样。但从唐代以后，基本上是五营造尺为一步。据清代保留的营造尺的规格，可知每尺是三十二厘米。前些年，农村的木瓦匠使用的还是这种尺。若此，每步是五营造尺的话，则相当于现代的一米六米，那么，二百多步大约就是现在的三百多米，也真是够宽的了。

这条御街的两边是御廊，都是商贩的摊位，终日人头攒动，接踵擦肩，极其热闹。在御街的两边，各插立一道黑漆杈子，即设立一道隔离带。在这两道隔离带的里边相等的距离，又有两道红色杈子的隔离带。在黑隔离带外边，便是自由市场。在黑红两道隔离带的中间，是平常百姓可以通行的道路。红色杈子之内，是皇帝出行的专用道路，不准百姓们行走。

在红杈子之内的皇帝专用路的两侧，还有专门用青砖砌成白灰勾缝的御水沟，沟里引进流动的清水，水面上全都栽植荷花。御水沟的两岸广植桃李梨杏等果树，树下再种植各种杂花。每到春夏之间，御路两侧百花盛开，远远望去，仿佛两条色彩艳丽的锦绣的彩带，格外美丽。

里城中间略偏西北的地方，还有一层高大坚固的城墙，也是四方形，这就是所谓的大内。也叫紫禁城，就是皇帝居住和办公的地方。紫禁城里的建筑基本上是对称的，排列得非常整齐。紫禁城占地面积不大，城墙的周长只有五里多。但其中的建筑很紧凑和密集，宫廷楼阁交相辉映，金碧辉煌。

紫禁城共有六个城门，南面有三个，中间的叫宣德门，宽敞雄伟。城门楼叫宣德楼，巍峨挺拔，蔚为壮观。东边的叫左掖门，西边的叫右掖门。东西北面各有一个城门。

东京城的街道设计主要是由以上所说的这些城门的位置决定的，与城门的分布相配合。全城的主要干线称御路，共有四条。从紫禁城的正门宣德门一直往南直到外城的南薰门，是全城最宽阔壮观的特大街道，就是前文提到过的那条御路。第二条是从州桥往西，经里城的郑门，一直到外城的新郑门。第三条是从州桥往东，经过里城的旧宋门，一直到外城的新郑门。第四条是从大相国寺往北，经过里城的旧封丘门，一直到外城的新封丘门。其他街道与这几条主要干线连接交错，形成很密集的街道格局。因为全城的街道基本上都是正南正北或正东正西走向，这样就把整个城区分割成许多方格子的形状，很是整齐。

为加强全城的治安管理，东京（开封）在以前城市坊市制的基础上，又增加"厢"一级设置。全城按照街道纵横交错所分割成的方格设置一百二十个坊，在坊的上边再设置厢。东京城共设八个厢，每个厢大约管辖十五个坊。厢的作用有些像现代城市中的区。每厢设有厢吏，即行政负责人，直接归开封府领导。街巷中大约每隔三百步（大约五百米）设置一个军逻铺，每铺有士兵六七个人，夜间巡逻，负责维持地段的社会治安和防火，有点像现代公安派出所的性质，同时还兼有消防队的功能。

全城最热闹的地方当然要数大相国寺。大相国寺正在州桥的东边，是全城的中心地段，又是四条御路的中心点。这里是全城最大的集贸市场，也是当时全国最大的集贸市场。开封府规定，这个市场每月开放五次，允许国内外的所有客商来此进行各种交易。

每到这一天，这里便成为人的海洋，货物的海洋。各个部位设置什么摊位都是固定的。珍禽奇兽、家具器物、文化用品、古玩书画、各种工艺品，五花八门，应有尽有。当时所有的名牌产品，什么"孟家道院王道人蜜煎""赵文秀笔""潘谷墨"等在这里都可以买到。这些名牌产品的经营者还享受优越的待遇，可以占据两廊最好的摊位。著名女词人李清照和她丈夫赵明诚的许多金石书画就是在这里头到的。

这里是当时全国消费水平最高的地方。这里为皇亲国戚、文武大臣、富商大贾、文人墨客们的尽情享乐准备得十分周到，应有尽有。无论有多少钱都有地方去花，多高档次的消费都有。正因为如此，东京当时最发达的要算是服务娱乐行业。而服务娱乐行业最集中的则是饮食、妓院和曲艺表演这三项了。

当时东京开封府的饮食业极其发达，著名的高档次的大酒楼就有七十二家，中低档次的小酒店当时称作"脚店"的则随处都是，数量无法统计。最著名的大酒楼有"潘楼""任店""樊楼""宜城楼""八仙楼"等。这些酒楼都装修精美豪华，十分阔气。仅以任店为例，一进酒楼的大门就是一条长廊，长达一百多步，也就是近二百米，南北天井两廊都是小阁即包房的单间。一到晚上，楼上楼下彩灯辉映，几百名浓妆艳抹的年轻妓女站立在二层楼或三层楼的阑干旁，打情骂俏，红袖招招，殷勤地招呼着前来用餐的客人，随时供人传唤。烛光与灯光相互辉映，香烟与烛烟相互缭绕，妓女与嫖客相互调情，朦朦胧胧，烟雾蒸腾，浪语声声，日夜不停。绝大部分酒楼和瓦肆都是昼夜服务，不论阴晴寒暑，歌声笑语总是通宵达旦。

这样的大酒店是高消费的地方，只要进到这里，即使是两个人，在一个小桌对坐饮酒。马上就有穿戴整齐的店小二过来，非常客气地送过来注碗一副，盘盏两副，果菜碟各五片，水菜碗四个。顾客如果再要上几样精细小菜，喝上几盅酒，一结账最起码就要花掉一百两银子了。

而且，无论是大酒楼还是一般的小酒馆，里面的服务都是第一流的。各种人员的分工也非常细致，对顾客照顾得极其周到。只要你往里一进，马上就过来人把你领到空座上，接着就有人恭敬地送过餐巾纸和洁净的小碟筷子来，并递过菜谱请你点菜。即使是几个甚至十几个顾客同时点菜，点的菜又冷热荤素不同，也不会出现任何问题。专门管点菜上菜的叫"行菜"，听过一遍之后，站在厨局近处，从头唱念，报告给厨局里面，里面有人复述一遍，行菜的答应一声"诺"。即对的意思，里面再回答一声曰："着案讫！"即开始做菜的意思。稍过片刻，菜做好了。行菜者就到厨局里面去端菜。只见他左手权着三个碗，右手从手到臂叠驮大约二十个碗，出来后在每个顾客面前放上他所点的菜，分毫不差。如果稍有差错，顾客告诉店主人的话，这个行菜轻则会被训斥罚工钱，重的则会被解雇炒了鱿鱼。

由于都市闲人太多，人们自然要追求享乐。于是各种供人们精神享受的文化活动就出现了。表演与观看都要求有相当规模的场所。这样，东京就出现了许多大规模的瓦肆，也叫瓦子。当时最大的瓦肆是在潘楼东巷的"桑家瓦子"。其中大小勾栏五十余座。所谓的勾栏就是表演大厅的意思，相当于现代的大戏院。这五十多勾栏中，规模最大的是"中瓦子""莲花棚""牡丹棚""里瓦子""夜叉棚""象棚"。每棚都可容纳几千人，内里可分上下两层。棚里还有做各种小买卖的，卖果品的、卖饮料的、卖茶点的、理发的、剃头的，应有尽有，十分方便。经常是顾客盈门，座无虚席。

各个棚子中，表演的节目也不尽相同。有唱歌的，有表演杂技的，有表演魔术的，有表演舞蹈的，有表演相扑的，有专门讲笑话的，有专门出谜语猜谜语的，有演戏的，有说书的，说书的还有专门说《三分》的，如霍四究，有专门说《五代史》的，如尹常卖等等。真是五花八门，无奇不有。当时各种项目，各种流派的表演大腕都云集东京，在各个瓦子中向人们献艺。就从演唱来说，有专门表演"小唱"的，也有专门表演"嘌唱"的，还有专门表演教坊雅乐的。可知当时的演唱从内容来看，已有流行通俗与传统高雅之分，而从演唱技巧上来看，也有不同的演唱方法和演唱风格了。

自从仁宗即位以来，北宋进入一个相对稳定的时期，多年没有大的战争和祸乱，天下太平。文武大臣们便都沉浸在灯红酒绿、纸醉金迷的享乐生活中。他们的高消费刺激了紫禁城东这一地带的消费业的大发展，而消费业的大发展又为这些大臣们的高消费提供了条件。二者之间相互促进，相互提高。

来到东京的前几天里，在一位热情的老家人的引导下，王安石游遍了里城以内，紫禁城以外的大部分地方。看到这里的繁华和京师里的人们挥金如土的生活情景，青少年的王安石感到别是一番滋味。

第五节 开悟后的烦恼

人生识字忧患始。这是一句千古铭箴。而人生开悟则是更深一层忧患的开始。初进东京，遇到一件他百思不解之事。当他不理解时，很痛苦；当他想明白后，则更痛苦了。

一般的情况下，丁忧期满的官员到吏部报到后，用不了多长时间就可以得到新的职务。因为只要是一出缺马上就优先安排这类官员。古代的各个部门的官员也是有一定数量的，没有特殊情况和特殊的批准也不准超编。这样，总是有一部分官员处在闲职的地位上，要等出现空位才能把相当品级的官员补上去。当时将要接近年末，吏部正是年终重新考核调动官员的时候，机会最好。王益也不着急，借机可以在京师里多逗留一段时间，也让随自己进京的三儿子安石见一见世面。

在京师中，为了有一个比较适合于自己的职务，而且离家又不太远，王益自然要去拜访一些朋友，有时也带安石去。在王益与朋友的交谈中，在街头的茶房酒肆里，安石听到了一些朝廷要员或是当代大文豪的名字。他所听到的最多的是欧阳修、吕夷简、范仲淹等人的名字。

人们纷纷说，朝廷里明争暗斗很是厉害。天章阁待制、权知开封府尹范仲淹对仁宗皇帝直言上谏，得到言官欧阳修的坚决支持，被宰相吕夷简所厌恶，就指责他们搞朋党。欧阳修专门针对这种说法写了一篇义正词严的《朋党论》，朝野传诵，都佩服他的胆识和犀利的语言。王安石也带着非常钦佩的心情读了那篇文章，从心里敬佩这位文坛的前辈。其实，欧阳修这一年也不过刚到三十岁。

范仲淹的直言当然要揭露朝廷政治的一些弊端，这尤意当中就等于批评了宰相。身为宰相之职的吕夷简本来就没有什么实际的政治才能，宰相工作又确实有许多失误，对于这种直言当然会有反感。一般来说，确实在某方面有问题的人，最怕别人指责他的要害。俗语所说的"揭人莫揭短，打人莫打脸""当瘸子别说短话"，大概指的就是这个意思。斗争的结果是吕夷简胜利了，范仲淹被贬饶州（今江西鄱阳），欧阳修也受牵连而被贬往夷陵。

两个忠正耿直而又颇有时望的人物却被一个平庸之辈排挤出朝廷，这究竟是怎么回事？范仲淹是个难得的军政兼长的人材，欧阳修是一名难得的忠正敢言的正人君子，这二人颇有时望。而吕夷简在文武大臣及京师百姓的心目中，形象实在不怎么好。可这两位颇得人心的名臣为何还斗不过一个平庸的吕夷简呢？年仅十六岁的王安石开始琢磨这个问题了。当他把这个问题琢磨明白后，小王安石如同是佛教徒所讲的开悟一样，他的心一下子明亮了许多，但他却没有因为自己的开悟而高兴，反而觉到一丝丝的悲凉。

原来，吕夷简之所以平庸而居高位，而且又谁也扳不倒，是有很深的社会原因的。当今天子仁宗皇帝赵祯虽然生在帝王之家，却是个不幸之人。因为他遇到了极为棘手的问题。他的父亲真宗皇帝子嗣稀少，只有他这么一根独苗。

他本是一位姓李的嫔妃即《宋史·后妃传》中的李宸妃所生，生后就被送到当时正在受宠的刘皇后的宫中，由刘皇后抚养。刘皇后又传下懿旨，命令仅有的那几个知情人要严守秘密，不准让小皇子知道他的生身母亲是谁。李妃早已受到冷落，当然不敢反对，其他人是事不关己，高高挂起，谁愿意来参与这样的闲事。于是，小皇子赵祯当然也就不知道自己的生身母亲原来是李娘娘，而一直把刘皇后作为自己的亲娘。

到了真宗乾兴元年（1022），五十五岁的真宗皇帝归天，唯一的儿子并且早已顺理成章被立为太子的赵祯当然又顺理成章地登上皇帝的宝座，这就是几十年太平天子仁宗皇帝。可是，仁宗当时只有十三岁，还不能独立处理军国大政，就由那位由皇后顺理成章地升为太后的刘太后垂帘听政。

刘皇后变成了太后，掌握了全国的军国大政，一呼百诺。仁宗皇帝是个孝顺厚道之人，对这位太后百依百顺，早晚前去请安，母子关系十分融洽。在这种形势下，仁宗生母李娘娘更不敢说什么，她知道即使是自己向皇帝说明此事，皇帝也不会相信的，还一定以为她是疯子。何况她根本没有见到亲生儿子的机会。她只好自怨自艾，在冷清清的冷宫里苦度岁月。

日落星出，寒来暑往，李娘娘盼望着有出头露面的这一天。在宫中多年的经验告诉她，这一天不是没有可能，但却需要有一个先决条件，这就是刘太后死去，自己的儿子仁宗皇帝亲政。如果自己要能熬到刘太后死后，或许还有一线希望。因为她知道，仁宗是她所生这件事除她本人之外，还有几个人知道，而且那位颇有地位的八大王也知道，只是碍于刘太后的面子暂时不好说破罢了。一旦时机成熟，这件事还是要大白于天下的。

可是，她的生活条件太差，心情又一直郁闷不开。眼看着自己亲生的儿子当皇帝，有时可以远远地看一看儿子的身影，却连说一句话的机会也没有，作为一个母亲，她的心情又将会怎样呢？肉体与心理的双重折磨使她未老先衰，而且又使她过早地离开这多苦多难的人间。

这一年是明道元年（1032），仁宗皇帝已经二十三岁，而且已经当了10年皇帝。这位抑郁苦闷终生，含恨死去的李娘娘也只有四十二岁。这正是人生成熟之年，虽非人生之花季，可也正是饱享人生幸福的年龄啊！

刘太后倒是个精明能干的女性，在她垂帘听政的十年里，把天下治理得井井有条，仁宗皇帝虽然已经二十三岁了，可所有的事还是听她的，众位大臣就更不用说了，几乎是看她的眼色行事。但她万万没有想到，在对死去的李娘娘如何安葬这个问题上，宰相吕夷简却不听她的意见了。

吕夷简来向她请示，用什么样的礼仪来安葬刚刚死去的李娘娘。刘太后觉得宰相这个问题提得有点多余，李娘娘是个被冷落多年的妃子，当然就应当按照普通妃子的待遇安葬，这还用请示吗？吕夷简坚决不同意，劝刘太后说：

"太后应作长久之计，李娘娘和一般宫人不同，应该厚葬。如果一定按照普通宫人的礼数安葬，恕臣不敢奉旨！"

"李妃被冷落多年，不就等于普通宫人嘛！就是真宗天子在日，恐怕也要按照宫人之礼下葬。"刘太后不解地说。

"如果是真宗天子下诏，恐无大碍。太后若下此懿旨，恐怕会有后患。请太后三思，能够理解老臣的一片苦心。"

刘太后一听话里有话，略作沉思，问道："一个宫人死去，相公竟如此多话，究竟是为什么呢？"

"老臣待罪宰相，事无内外，没有不当参与的。如果太后不为刘氏着想，老臣无话可说。如果为刘氏着想，臣请厚葬李娘娘。"

吕夷简的态度非常诚恳。刘太后何等聪明，听出了吕夷简的弦外之音，她以为吕夷简根本不会知道仁宗生身母亲的内幕，但吕夷简的话里却分明有话，又不好说破，就同意用一品礼安葬，并可以葬在洪福院。洪福院是专门安葬地位很高之后妃的地方，一般的妃子是没有资格埋进这个地方的。这样，刘太后的态度松动了，在具体下葬的时候，吕夷简又暗中嘱咐具体负责人刘崇勋，让他给李娘娘的遗体穿皇后之服，并用水银实棺。刘崇勋当然照办。

一年后，刘太后也死了。刘太后执政这么多年，当然也要得罪一些人。几个知道内情的人把仁宗非太后所生之事奏明。仁宗这才知道自己的生身母亲是谁。他不禁悔恨交加，懊悔自己贵为天子，君临天下十多年，却让自己的生身母亲在寂寞冷清中死去，一点儿儿子的孝心也没有尽。不仅如此，又有传言，说李娘娘死于非命，是被刘太后用毒药毒死的，对于刘太后应当追贬，加以惩处。

仁宗皇帝一下子陷入非常尴尬的境地，如果不追查李娘娘死于非命之事，不为自己的生身母亲雪冤报仇，则枉为人子，又何以君临天下？但此事暧昧难明，如果在没有充分证据的情况下就贸然行事，对已故的刘太后追贬惩处，则又显得刻薄寡恩。而且他一直都把刘太后当作自己的生身母亲，刘太后对他关怀照顾，体贴入微，执政期间也颇有政绩，没有显过。母子之间还是相当有感情的。更何况太后的皇后之位是父亲生前封定的，自己也不应当随意追贬。在中国古代社会，非常讲究孝道，以子改父虽然不能统统称之为大逆不道，但在一般情况下还是要遭到非议的。怎么办？仁宗感到进退维谷，确实非常为难。

刘太后刚死不久，就出现如此棘手之事。仁宗刚刚亲政，怎能不左右为难呢？这时候，宰相吕夷简则表现出极高的才能。他极力为刘太后辨冤，认为流言蜚语不可听。他向仁宗打保票，说李娘娘确实是正常死亡，决不是有人加害。去年李娘娘死时，他曾亲自参与安葬之事，故知细情。什么刘太后指使人下毒云云，都是别有用心之人造的谣言，万不可信。如果这样做，有累君德。而此事的关键则是李娘娘到底是不是中毒而死。

为解仁宗皇帝之疑，他建议开棺验尸，如果李娘娘是正常死亡，一切谣言不攻自破。仁宗仔细考虑了吕夷简的意见，觉得有理，就同意了。

仁宗亲自到了现场。开棺之后，只见李娘娘穿的是皇后的服装，周围用水银镶嵌着，面容如生，仪态安详，表情平静。根本用不着仵作验尸，普通的人一眼就可看出来，李娘娘是正常死亡，决非中毒而死。服装和葬仪都是皇后的待遇。仁宗的心理这才平衡一些。此次重见生身母亲的仪容，自然分外伤感，不由得痛哭流涕，气噎喉堵，啜泣是最伤心的哭泣啊！当了十年皇帝的儿子却不能及时认自己的生身母亲，那种椎骨剜心的伤感是可以想象的。用太后之礼重新安葬。情况既明，也就不涉及对刘太后的所谓追贬了。

这样，吕夷简在二年之间就等于保护了两宫太后，而且又给刚刚亲政的皇帝解开了一道大难题，仁宗皇帝在感情上自然特别感谢他。所以，范仲淹和欧阳修无论有什么样的才能和社会声望，也难于把平庸的吕夷简从相位上拉下来。他们两人的被贬也就可以理解了。

在此还应交待一下，上文讲述的关于仁宗生身母亲的官司在当时确实是轰动朝野的一件号外特大新闻。堂堂皇帝，已经二十四岁，当了十一年的国君，居然在生身母亲死了一年之后才知道，这本身确实是一件值得深思的事。毫无疑问，这件事的背后，一定存在着极其生动曲折，丰富复杂，令人心酸的故事。后世流传最广，在中国几乎是家喻户晓，妇孺皆知的所谓"狸猫换太子"的故事就是以这一故事为原型编造的。

编造的故事虽然非常生动感人，但与史实出入较大。仁宗认母是在两宫太后死了之后，李娘娘死时也不知道她的当皇帝的儿子还能知道事实的真相，还能认她这个饱受磨难的母亲。刘太后似乎也不像传说中那么坏。但有一点似乎也应当肯定，这就是刘太后也决不会像《宋史·后妃传》（卷二四二）所写的那样好。因为如果她果真那样好的话，怎么会硬霸占李娘娘生的儿子为己子而终生不让人家母子相认呢？仅此一点，任凭那些历史学家们怎样开脱掩饰也掩饰不了，最起码她缺乏人所应有的厚道。

当思考清楚这些问题后，年仅十六岁的王安石心里仿佛打开了一扇小窗户，顿时觉得亮堂多了。他弄明白了一个看似无关紧要，而实质却是涉及在封建官场中如何出处进退的大问题。这就是在封建专制制度下，在官场中，政绩如何是无关紧要的，黜陟升谪的关键是人际关系，是由与当权者的感情如何决定的。因为吕夷简保护了两宫太后，对仁宗有大恩。所以，只要仁宗在位，吕夷简的高位就是不可动摇的，尽管他在军国大政方面没有什么实际的才能。

用人主要凭人际关系，凭个人感情，这是非常可怕的现象。而这又是封建社会中极其普遍的社会现象，这也是以人治为主要标志的专制制度无法克服的弊端。在当时的历史条件下，人们只能认识它却无法改变它，能够认识到这一点就已经难能可贵了。可以说，这一认识是十分宝贵的，对于王安石终生的出处都起了重要的指导作用。

［第二章］
名噪京华

穷年忧黎元，叹息肠内热。

——杜甫

第一节　高中一甲

> 科举考试仿佛是一道门，知识学问仿佛是一块敲门砖，很多人用它敲开进士的大门后，就将其抛弃在一旁，去不复顾。而王安石则有自己独特的见解。他说……

在繁华热闹的东京留连了半年多时间，使年轻的王安石大开眼界，接触了许多名流。虽然在他进京之前，范仲淹、欧阳修已经被贬出了东京，他未能亲睹这两位国士的风采。但二人直言敢谏，以天下为己任的风范却给他以极大的鼓舞和启发。对于二人被贬事件之深层原因的思考，使他一下子成熟了很多。

四月初，安石的父亲王益得到新职，朝廷任命他通判江宁府。江宁府治即现在的江苏南京市。当时已经是南方屈指可数的大城市，也叫金陵，还曾叫过建业、建康。通判是知府的副手，又称半刺，即半个刺史的意思，俗称为倅。与州郡长官共同处理政务，州郡的一切政务均需知州、通判和长史三人联合署名才可以生效实行。而通判又要负责本部门官吏政绩的考核上报工作，故又被称为监州。是个有职有权的职务。

一年后，王益病死在任所，时年四十六岁。临死遗嘱，让儿孙们把他就安葬在附近的牛首山下。从此，王安石一家就定居于此了。

庆历元年（1041）暮春时节，王安石守丧期满，脱去丧服。他遵照父亲的遗嘱，独自进京去参加每年一度的进士考试，为以后进入仕途打开大门。

进士考试开始于隋朝，时无定制。唐朝时由于录取人数少，一般情况下每年只录取二十五人，扩大录取数量时也不过四十人。所以，唐朝的知识分子考中进士极难。而且，唐朝的进士考试又不密封试卷，如果没有权贵或学术界大名人推荐则很难考中。故唐朝的进士考试还带有很强的门阀士族的色彩，其录取大权基本上被贵族地主阶级把持着。一般的土著地主出身的知识分子难以问津，尤其中晚唐后更是如此。

宋朝建立后，严格了考试制度，扩大了录取数量，每年都可录取几百人，是唐朝的十几倍甚至几十倍。而且密封试卷，又增设专门誊写的部门，使主考官及评阅试卷的人无法看到考生的笔体，极大地避免了评卷及录取过程中的舞弊行为，考试相对公平了。这就为广大庶族知识分子金榜题名，进入上层社会，参与国家管理提供了极大的方便。宋朝初年著名文学家王禹偁就是一个出身贫寒而凭自己的真本事考中进士的人。

由于开拓了选拔人才的社会层面，尽管北宋在政治经济方面一直也没有真正强大起来，但文化却极其繁荣。到中叶时，出现了人才济济的可喜局面。就在王安石走向社会的时候，是北宋人才最多的时候。如钱惟演、晏殊、欧阳修、梅尧臣、苏舜钦、柳永、张先、韩琦、范仲淹、司马光、文彦博、包拯、曾公亮、富弼、宋祁、张载、邵雍、吕公著、周敦颐、程颐、程颢等人都已经登上了历史舞台，在扮演着不同的角色。比王安石稍晚的苏轼兄弟、黄庭坚、范纯仁、沈括、吕大防等。这些人物放在整个中国历史上，都是屈指可数的杰出人物。他们灿若繁星，在当时的历史星空中放射出耀眼的光芒。年轻的王安石就是在这样的背景下走进东京开封府的。

王安石住在太学附近的一个旅馆中。这个旅馆中住的主要是前来应考的举子们。旅馆的档次居中，设备比较普通，但很齐全，又比较卫生，旅店老板就是以应考举子为对象设计的房间格局，故住起来非常方便。

一年前，守丧期间，在母亲的催促下，王安石和两个哥哥王安仁、王安道曾到太学游历，并临时吃住在太学中，带有短期进修的性质，也算是太学的学生，以便见识一下国家最高学府的学子们是怎样学习和生活的。

在这段时间里，王安石结识了一个朋友。此人叫李通叔，字不疑，是福建人。由于初入太学，王安石心里也有些紧张。但与李通叔交谈后，立刻有了自信心，觉得"圣人户庭可策而入也"。此次住下之后，安石的第一件事就是要去见一见这位对自己颇有影响的好朋友。

李通叔已经二十八岁，比安石大七岁，虽不能说饱经风霜，也比安石多经历许多人生事故。为人精明深沉，见安石来访，非常高兴。二人到附近的一个小酒馆里，要点酒菜，边喝边谈，相互鼓励，十分畅快融洽。其后，王安石作《太阿》一诗赠给李通叔，李通叔作《双松》一诗相酬答。

回到旅店，王安石依然很兴奋，就到隔壁的房间里去看望新住进来的举子。那人个头不高，中等略有点偏下。面目清秀儒雅，王安石只是在走廊里偶然碰到他两回，但印象特别好，仿佛有夙缘一般。人和人的交往往往如此，有的人在一起工作生活多年，却形同路人，有的人只见一面，却颇为知心。古语云"白头如新，倾盖如故"，倒是一句经验之谈。

见有人来访，那位举子也很高兴。似乎他对王安石也有好感，连忙让坐上茶。二人开始叙谈起来。

"请问仁兄贵姓高名，何方人氏？是否是前来蟾宫折桂的？"王安石先问。

"在下免贵姓曾，贱名单字巩，字子固。建昌南丰（今江西南丰）人。确是前来应举的。请问仁兄？"

"在下姓王名安石，字介甫，临川人。与仁兄一样，也是前来应举的。"交谈几句后，序过年庚，曾巩长安石两岁，自然为兄。二人讨论经史百家，探讨天下大事，学识相当，见解多同，格外投缘。一直谈到半夜三更，才各自休息。

此后，一有时间，王安石不是到李通叔那里去，就是到曾巩那里去，切磋学术，讨论问题，学业大进。

宋朝的进士考试，要经过几次筛选。从各州府经过考试选拔出来的举子可以直接参加礼部试，太学的学生则要经过本校的考试进行选拔。淘汰的学生则不能参加下一轮即礼部的考试。礼部考试在秋季进行，一般通常称之为"秋闱"。被录取后则可参加来年春天的殿试,殿试是由皇帝亲自主持的关键性考试,决定最后的录取和名次。殿试因在春天举行,故通常称之为"春闱"。

考试无常,王安石非常钦佩的李通叔却在太学考试的第一关就马失前蹄败下阵来。这是始料不及的,就连王安石都感到突然,李通叔的情绪就更可想而知了。因为不必等待参加秋闱,李通叔就告别王安石回乡探望父母。

王安石万万没有想到的是,这次告别竟成了永别。李通叔在归乡的路途中,所乘之船在建溪中因溪水突然暴涨翻船溺水而死。一年后,王安石才知道这个不幸的消息,满含深情地写下《李通叔哀辞并序》一文,感情真挚,令人不堪卒读。

秋天礼部考试中,曾巩也不幸落榜,告别王安石悻悻而归。两个朋友相继离去,只剩安石一人。虽然有时感到冷清寂寞,但一读起书来就什么都忘了。他进入了积极备考的最佳状态。从秋闱到春闱的几个月里,安石焚膏继晷,学业又有很大进步。

转年就是庆历二年(1042)春天,在竞争激烈的殿试中,王安石发挥正常,以优异的成绩荣登进士甲榜的第四名。这一年的状元是杨真,第二名是王珪,王珪是1019年生人,比安石大两岁,第三名是韩绛,韩绛是1012年生人,比安石大九岁。三人中,安石的年龄最小。后来,王珪、韩绛和王安石先后都做过宰相。一榜中出三名宰相,而且这三人又是连名,这在科举历史上也是绝无仅有的,故受到后人的盛赞。

在古代,同一榜登第的人都算同学,常称作同年。考中之后,还要举行一系列的庆祝活动,什么探花、赐宴、题名等。在这些活动中,由于名次相连,安石和王珪、韩绛二人的接触自然最多,三人也就熟悉了,结为朋友。这对三人的终生都产生了重要影响。

新进士及第后,还要等待一段时间才能由吏部正式分配工作。在这段时间里,是新进士们频繁活动的最佳时段。如果朝中有人,自然可以留在朝廷中任职。在当时,人们都重视朝官而轻视外任,所以,绝大部分新进士都把脑袋削个尖去找门路。能行风的行风,能行雨的行雨。有人的找人,没人的舍得花钱。一个个四处奔克,忙得不亦乐乎。而王安石却不动声色,除了必要的应酬之外,他依旧在旅馆里刻苦攻读。同时也密切关注着整个国家的形势和社会的发展趋势。

一天晚饭后,王安石在外面溜达一会儿。回到房间里,点燃蜡烛,翻开《周礼》正在阅读,忽听有人敲门。

安石开门一看,见来人是新结识的好友韩绛,后面还跟着一个和他模样有些相似但比他年轻的人。安石热情地把二人让进屋里。

"韩年兄,如果我猜得不错的话,这位就是您多次跟我提起的令弟韩维吧?"

"介甫真是好眼力,一点不错。"

"欢迎!欢迎!"王安石一边说话一边泡上两杯茶递给二位客人,"请喝茶。"

韩维进屋后一言未发,他在仔细观察着哥哥极其钦佩推崇的这个人。只见王安石中等偏高的身材,大约在七尺半左右(古代一尺相当今天的二十三厘米),方脸盘,下颌略尖。眼神深邃,略带思考的样子。几案上书摆放得比较零乱,衣冠虽然不能说不整,可也不像一般的年轻人那样端庄严正。一看就知是个不拘小节的人。见主人如此热情,韩维连忙道谢,并和哥哥先后坐下。开口说道:

"胞兄一再赞美王相公的人品才学,京中举子,对王相公也是交口相赞,相公大名,如雷贯耳。在下渴慕久矣,今日特来拜会,三生有幸!"

"岂敢!岂敢!"王安石抱拳在胸,连表谢意。并说道:"在下早闻令兄之清德,仰慕已久。"

原来,韩维和韩绛是亲兄弟。他们的父亲叫韩亿,雍丘人,早年登第,在朝中为官。老成持重,颇得圣眷。韩维学识渊博,颇有识见,因其父亲在朝为官,坚决不参加进士考试。他们亲兄弟八人,几个哥哥都是朝廷命官，韩氏一门，朝野闻名。韩绛进士及第后，对王珪等人都不算太佩服，赞不绝口的就是王安石。认为此人有经天纬地之才，可堪大任。韩维知道哥哥轻易不谀人，既然如此赞佩，想来不是寻常之辈。今日一见，也顿生钦佩之情。

"其他同年都在四处奔竞，以期留在朝中为官。介甫兄为何不也运动运动呢？"韩绛问。

"我对于这些事一直看得很淡。右丞有诗句曰：'感激有公义，曲私非所求。'就凭吏部安排吧，何必为此劳心费神呢？"

"淡漠自守，不肯干谒事人。只此一点，便胜俗子多矣。佩服。可已经登第，介甫何必还如此用功苦读呢？外面那么多花花世界，何不也去放松放松，消遣消遣呢？"韩维问。

"很多人都把科举考试当成敲门砖，把门敲开之后就抛弃在一边，便很少读书了。故很多人也就成了平庸之才，这是很可悲的一件事。我则异于是，不想到此为止。总觉得自己所知甚少，而且每天读书都有新的收获，其乐无穷。"

"介甫兄对《周礼》很感兴趣吗？"

"一部《周礼》，大半是讲述经邦治国，怎样理财的。现在的人一提理财似乎就是非常俗气的事。这是当今社会的一大误区。我读此书，便想在这方面看一看周公是怎样对待的。朝廷以科举取士，其目的就是要这些人协助圣上治理国家。治理国家就要有真才实学。现在有时间，就抽空学一学，将来或许有用于世。"

"介甫兄不汲汲于富贵，以天下为己任。佩服！佩服！"韩维抱拳在胸。

三人又谈了很久很久，从人生谈到国家，从历史谈到现在，三教九流，诸子百家，无所不谈。直到黄夜，韩绛兄弟才恋恋不舍地告别而去。

三月末，王安石接到吏部的任命，到淮南路去做签书判官，新的生活开始了。

第二节 山雨欲来风满楼

天下仿佛到处都堆满了干柴，只要有星星之火，必成燎原之势。
朝廷大臣们尚坐在这干柴堆成的大垛上，摆着盛宴，兴高采烈地享乐着。

宋朝的签书判官是行政大州府设置的幕府中的高级官员，在佐吏中地位较高，综理该州府行政长官的一切事务，大体上相当于现代秘书长的职务，是一个比较重要而又繁忙琐碎的工作。由于判官的工作具体而又琐碎，白天基本上没有时间看书，王安石就在夜晚抓紧时间苦读。也正由于直接接触了社会生活，对于官场中的一些弊端和百姓的困苦有了更直接的感性认识，王安石所思考的问题更加深刻复杂，而他也感到自己的知识越发不够用了。于是，他更自觉地去学习一些有关治理社会方面的知识。

秋风瑟瑟，落叶飘飘。夜深人静，秋虫唧唧。王安石独自盘膝坐在几案前，一边苦读一边思索着。几年来在京师里的所见所闻，到淮南以来的所见所闻，使他感到深深的忧虑。

京师里，王公大臣们绝大多数是饱食终日，无所用心。终日花天酒地，送往迎来，醉生梦死，歌舞升平。到处是靡靡之音，灯红酒绿。官员们相互吹捧，一上朝更是一片歌颂之声。仿佛现在比尧舜时代还要兴盛繁荣。文恬武嬉，边备松弛。对外作战的能力极差，故总是处于劣势。

到淮南幕府的一段时间里，他发现这里的官员严重超员。整个幕府中起码有三分之一甚至一半是多余的。这些多余的人员不但大大浪费了朝廷的开支，更可怕的是又大大地影响了工作效率。职责不分，人浮于事。办事效率极低。百姓尤其是农民的负担过重，农民们有些不堪重负，很多家卖儿卖女尚交不起官府的租税。有的地方已经出现了农民起义。社会矛盾重重，全国仿佛已经堆满了干柴，如果不及时解决这些矛盾，很容易形成燎原之势。想到此处，他不禁想起唐代诗人许浑"山雨欲来风满楼"这句诗来。他冷不丁打了一个寒战，感到有些可怕。

他在为朝廷，为社会深深地忧虑着。那么，王安石是否是"杞人无事忧天倾"呢？我们还是来看一看当时的社会现状吧。

宋朝建国之后，吸取中唐后藩镇割据，尾大不掉的弊端，采取了实内虚外的政策。即把军队的主要部分部署在京师附近地区，边境上的兵力却明显不足。这样，既可有效地遏制边将造反，也可控制武将的专横跋扈。可以坚决有效地镇压造反的百姓。有利于强化朝廷的权利，可以把一切大权都集中到皇帝手中。

宋太祖赵匡胤杯酒释兵权，解除了武人对兵权的把持，从而彻底解决了武人干涉政治的局面。朝廷的权利加强了，皇帝的权威加强了，封建专制制度更加完善。但由此也产生了一系列的社会问题，并因此而造成积弱积贫的社会弊端，而且一直延续下去，直到宋朝的彻底灭亡。

由于边境兵力不足，对外作战的能力就极弱。所以，从宋太祖赵匡胤建立国家以来，在对辽国作战中，一直处于劣势。正因如此，才不得不采取妥协投降政策，向辽国进贡大量的金银物产。这些金银钱财的大量流失就造成国家财政的极度困难。这势必就要加重对百姓的剥削，百姓不堪重负就要铤而走险，于是不断有造反的事件发生。积弱积贫的局面就更加严重。形成了可怕的恶性循环。

到仁宗朝，这种局面已经相当严重了。我们还是用一些具体数字来看一下问题的严重性吧。这种局面的具体表现就是历史学家们常说的"三冗"。

一、冗兵。为必要的边防和镇压百姓的造反，宋初就开始大量招兵，军队数量骤增。宋太祖开宝年间（968－975），全国军队有三十八万七千人，其中禁军就占十九万三千人，几乎是一半。到仁宗皇祐元年（1049），军队数量竟达到一百四十万人。不到八十年，军队的数量居然增加了三倍多。庞大的军队需要庞大的财政开支，给朝廷带来极为沉重的负担。据有人说："一岁总计天下之人，不过缗钱六千余万，而养兵之费，约计五千万，是天下六分之物，五分养兵。"军队太多，占去了大量的农村劳动力，农事荒废，又影响了国家的税收。军队虽多，但管理混乱，朝廷又不敢把军事指挥权全部交给带兵的大将，而要派监军，多方掣肘，故军队的战斗力较差。

二、冗官。为了防止地方官吏闹独立，宋朝采取"分化事权"的政策，使军、政、财三权分开，从朝廷到地方采取条条领导和块块领导相结合的办法。这样，任何一个地方大吏要想造反都不可能，必须三方面的人联合才可办到。而这种情况是很难出现的。这个政策确实起到了防止藩镇割据的作用，宋代在积弱积贫的情况下，能做到百年无事，没有发生大的地方性叛乱，与这一政策有关。但这样势必要增加许多新机构，需要补充大量的新官员。于是，宋代扩大科举取士的数量，每年录取的人数都有几百，是唐朝的几十倍。北宋官员还有恩荫的特权，每有重大节日或国家大典，皇室、外戚、大臣都可以奏请自己的子孙为官。官员数量猛增，官员素质下降，鱼龙混杂。仁宗时的户部侍郎包拯说：当时的朝廷官员比四十年前就增加了一倍，与宋朝建国初期比，"州县不广于前，而官五倍于旧"。地盘还是那么大，官员却是原来的五倍。机构臃肿，人浮于事，形成一个既庞大又腐败的官僚群体。

三、冗费。冗兵、冗官的必然结果就是冗费。庞大的军队和庞大的官僚机构需要庞大的财政开支。仁宗朝，军费开支每年高达一百二十五万两白银。北宋官员俸禄高，除正俸之外，还有职田、杂役费等名目。每年此项支出铜钱一千六百九十六万贯、金一万四千八百七十两、银六十二万两。除这两项巨额开支外，每年还要向辽国进贡白银十万两、绢二十万匹；对西夏岁赐大量物品，折合白银为二十五万五千两。其他还有许多开支，这就造成了入不敷出的严重局面。太宗赵光义当政时，岁入一亿二千二百二十四万五千八百贯，有较大盈余。真宗时，岁入一亿五千八十五万一百贯，支出一亿二千六百七十七万五千二百贯，收支基本平衡，所剩无几。到英宗时，每年的收入只有一亿一千六百一十三万八千四百五十贯，而支出是一亿三千一百八十六万四千四百五十二贯，亏空高达一千五百七十二万六千零二贯，出现了极其严重的财政危机。仁宗朝更甚，捉襟见肘，朝廷经济十分困难。为解决这样危机，不得不加重百姓尤其是广大农民的经济负担，农民交不起众多的赋税，不得不变卖土地田产，不得不忍痛借高利贷。土地兼并和高利贷的重利盘剥使广大农民陷入水深火热之中。阶级矛盾尖锐，社会开始动荡不安。

对于朝廷加强中央集权的做法，王安石是赞成的。但对于朝廷过分不相信地方官员的做法又有些不满意。但他也不便于明说。他写过一篇《周秦本末论》的文章，仔细阅读，可以读出他的见解来。他认为，周朝是强末弱本而亡，秦朝是强本弱末而亡。本即指中央政权，末则指地方政权。本末哪一个太强太弱都有弊端，只有相称才好。

文章的末尾说："后之世变秦之制，郡天下而不国，得之矣，圣人复起不能易也。销其兵，削其城，若犹一也，万一逢秦之变，可胜讳哉？"很明显，王安石的意思是说，朝廷采取秦的制度，建立郡县制而不分封，这是绝对正确的，即使是圣人复出，也不可能再恢复周朝的分封制了。但本朝也对内严加防范，销毁兵器，削弱各州郡的城墙和军队，和秦朝的做法有些相像，如果一旦像秦朝那样有紧急情况发生，那结果可就不堪想象了。毫无疑问，王安石的这一见解是非常精辟而又深刻的。但他人微言轻，毫无地位权势，只能是想一想而已。除了增加自己的烦恼之外又有什么用呢？

第三节　难逢知己

时然而然，众人也；已然而然，君子也。能够不同流俗而坚守正道才是真正大君子。这是王安石在二十二岁就提出的重要观点。就在此时，他已经产生变法的念头。

王安石如此刻苦读书，自然没有时间去进行一些不必要的社会应酬，有些同僚对他就产生了一些误解，觉得他孤僻特性，故也不怎么和他往来。只有一人，认识了安石的价值，主动来与他攀谈。

这一天，回到自己的办公室，处理完当天的政务，安石略微轻松了一些。疲乏感又向他袭来。他用双手从下向上摩挲了几遍脸，也就是俗语所说的干洗脸。然后站起身来晃了晃腰，看看将近午时，就要午休了。

这时，隔壁的一个同僚过来闲聊。安石认识，此人叫孙正之，沉默寡言，不好交际，所住的寮舍（即相当于现代的独身宿舍）在隔壁。二人虽然天天见面，但也只是点头之交而已。并未交谈过。

"孙大人今日怎么这么得闲？请坐。"

"快中午了，也不能干什么了。过来聊聊。"孙正之坐下后，略停顿一下，问道："王大人，咱们就住在隔壁。每天夜间我起夜的时候，都看见您的房间里还亮着灯光。窗上映出您黉夜苦读的身影。您如此年轻，已经高中一甲，又精明强干，尚如此刻苦用功，前途未可限量，着实令人佩服。"

"孙大人过奖了。鄙人才疏学浅，对于许多事总是想不明白，不得不多读一读书。俗语说'慢雀先飞长在后'嘛！"

"王大人过谦了。您可不是慢雀。您是鲲鹏展翅恨天低啊！有如此才气，有如此大志，必有大展宏图之时。这一点，我决不怀疑。"

孙正之说的是如此肯定。

"多谢孙大人的鼓励。"王安石有些激动，向孙正之抱拳作揖致谢。这是王安石到淮南以后所遇到的第一个能够认识他的人生价值的人，是他平生所遇到的第二个知己。

自从和曾巩分手之后，王安石再也未遇到志同道合的知心朋友。其他那些同僚们基本上是饱食终日，无所用心，几乎每天都有应酬。今天你请我，明天我请你，不是去酒馆，就是下饭店；不是请歌女，就是找舞伴。仙乐飘飘，红袖招招，灯红酒绿，酒足饭饱，大话连篇，五迷三道。一个个弄得红红火火，热热闹闹。有谁肯搭理他这个不合时宜的人呢？

曲高和寡，大智若愚，大才难识。所以越是才气大、志向大的杰出人物越发不容易遇到知音，越发容易产生孤独感。那些满身俗气的官僚当然不愿意搭理王安石，而王安石也不愿意搭理他们。正因如此，在淮南的这段时间里，王安石觉得很寂寞。如今，一向不大讲话的孙正之却能如此理解自己的心理和志向，安石又怎能不感动呢。于是，安石向这位新结识的朋友敞开了心扉。

几句话后，二人交谈起来，越谈越投机，遂结为知己。其后相从甚密。

一个月后，孙正之来向王安石辞行。孙正之的哥哥要到温州去做官，奉双亲前去。为孝养老人，孙正之也将要随同哥哥到那里去，以便共同奉养父母双亲。

听说孙正之马上就要离开自己而去。安石的心中有些不是滋味。相识时间虽然不长，但二人做过几次深入的长谈，对时局和社会问题有比较相似的看法。这是安石在淮南唯一的知心朋友，可又要离自己而去。他把自己在京师时结识的好朋友曾巩向这位即将远去的朋友做了介绍，孙正之颇为感动。

想到朋友此次分手，不知何时才能再会。安石无法抑制内心的留恋之情。头一天的晚上，在一盏荧豆青灯下，写下《送孙正之序》这篇充满哲理韵味的抒情散文。在王安石的诗文中也是值得重视的一篇。文中写道：

> 时然而然，众人也；已然而然，君子也。已然而然，非私已也。圣人之道在焉尔。夫君子有穷苦颠跌，不肯一失诎已以从时者，不以时胜道也。故其得志于君，则变时而之道若反手然。彼其术素修而志素定也。时乎杨、墨，已不然者，孟轲氏而已；时乎释、老已不然者，韩愈氏而已。如孟、韩者，可谓术素修而志素定也，不以时胜道也。惜也不得志于君，使真儒之效不白于当世。然其于众人也卓矣。呜呼！予观今之世，圆冠峨如，大裙襜如。坐而尧言，起而舜趋，不以孟、韩之心为心者，果异众人乎？

非常明显，这段文字是借题发挥，借赞美孙正之为"真儒"而批评当世的许多朝廷大员为趋时附世的腐儒。

在这篇文章里，王安石提出一个非常重要的思想，这就是要有反潮流的精神，不要趋时附世。对待社会潮流，要有自己的分析和判断。如果一味顺着社会潮流而动，社会潮流怎样就怎样，那就是地地道道的众人。按照自己认定的真理去行事，不管社会潮流怎样变化也不动摇，这才是君子。君子可能会穷困潦倒，但决不会违背自己的意志去委屈地顺从时代潮流。这是因为君子有一定的政治主张和坚定的政治信念，他们要坚守正道而不为时代潮流所动。如果这样的君子被国君所重用的话，那么，改变时代流俗而使整个社会走上健康发展的轨道，就是易如反掌的事。所谓的正道，就是儒家理想中的社会模式。不随同流俗而能坚持儒家正统的两个模范人物就是孟子和韩愈。当今社会上那些道貌岸然的一些社会名人，说的仿佛是尧舜之言，做的仿佛是尧舜之行，但并不能像孟子和韩愈那样矫正流俗，与普通人没有什么区别。

可以看出，要矫正流俗，改变整个社会庸俗腐败的风气，这早已是王安石在思考的问题了。他指出当时社会的主要问题是朝廷即国家的指导思想出了毛病，应当用儒家思想来对其进行纠正。有识之士应当像当年的孟子和韩愈那样，不随时代潮流而动，努力起来矫正时弊。如果君主能够信任起用孟子韩愈那样的真儒的话，改造社会也不是什么难事。王安石变法的思想基础在这篇文章中就已经形成了。这篇文章的落款署年是"庆历二年闰九月十一日"。王安石刚刚二十二岁。

仁宗优柔寡断，吕夷简继续为相，朝政依旧。王安石早就悟出了一个道理，这就是要想有所作为，必须要遇到精明睿智的君主。既然现实没有这个条件，也不可强求，只好继续苦读以待天时了。

这年冬天，王安石接到家人的来信，催促他回去完婚。安石的母亲吴氏为他精心挑选了一个好姑娘，是吴氏娘家的一个远房侄女。

王安石是个孝顺之人，不能违背母命，便向太守大人请假返乡。

来年即庆历三年（1043）正月，王安石在家中举行了相当隆重的婚礼。婚后，夫妻和睦，甚是恩爱。安石的母亲本来是个知书达礼之人，自然很有眼力。她为儿子所选的这个新娘子吴夫人也知书达礼，深明大义，对安石百般体贴，侍服照顾得非常周到。

婚后不久，王安石回到淮南幕府。同僚们当然也要有一番庆贺，自不必说。燕尔新婚，王安石感到非常幸福和快乐。但更令他高兴的是从朝廷方面传来的一个好消息。这个消息令他感到精神振奋，难道是这个婚事给自己带来了好运气？王安石自己暗暗这样想。

第四节 "庆历新政"

"先天下之忧而忧，后天下之乐而乐"的范仲淹在出任参知政事后就开始进行改革，但不久即挫折。这样大的一场政治革新运动，失败的开端却是一官员卖掉一些废纸。

朝廷方面传来的消息是这样的：三月初，先后任参知政事和宰相二十余年的吕夷简因身体不适而辞去相位，已致仕归家。朝廷的人事正在发生巨大的变动。四月，仁宗皇帝亲自下诏把在西北御边的两名重臣韩琦和范仲淹调回京师，任命为枢密副使。不久，范仲淹又被任命为参知政事。看来当今皇帝是要改弦更张，干一番事业了。

前文提到过，吕夷简是个非常自私，谋家而不顾国的庸人。他也没有什么实际的政治才能。可是，由于在仁宗刚刚亲政的时候，他保护了两宫太后，帮仁宗解决了一个大难题，所以一直受到仁宗的信任。

景祐年间，王安石随父亲王益进京时，范仲淹就因为直言进谏遭到吕夷简的嫉恨而被贬谪，同时受到牵连的还有欧阳修和尹洙等人。正是通过这件事，当时年仅十六岁的王安石才悟出了一个至为深刻的道理，也对范仲淹和欧阳修等人产生了钦佩向往之情。王安石知道，只要吕夷简还健康地活着，还在当政，就不要希望国家的政治局面和经济形势有什么大的改变。吕夷简因病退出，范仲淹从边防返回，决不是一个人的进退问题，而是朝廷政策将要发生变化的一个信号。

王安石的估计没有错。范仲淹出任参知政事后，很快就向仁宗皇帝建议十事，以求全面革新。这十件事是：明黜陟；抑侥幸；精贡举；择长官；均公田；厚农桑；修武备；减徭役；覃恩信；重命令。每一件事还有具体的内容，这自然要涉及一些人的既得利益。如果这些革新措施能得到皇帝的支持全面实行的话，对于已经相当困难的国势或许能有一些帮助。但这也只能是使紧张的局势有所缓解而已，并不能从根本上解决问题。好像是对一个重病患者进行保守疗法一样，只能延缓其生命而不能根除其病患而使其恢复健康。但尽管这样，那些既得利益者们恐怕也不甘心失去他们的一丝一毫利益，恐怕也会有激烈的斗争。王安石在观察和等待着。

几个月后，传来消息，说圣上采纳范仲淹的建议，全面进行革新，但朝廷中斗争异常激烈。吕夷简虽在病中，可还有相当大的能量。反对革新的势力还相当强大，新政推行极其困难，或者说只是纸上的空文，根本就没有人去执行。

又过几个月后，传来消息，说宰相杜衍的门婿，范仲淹推荐的集贤校理、进奏院监察官苏舜钦被人弹劾，以监主自盗的罪名而被除名，即开除公职而成为一个普通百姓。因他是宰相的门婿，是参知政事推荐的人，这两个人都有用人不当的责任，因此宰相杜衍和相当于副宰相的范仲淹也都遭到弹劾，二人被迫引咎辞职。同时，坚决支持范仲淹的富弼、欧阳修和韩琦被指责与范仲淹等人搞"朋党"，也统统被赶出了朝廷。富弼出任郓州知州、欧阳修出任滁州知州、韩琦出任扬州知州。据说韩琦大人很快就要到了。

其实，范仲淹所要进行的"庆历新政"，不过是在原有政策基本不变的前提下，对各种社会弊端进行一些修修补补罢了，尚受到保守势力千方百计的阻挠，终于以失败而告终。可见在封建专制制度下要进行一点社会改革该是多么困难。

所谓的苏舜钦监主自盗也不过是反对派强加上的罪名。苏舜钦得罪的缘由是这样的：在年终举行的所谓的赛神活动后，把进奏院清理出来的没用的废旧纸张卖掉，用这点本来不多的钱置办一桌酒席，招待本院的全体同僚吃一顿。这只不过是按照惯例行事，每年都是如此，无论谁当这官都这么办。可要是别人或许就没事了，而苏舜钦这样做就算犯了朝廷的法律。因为他是进奏院的长官，居然用卖废旧纸张所得的公款领导全院人员大吃大喝，这还了得。于是，反对派就小题大做，把苏舜钦罢免除名，并以此为突破口，把进行新政和支持新政的这些人统统赶出了朝廷。

庆历新政的失败，使王安石对社会问题的思考更加深刻了。他要带着这些问题去读书，去思考。听说韩琦大人近日就要到来，王安石也和其他同僚一样在盼望着，马上就要在这位闻名遐迩的朝廷重臣属下工作，安石的心里不时地涌动起希望的火焰。

韩琦在当时已经是赫赫有名的大臣了。韩琦字稚圭，相州安阳（今河南安阳）人。二十岁就考中进士，出任右司谏。直言敢谏，上书抨击时政，弹劾两名宰相和两名参知政事尸位素餐，使四人同日罢相，朝野震动。

后来，西夏元昊叛乱反宋。韩琦和范仲淹到前线带兵督战，颇得军心，战绩辉煌，使西夏兵闻风丧胆。朝廷倚为重臣，边境的百姓更是倚为靠山。当时在边境有民谣说："军中有一韩，西贼闻之心胆寒；军中有一范，西贼闻之惊破胆。"后来西夏久战疲惫，与宋议和。战争状态结束，朝廷召韩琦和范仲淹回朝任枢密副使。不久，范仲淹被任命为参知政事，韩琦则以枢密副使之衔兼淮南节度观察使。这一年韩琦也不过36岁，正是年富力强的时候。为人精明能干，很有声望。王安石出仕不久就在这样干练的能臣属下工作，感到自己很幸运。韩琦虽然年龄不大，但在官场多年，处事老成练达，对王安石也很赏识。

工作虽然很琐碎繁忙，可王安石一直都在抓紧时间学习，在广泛阅读史书的基础上，他开始重点考虑如何富国强兵的问题。由于家属没有带来，他还住在寮舍中，这倒为读书提供了一个良好而安静的环境。

这天夜晚，王安石又开始读书了。他仔细思考秦朝商鞅变法的得与失，研究桑弘羊关于盐铁官营的观点，详细分析《周礼》中关于社会经济组织的记述。他在寻找一个能够改变当前这种社会病态的良方。

夜已深了，他全然不觉。思考一会儿，再读一会儿。他觉得有些新的领悟，心里稍微敞亮一些。不知不觉间，从外面传来报更的鼓声。他侧耳听了一下，不觉暗暗吃惊。怎么，已经四更天了？他这时才感到有些疲倦。离次日上班点卯的时间已经不太远，也不能脱衣睡觉了，干脆就合衣假寐吧。想到这，安石上床，把枕头放在被的上边，趄歪着身子想要眯一会儿。

不知不觉间，安石睡着了。也不知睡了多长时间，忽然听到"喔，喔"的鸡叫声。安石一下子醒来。有些迷迷瞪瞪的，心中暗想这下可坏了，今天是非要迟到不可了。待晃了晃脑袋，让自己清醒清醒。这才看清，天刚亮，东方的那颗熟悉的启明星还挂在树梢上，抓紧时间还来得及。于是，急忙洗脸梳头，整理一下外衣，戴上乌纱帽，穿好靴子。也来不及吃早饭，急匆匆往府衙的大堂走去。

点卯的时刻将要到了，其他同僚们已经到齐。韩琦坐在大堂之上，见众人都已列班鹄立，只是主管点卯的签书判官王安石还没到来，心里暗暗有些焦急，不时地撩起眼皮向大堂门口看一眼。

时辰马上就要到了，才见王安石匆匆忙忙走上大堂。仔细一看，只见王安石的官服上有些褶皱，领口处窝了一小块。乌纱帽下还露出一小绺散落的头发，脸洗的好像也不太干净。站在班中还轻轻地吁着气，分明是走路太急的缘故。但不管如何，总算没有误了点卯，韩琦这才松了一口气。

韩琦很器重王安石，他觉得这个年轻人才识过人，而且办事能力极强。签书判官之事很繁杂，一般人都要紧忙，还会觉得力不从心。可王安石到任以来，各种工作处理得井井有条，这不是一般人所能做得到的。可连续几天来，安石总是踩着点来上班。已有两次和今天的情况一样，再晚一小会就误了点卯。作为一个年轻官员来说，这样下去，会影响前程的。而且，从王安石眼角的血丝来看，他肯定是熬夜了。从白天工作的情形来观察，他也常常打瞌睡，有些提不起精神来。是不是和许多青年人一样到烟花柳巷去寻花问柳了呢？如果那样，可就要耽误他的前程了。

韩琦的担心也不是没有道理。因为北宋的上层官员生活非常奢侈，年轻官员狎妓冶游是非常正常的，不但不会遭到社会舆论的谴责，反而会被当成是风流韵事而受到人们的艳羡。著名词人张子野，就是以写"风破月来花弄影"等三句词中都有影字而被人称为"张三影"的风流文人张先，在八十一岁的时候还要兴高采烈地纳妾，许多文人都作词祝贺。一些人还表示出非常羡慕的心情。于此可见当时社会风气之一斑。一般的文人官僚也都有三妻四妾。不拈花惹草的反而会被认为是不正常。像王安石这样少年得志，刚刚二十多岁就已成为许多人羡慕的朝廷命官，新婚不久而妻子也不在身旁，即使是逛一逛妓院，进一进青楼，也是可以理解的。但如果为此耗费太多的精力可就要耽误前途了。

古代的官府中也有一套相当严格的管理制度。各个部门的官员早晨上班时也要点名。因为上班的时间都在卯时，冬季和夏季也有区别，但大体上都在卯时的时辰内。卯时的时段是从五点到七点。五点叫做卯初，六点叫做卯正。如果六点半就叫做卯正二刻。古代照明比较困难，故古人也就只能是随着自然的变化来安排生活和工作。所谓的"日出而作，日入而息"，实在是由于当时的生产条件决定的。总之，古人上班的时间一定是在卯时的时段之内，故称之为"点卯"。如今，无论冬夏，人们基本上都是八点上班了，可上班点名还称之为"点卯"，这只不过是延用古称罢了。其实，八点钟是辰时而不是卯时，但如果说"我去点一点卯"，恐怕谁都能明白。如果说"我去点一点辰"，恐怕就谁也不明白了。

点卯结束，韩琦简单讲了几句，安排一下工作。大部分官员散去，只剩下几名主要的幕僚。这时，韩琦才关切地嘱咐安石说："介甫啊，青年人正是大有作为之时，应当刻苦读书，勤勉职事，千万不要艳冶无度，荒废学业，耽误了自己的前程。"

听到韩琦的这些话，安石不禁一怔营，嘴唇微动，想要说什么，但又咽住没有说，只是微微点了一下头。那几个同僚看了看安石，也没说话。

点卯结束散班，官员们各自回到自己的办公室。刚一进办公室的门，王安石的助手就迫不及待地问：

"王大人，刚才韩大人批评您时，下官看见您似乎想要说话，可为什么又不说了？下官都为您感到不公平。"

"这是因为韩枢密刚到任不久，还不了解我，所以才误解了我。世间之事，要名实相符，批评才可以罪人。如果名实不符，又何必解释！况且，在那种情况下，如果一解释，对韩枢密的脸面也不好。人们之间相互误会的情况非常多，有的没有必要解释。时间一长，人们自然就都明白了。"韩琦当时是以枢密副使的身份兼领淮南知州，故王安石称之为韩枢密。

"高见！高见！'名实相符，批评才可以罪人'，可谓是至理名言。王大人之雅量，令人钦佩。"

王安石对韩琦的批评根本没有往心里去，因为那只是一个小小的误会，用不着计较。而这也正说明韩琦大人对自己是非常关心，才会注意这些生活细节的。几天后，韩琦知道了王安石刻苦读书的实情，对这个年轻人更有好感，也很佩服王安石的胸襟大度。

王安石依旧天天在夜间伏案苦读，他的知识面在不断扩大。在淮南三年的时间里，王安石的学识产生了一个飞跃。这为他以后在变法中成功地在各个领域里都有建树打下了坚实的基础。

每到夜晚，在王安石的寮舍的南窗前，都会透出灯光，映照着他那稍微有些瘦削的身体的剪影。

第五节　滞留京师

在京师工作的馆阁之职是许多人都梦寐以求的。可王安石却与众不同，他偏偏要求外任。就在他赴任的路上，他遇到了这样一家人。

秋季又到了。王安石到淮南任签书判官已经三年。按照朝廷的规定，及第的进士在前三年任职期满之后，可以由本人提出申请，到有关部门去应试，求得馆职。馆职即史馆或翰林院中的职务，是比较清要之职。因为在朝中，经常接触皇帝和权要大臣，容易被发现而受到重用。所以，当时的官员们绝大部分都挖空心思地往这里挤。王安石就是与众不同，他不但不往里挤，而且还很怕被留在京师中任职。然而，不管愿意不愿意，既然到了任期，就必须到京师里去等待重新分配工作。为此，王安石再度来到京师开封府。

王安石为什么不愿意出任馆职呢？主要有两方面的原因。一个是按照当时的规定，一旦考中而被录用为馆职，任期必须满一年才能允许调动，馆职的工作职务虽然比较清高，但收入却比其他各部或地方官职要少得多。王安石当时的家庭负担比较重，如果自己留在京师任馆职，俸禄剩不下多少，家庭生活就会出现困难。而且王安石这时结婚刚刚二年多，妻子也不能随自己住到京师来，因为京师的消费水平要比地方上高得多。

另一个原因是王安石重视实务，他想要在尽可能的情况下，能够尽量发挥自己的才能为社会，为朝廷，为百姓做一点实际的事。哪怕是一点点也好。而在京师任馆职就很难做到这一点，还不如到地方上去当个小官，倒可以做点实际的工作。这是最关键的一点。

尽管有几位要人推荐，王安石还是没有去参加选拔馆职官员的考试。但朝廷各部门的办事效率太低，王安石的工作迟迟定不下来，他只好继续住在官舍中。

在逗留京师的这段时间里，王安石又结识了两位朋友，即王回、王向兄弟二人。二人的父亲王平在御史台任职，住在京师，他们兄弟也随父而来。王安石读过二人的文章，见其议论高妙，思想深邃，文风古朴，非常赞佩。于是，把这兄弟二人的文章寄给了在江南家中的好友曾巩。没有想到，曾巩早把王安石推荐给了欧阳修。接到王安石的这封书信，曾巩又给欧阳修写了一封信，同时把王回、王向兄弟及其文章也推荐给了欧阳修。

年底的时候，王安石接到曾巩的信。告诉他，说欧阳修对王安石的文章很是赞成，并想要见王安石一面，不知王安石是否能抽时间来滁州一趟。因为欧公说他"胸中事万万，非面不可道"。信中还说，欧阳修正在编一部当代人的文选，书名叫《文林》，曾巩转给欧阳修的那几篇王安石的文章都被编入此书。可见欧公对其文章的重视。欧公还说，希望王安石的文风能够再开廓一些，"孟韩文虽高，不必似之也。取其自然耳。"

王安石一口气读完了曾巩的这封长信，当世的文坛泰斗，名闻遐迩的政界要人欧阳修对自己竟如此重视奖掖，他多少有点受宠若惊的感觉。他的信心更足了。对这位大名鼎鼎的欧阳修，他早就想一睹其风采。可滁州离京师甚远，自己的工作尚还没有谱，实在无法脱身前去，只能暗暗遗憾而已。

转过年来就是庆历六年（1046）。王安石耐心等待着吏部的任命。这年的气候也不正常，从二月开始，一直到五月中旬，连续三个多月滴雨未下，天下大旱，赤地千里。可在这一天，眼看着天空中的阴云从四面八方向中间聚拢，可就是不合在一起。人们仰望苍天，向苍天祈求，老天爷啊，快些下一点雨吧，可怜可怜苍生吧！

到了黄昏，又刮起了大风。一时里飞沙走石，行人在路上都挣不开眼睛。人们都在骂着这个鬼天气。傍晚时，风才渐渐停下来。天空中的阴云又合在了一起，而且累积得很厚很厚，整个天空阴得很黑很黑，就像是倒扣着的一个黑黑的锅底。人们的心情开始亮堂一点，以为久盼的甘霖就要降下来了。王安石也怀着同样的心情。

没有想到，一直盼到半夜，雨才慢慢地下了下来，同时还伴着沉闷的隆隆的雷声。几乎看不到闪电，只是听到长长的慢吞吞的雷声。这声音令人心情感到压抑，气堵胸闷。气温骤然下降，五月天，半夜里盖着薄被还感到有些冷。

王安石把被往身上裹了裹，心里突然产生一种不祥的感觉：是不是附近有什么地方要下冰雹啦？三个月不下雨，刚刚盼到一场雨结果又下起了雹子，气候这是怎么啦？本来就很贫苦的百姓这不就更难活了吗？想到这里，王安石困意全消，披着被坐起来。外面风雨交加，沉闷的雷声依旧在轰轰隆隆地响着。

次日清晨，从城外郊区传来消息，说在城郊八九里地的地方，果然下了一场百年罕见的大雹子，最大的雹子有拳头大小，据说有的鸟都被冰雹打死了。过了几天，又从山东地区传来消息，说山东的青州、登州发生了地震，许多地方房倒屋塌。巨禺山山崩，崩后连续发生地震，每次地震时海底有声如雷。一时里人心恐慌，王安石也为朝廷，为百姓深深地忧虑着。他写《丙戌五月京师作二首》：

北风阁雨去不下，惊沙苍茫乱昏晓。传闻城外八九里，雹大如拳死飞鸟。

浮云离披久不合，太阳独行干万物。谁令昨夜雨滂沱，北风萧萧寒到骨。

五月末，王安石终于等到了任命的诏书，他被任命为鄞县县令，命他在近日内离京赴任。

告别了京师中的几位朋友和熟人，王安石立刻离开京师，乘船由汴河向东南方向行进。在离京师几十里的一个不知名的小地方，官船靠岸做短暂的停留。王安石下船上岸，一是要稍微活动活动筋骨，缓解一下长时间坐船的疲乏。二是顺便访查一下汴河两岸的风俗民情，了解一下各地的情况。因为他即将成为一县之长了，一个县的一切都要听从他的命令。他的经验、他的能力将会给全县百姓的生活状况带来极大的甚至是决定性的影响。他不能不谨慎从事。

刚走上大堤，就见大堤下有几个逃荒的百姓，衣衫褴褛，其中有一个满头白发的老头，拄着一根可能是用来打狗的棍子，一个三十多岁的中年妇女，挎着一个讨饭的篮子。还有三个饿得骨瘦如柴的孩子，最大的也就七八岁。那个老头正在向道旁的一个小酒馆的店小二讨要点残汤剩饭，遭到店小二的大声呵斥。

见到这种情形，王安石一阵心酸。紧走几步，上前劝阻道："店家，这个老人已经够可怜的了。有残汤剩饭就周济一口，没有就好好回答嘛，何必大声叱责？"店小二一听，上下打量一下王安石，一看是个读书人的模样，满脸不高兴的样子，说道："周济？周济得起吗？这样的人家一天要从这里过去好几家，哪一家不可怜？我们是小本经营，能周济得起吗？谁又来周济我们呢？你是干什么的，如此多管闲事？"

王安石遭了一顿抢白，见店小二说的有道理，也就没有生气，而是回头问那个妇女道："请问这位大嫂，你们是哪里人？为何落到这般田地？"

"唉，这都是作孽啊。我们是河北人。丈夫去年被征去当兵，打仗死了。家中再也没有劳动力了。俺公爹身子骨还算硬朗，帮着俺莳弄几亩地，以为就这么将就着过呗。没想到今年大旱，庄稼是没有一点指望了。可官府还是一个劲儿地催租催税，又要这个，又要那个，还要修什么河，天天抓人。我们在家中实在待不下去了。只好出外逃荒。哎，像我们这样的也不是我们一家，我们那屯现在已经没有几家不出来逃荒的了。这年头，穷人真难活啊！"那女人说到此处，满眼是泪。

店小二听到这里，似乎也受了感染，进店拿出几个别的客人吃剩的馒头塞到那个老人的手里。王安石从怀中掏出二两银子放在那名妇女的枯瘦的手上。妇女愣住了，因为她可能从来没见过这样慷慨大度的人，弯腰就要给王安石下跪。王安石忙伸手相搀道："这位大嫂不必多礼，这二两银子你们先用着吧。年景不能总这样，以后会好起来的。"

仆人前来召唤，说船马上就要开了，请王安石赶快回去。王安石随着仆人沿着一个斜坡走上大堤。他回头看一眼刚才讨饭的那家人。只见那家人已经离开了那个小酒店。而在不远处，又走来一家讨饭的人。

回到船中，那位妇女的话语仿佛就萦绕在王安石的耳边，久久不散。他的心情久久平静不下来。他在回味着那个妇女的话，在想象着河北百姓的苦难生活，一首诗在他的心中就这样产生了。诗的题目就叫做《河北民》，全诗是这样的：

河北民，生近二边长苦辛。家家养子学耕织，输与官家事夷狄。今年大旱千里赤，州县仍催给河役。老小相携来就南，南人丰年自无食。悲愁白日天地昏，路旁过者无颜色。汝生不及贞观中，斗粟数钱无兵戎。

河北的百姓到南方来讨饭，可是南方的百姓在丰收的年头自己还填不饱肚子，又哪里有饭给逃荒者呢？只两句诗，就把当时的整个社会状况描绘出来，表现出作者悲天悯人，深切关怀百姓生活的情怀。这是王安石诗中反映现实最为深刻的一首诗，在北宋诗人的作品中也是上乘之作。

回到家中，逗留数日。王安石拜别了高堂老母，带着妻子吴氏和刚刚三岁的长子王雱，乘坐由驿站中要来的两辆马车上路了。他怀着沉重而复杂的心情，坚定的信念，走向可以小试牛刀，走向可以施展自己改造社会之抱负的第一个地方——鄞县。等待他的将是什么呢？

［第三章］
治鄞干吏

三年飘忽如梦寐，万事感激徒悲歌。

——王安石

第一节　青苗贷款

春天青苗刚出土时是一年中最关键之时节，也正是青黄不接之最困难时期。为维持生产，农民不得不受高利之盘剥。王安石破天荒地要解决这一问题。结果将怎样呢？

鄞县故治即今浙江宁波市所在地。濒临东海，水利资源十分丰富。但由于距离国家的统治中心较远，故比较落后，是个偏僻荒凉的地方。

经过一个多月水路和旱路的奔波，王安石一家到达鄞县。县衙的属吏们自有一番迎接的仪式。几天后，王安石令各个职能部门把全县的自然情况和社会治安、百姓的生活等作了全面的汇报。心中多少有了一定的底数。

这天，王安石把全体属吏召集起来，进行他上任以来的第一次训话，有点像现代就职演说的性质。属吏们对这位到任不久的新县令已经有了一些好感，觉得此人年龄虽然不大，但却显得老成持重，待人和蔼可亲，对事不轻易表态。今天把全衙门的官员役吏都召集起来，莫非有什么重要事情？众人不知新县令大人要干什么，怀着各种不同的心情来参加会议。有的人在下边窃窃私语。

主簿把应该参加会议的人员都点了一下名，一人不缺。王安石扫视了一遍所有的下级官员，轻轻咳嗽一下，打扫一下嗓子，语速很慢，非常沉稳地说道：

"众位同仁，自从本官到任以来，得到大家的热烈欢迎和全力支持，使本官很快就熟悉了全县的各种情况，掌握了工作的主动权。本官谢谢大家。今天召集大家到这里，就是要和大家约法三章。这三章是：

"一、我们都是拿朝廷俸禄的人，朝廷俸禄也是取自百姓。百姓是我们的衣食父母，我们就应该全心全意为供养我们的衣食父母，也就是为本县的百姓服务。除了朝廷规定的赋税之外，任何部门、任何人不准以任何理由再向百姓收纳额外的捐税。我们每一个人除了俸禄之外，不得收取百姓的任何钱财和物品，更不准巧立名目，巧取豪夺，有违犯此条者，本官定要按照朝廷律条办理，决不姑息迁就。

"二、各职能部门要各负其责，相互配合，相互支持，不得相互推诿，敷衍搪塞。谁的事谁办，谁的责任谁负。谁出了问题，本官就追究谁的责任。要功过分明，是非分明，有功则赏，有过则罚，决不含糊。

"三、本县的百姓虽然没发现有逃荒在外的，但我看百姓们的生活普遍还很贫穷。我们要想尽办法使我们县百姓的生活尽快地安定起来，富裕起来。各职能部门都要动脑筋，要根据我们县的具体情况，想出办法来，为百姓解决一些实际的问题和困难。各主要官员尤其是如此。限定每一个职能部门在一个月以内拿出一个切实可行的解决本部门遗留问题的方案来。本官是外地人，众位大多是本地的坐地户，祖祖辈辈都生活在这块土地上，更有责任把这块土地建设好，使全县的父老乡亲过上好生活。我可以向大家表个态度，如果三年任满，本县百姓的生活不能有所改善的话，我王安石不用朝廷考绩黜免，我自己引咎辞职。"

最后的几句话仿佛是从肺腑中流出来的，说得慷慨激昂，斩钉截铁，掷地有声，颇有感染力。

王安石的话音刚落，全体官员们情不自禁地鼓起掌来。一个五十多岁的老吏激动得说话都有些发颤了："王大人，您的话中听。我在衙门里干二十多年，跟过的县令大老爷也有七八位了，还是第一次听到这样感人肺腑的话。您放心，您让我们怎样干我们就怎样干，决不含糊。"

"是的，王大人，我们一定跟着您好好干一番。"大多数官吏齐声表态。也有几个人默默不语。

回到家中，王安石面有喜色。夫人吴氏见丈夫高兴，就让女仆比往常多烫了几盅酒。饭后，王安石逗儿子王雱玩了一会儿。见儿子天资聪颖，不到三岁的孩子，却能流利地背诵好几首唐诗了，而且反应机敏，举一反三，模仿力极强。他的心中产生了一种难以名状的愉悦感，他仿佛看到了自己生命的无限延续，他感到极端的欣慰和快乐。

今天属吏们的态度也令他感到轻松愉快。可以看出，大多数人是支持自己的。只要一个部门或一个地方的主管官员出以公心，真正想把工作搞好，就会得到绝大多数同人的支持。通过今天这件事，王安石又思考出一个道理：这就是整个社会中，真正的君子是少数人，所谓的君子就是不随同世俗，不庸俗媚世，而有自己的主见。而真正的小人也是少数，绝大多数是普通人，即所谓的众人。这些人遇到君子当政则可能成为君子，遇到小人当政则可能成为小人。关键就要看各个阶层，各个部门的当政者是个什么人了。

秋收季节到了。为了不惊扰乡村，王安石没有坐车，更不坐轿，也不带侍从和卫队，只带一个贴身随从和一个主管农事的官员，三个人都换上便装，到各个乡村去视察今年的收成情况和秋收情况。

王安石的运气不错，这一年鄞县是多年不见的大丰收。各地的农民们都在紧张地收割庄稼。远远望去，微风吹拂，大片的稻田中出现一道道的金黄色的小小的波纹，就像微风徐来时湖面上荡起的一道道的涟漪。那种神韵，令王安石的心情更加开朗。

已时已过，将近中午。三人来到一块稻田边。稻田里撮着三堆刚刚割下来的水稻。稻田边的稻池埂上，铺着一领蓑衣，蓑衣上躺着一个十五六岁的半大小伙，脑袋枕在上下相叠的两只手上，脸望着天，嘴里好像在咀嚼着什么，满面愁容。小伙的身边坐着一个五十岁左右的男子，由于风吹日晒，脸成了酱红色，身材有些短粗，非常敦实。正在低着头用磨刀石磨月牙形的弯镰刀，并没有发现即将走近的三个人。只见他往磨刀石上吐了一口唾沫，再用左手握紧镰刀把，用右手捏紧磨刀石，频率很快地蹭了起来。蹭一小会，再用大拇指荡一荡刀刃，看是否磨快了。当他把磨完的一把刀放在一边，想拿另一把刀再磨的时候，一抬头，这才发现身边来了三个陌生人。

庄稼人打量了一下站在身边的三个人，没有认出是干什么的。出于礼貌，庄稼人连忙站了起来，问道："三位客官，这是到哪里去？迷路了吗？"他以为这几个人是来问路的。

"老哥，我们没有什么事，随便出来走一走。看见你在这里割稻子，就过来想跟你聊聊。"王安石笑着说。

"没事？聊聊？你们没事，我可不行。没听说嘛，'秋忙秋忙，绣女下床'，就连深闺中的闺女都要出来忙活秋收，哪有工夫闲聊？我们爷俩在吃晌午饭前还得割两堆稻子呢！"说完，那庄稼人显出有些不耐烦的样子。

王安石笑了笑，没有吱声。这时，王安石的随从说话了："我说你这个人怎么这么没有礼貌？你知道跟你说话的人是谁吗？"

"是谁干我什么事？除了是新来的县令王大人来，我才能好好跟他聊聊。"

"如果我就是新来的王县令，那你就该跟我好好聊聊啦？"王安石依旧微笑着说。

"你，你，您真的就是新来的县令王大人？"庄稼人有些瞠目结舌。

"县令还有假的嘛？这就是王大人。"随从肯定地说。

"哎呀，这可好了，果真是王大人到了。都怪小人有眼无珠，冒犯王大人了。王大人快请坐！快请坐！"那庄稼人一边说话一边把他坐着的那领折叠着的蓑衣抖搂开铺好，用手拍拍打打上面，还怕不干净，又用衣裳袖子蹭了蹭。打手势请王安石上坐。那个小伙也早就听明白了爹爹和这几个人对话的内容，坐了起来，往边上蹭了蹭身子，倒出一个座位来。那庄稼人就坐在了儿子的旁边。

原来，王安石到鄞县已经三个多月。他的约法三章已经产生了效果，这就是鄞县今年的苛捐杂税比往年少多了。百姓们也都听说了新县令的勤政廉明，对王安石自然产生一种向往爱慕之情。常言说："好事不出门，坏事传千里。"意思是说人们做点好事不容易被传扬出去，而做一点坏事则很快就会被传到千里之外。其实也不然，如果你确实做了有益于百姓的事，百姓们是不会忘记的。中国的百姓是最讲良心的，也是最有正义感的。从百姓的态度中，王安石受到了鼓舞。

王安石三人和庄稼人父子对面而坐，侃侃而谈。从庄稼人的话里，王安石又验证了自己早已产生的几个看法。

庄稼人告诉王安石，今年年头是少见的好年成，可自己一家人还是高兴不起来。因为春天时急于耕种，手头没钱，只好向富户去借。利息很高，一般的都是四分利，只有沾亲带故的才能稍微少一点，但起码也是三分半的利息。尽管这样，还得有人出面担保才能借出来。春天借一百缗，到秋天就要还给人家一百四十缗，再去掉上缴官府的赋税，就剩不下什么了。像今年这样的好年头，过年还能吃上一顿饺子，不用拉什么亏空。可也没有浮钱。他的那个儿子今年已经十八岁了，连个提亲的也没有。所以孩子一天总愁眉苦脸的。如果遇上一个稍微歉收的年头，百姓可就苦了。年年借高利贷，这一项就给百姓带来无穷的灾难。

再就是这些年来河流沟渠一直也没有疏浚，河道大部分都淤平了。雨稍大一点就出漕淹庄稼，雨水小一点就旱。这些年来，旱灾把这里的老百姓害苦了。所以庄稼越来越不好种。种地不挣钱，不种地可又怎么办？庄稼人的生活真是不好过啊。如果能把高利贷问题解决一下，再把沟渠疏通治理一下，对老百姓来说，那可真是大恩大德了。

这位农民的话打动了王安石的心，他陷入沉思之中。

王安石在各乡村走了二十多天，对全县各乡村邑镇的风俗民情都有了初步的认识，对高利贷给百姓和农业生产带来的严重灾难有了更清醒的认识。有一些百姓稍微遇到一点天灾人祸，因为借一次债而未能及时还上，就背上沉重的包袱，有的因此而卖儿卖女，倾家荡产。王安石为此忧心忡忡。同时，王安石还实地考察了全县的河流沟渠，山川地貌，掌握了极其宝贵的第一手资料。

回到县衙，王安石找来主管财务的官员和主管统计的孔目，把本县所能掌握的财政实力搞清楚，再加上朝廷每年用来作为常平仓的经费补贴的预算。两项资金合在一起，就从一个县来看，也算是一个不小的数目。再把全县每年都需要借高利贷的农户作一个大概的估计，这样就心中有数了。

如果平均需要借款的农户每户按照二百缗的数量计算的话，现在县里掌握的这笔钱足以够用。如果县衙以官府的名义向需要借款的百姓放贷，把利息率定在百分之二十，即百姓所说的二分利的话，借款的百姓在利息方面就可以减轻一半的负担，无疑是功德无量的事。

从县衙的角度来看，这样做就把经济搞活了。把朝廷用来准备特大灾荒之年救济百姓的死钱用活了，而一年放贷给农民的钱，就可以得到20%的利润。春天时借出去一百万缗，到秋天就可以增收二十万缗，实际上才半年多，这笔收入可是个相当大的数量。只要有了钱，就可以用来做许多应当做也想做可就是没钱做的事情。一盘棋就全走活了。既有利于官府，更有利于百姓，又有利于长远的发展，三全其美，何乐而不为呢。

想到这，王安石下决心要实际试行这一利国利民的好措施。为避免出现差错和失误，把好事办好。王安石又会同相关人员进行了详细周密的社会调查，对此事做了周密的安排。

来年春天，王安石以县令的名义正式向全县人民公布了这一政策条文，并列出了细则。这就是在春天时，当庄稼刚刚出苗之时，凡是急需生产资金的农户，向本地的地方官提出申请，由各乡的地方官员掌握情况，在验明该户所耕种田地的实际情况后，再考虑其所申请数额是否符合实际，与其将来的偿还能力等，提出一个初步的意见，然后再报县主管官员批准。

王安石明确要求，县、乡、村三级官员一定要齐心协力，共同把青苗贷款这件事办好，首先是解决农民的急需，其次才是县里的创收。

又不可使那些游手好闲的无赖之徒借机钻政府的空子，把钱借去干别的营生。好事一定要办好，如果办不好可能就成了坏事。而这又是历史上从来没有过的事，没有现成的经验可以借鉴，所以一定要特别慎重。为此，王安石慎之又慎，安排布置得非常周密。

青苗贷款基本上按照计划贷出去了。农民们欢天喜地，因为他们从来没借过利息这样低的钱。心情舒畅，生产积极性很高，而且老天作美，这一年又是鄞县历史上少见的好年头，全县特大丰收。不用催促，春天放贷出去的青苗钱连本带息全部收回，县里的财政实力一下子就大了起来，是鄞县历史上从来也没有过的。全县官民皆大欢喜，王安石在百姓中的威信更高了。

其实，王安石在鄞县所实行的青苗贷款的做法有些农业银行的性质，由官府向进行农业生产的农民发放专项的青苗贷款，实际上也就是农业贷款，以解救农民生产中出现的临时性资金不足的燃眉之急，减轻了高利贷对农民的剥削，缓解了两极分化的速度。这是很了不起的一项社会改革的尝试。

这项改革试验的成功，极大地提高了王安石的自信心。王安石并没有因此而满足，他是个勇于进取，永不满足的人。在此基础上，他要为鄞县百姓再干一件功德无量的事业，这就是要动用更大的财力，冒更大的风险，兴修全县的水利工程。结果将会是怎样呢？

第二节 跋山涉水

> 他不满足已有的成绩，还要兴修水利工程。在全面开工后，他深入工地第一线，跋山涉水，徒步几百里，行走十四乡，视察工程进展情况。

今年大丰收，全县的形势非常好，王安石心情当然很敞亮。但他并没有盲目乐观，依旧保持着清醒的头脑。他知道，今年的大丰收虽然得力于青苗贷款政策的成功实施，因为这极大地调动了农民的生产积极性，但更主要的是年景好，风调雨顺。如果出现大的旱涝灾害，其结果就会是另一种样态。要想不完全取决于上天，那么就必须兴修水利，从根本上解除一般性自然灾害的威胁。这就必须花大气力疏浚整治河流沟渠，进行基本的水利工程建设。

秋收一开始，王安石就带上主管水利的官员和几名其他下属，到全县各地去进行实地考察，要把河流沟渠的分布情况和现状重新调查清楚，以便从实际情况出发，制定出最有效而又最节省的兴修水利工程的方案。

回到县衙，王安石又请来几位本地在水利方面有经验的老者，共同商量怎样改变本县水利现状，变水害为水利的问题。那几位老者听说想要兴修水利，都异常兴奋，纷纷献计献策。据老者们讲，五代时期，钱氏父子建立吴越国，统治这个地区，一直很重视水利事业，设有专门的官员，每年都对一些河流沟渠进行疏浚治理，又修建一些储水的水库，河流水道通畅，能够抵御比较大的水旱灾害。

可是本朝建国以来，就不再设置主管水利的官员了。几十年来也没有进行过这方面的建设，欠账较多。所以稍微有一点水旱之灾，就非大减产不可。治理河流沟渠，补修一些废旧的水利工程，再修建一些关键性的水利工程，实在是造福全县百姓的一件大事，也是尽快改变本县生产状况落后，百姓生活贫苦的一个关键性措施。

听到这些意见，王安石最后下定了决心，要改变本县的面貌，首先是要抓紧进行水利建设，从这里打开突破口。既然已下定决心，就要尽快进入实施阶段。于是，王安石责成那位主管官员和几名有经验的老水利专家组成一个工程设计小组，作出方案和计划。然后动员全县百姓积极参加，每个青壮年都要献出十个义务工。这样，劳动力的问题基本解决了，这就解决了一个大问题。

接着，王安石又招来主管财政的官员及各乡的地方官员进行商讨，把所需钱物的问题也都落实下来。最后决定，在秋收结束后，马上就在全县展开这项工作。因为这是一件大事，动用全县的人力和财力建设一项不能马上就有经济效益的水利工程，这也是要冒一定风险的。为了稳妥，为了把这种风险减少到最小的程度，王安石给自己的直接上司知州大人呈交了一份请示状，又给再上一级的主管大员——两浙转运使杜杞写了一封长信。信是十月十日写的，开头简明介绍了鄞县水利的过去与现状，说明兴修水利工程的迫切性和重要性。后半部分写道：

某为县于此，幸岁大穰，以为宜乘人之有余，及其暇时，大浚治川渠，使有所潴。可以无不足水之患。而无老壮稚少，亦皆惩旱之数而幸今之有余力。闻之翕然，皆劝趋之，无敢爱力。夫小人可与乐成，难与虑始。诚有大利，犹将强之，况其所愿欲哉！……故辄具以闻州，州既具以闻执事矣。顾其胥事之详，尚不得彻，辄复条件以闻。唯执事少留聪明。有所未安，教而勿诛。幸甚！

仅从此信就可以看出王安石的一片仁政爱民之心，也可看出他勇于负责的可贵精神，这正是许多执政者所缺少的。也不必等上边的什么批示，王安石就开始全面实行他的兴修鄞县水利的计划了。

一切都已经安排布置下去，县里的几名分管此项工作的官员也分头下去了。王安石则坐镇县衙，随时处理各地出现的临时情况，每天都很忙碌。十几天后，工程全面展开，事情反而少了下来。

一切都进入正常之后，在十一月丁丑日（农历初七）这一天，王安石带着两名随行人员，从县衙门出发，到各地去亲自督察指导。关于这次督察指导工作所经过的地方和所走的路线，王安石写下一篇文章，即《鄞县经游记》，为了详细了解王安石，我们还是看一看这篇文章的全文吧。

庆历七年十一月丁丑，余自县出，属民使浚渠川。至万灵乡之左界。宿慈福院。戊寅，升鸡山，观碶工凿石。遂入于育王山，宿广利寺。雨不克东。辛巳下灵岩。浮石湫之壑以望海。而谋作斗门于海滨。宿灵岩之旌教院。癸未，至芦江，临决渠之口。转以入于瑞岩之开善院，遂宿。甲申，游天童山，宿景德寺。质明，与其长老瑞新上石，望玲珑岩。须猿吟者久之。而还食寺之西堂。遂行至东吴，具舟以西。质明，泊舟堰下。食大梅山之保福寺庄。过五峰，行十里许，复具舟以西。至小溪以夜中。质明，观新渠及洪水湾。还食普宁院。日下昃如林村。夜未中至资寿院。质明，戒桃源、清道二乡之民以其事。凡东西十有四乡。乡之民毕已受事。而余遂归云。

如果没有这篇文章传世，我想无论多么精明的学者恐怕也无法考证王安石这次活动的全部内容了。下面我们就来看一看王安石这次行动的全部过程吧。

丁丑日是初七，他从这一天出发，当天晚上到万灵乡东界的慈福寺住宿。第二天（即戊寅，是初八）登上鸡山，观看检查在那里开山凿石的石匠们干活的情况以及工程的进度。于是顺路进育王山，住在广利寺中。接着连续两天下大雨，无法继续向东行进，滞留在寺里。辛巳即十一这一天才继续进行视察工作，下灵岩山，过石湫山谷而眺望大海，设计策划在海滨建造斗门的事宜。当天晚上住在灵岩山下的旌教院里。十三日（癸未）到达芦江，亲临开江引水水渠的端口。检查那里的工程进展情况。顺便进入瑞岩的开善院，住下。第二天（十四日，甲申），游天童山，住在景德寺。（十五日）天刚亮时，与那里的僧人瑞新登上石头眺望玲珑岩，聆听猿猴长吟，听了很长时间。回寺中西堂吃晚饭。然后走到东吴，乘船连夜继续西下，（十六日）天将明时，把船停靠在大堤下，到大梅山的保福寺中去吃早饭。然后，经过五峰，又行十多里，再乘船西行。半夜时到达小溪。（十七日）天亮时，观看检查新修的水渠和洪水湾。然后返回普宁寺吃饭。太阳偏西时到达林村，没到半夜时到达资寿院，住下。（十八日）天亮后，又到桃源乡、清道乡两地处理一些事情，对那里的乡老百姓进行一些劝诫。全县十四个乡的工作都视察处理完，然后才往回返。

从这段记叙中可以知道，王安石在十二天时间里，以视察督导水利工程为主，走了十四个乡的地面，登上山岭，亲自视察了开凿山石的劳作，来到海滨，亲自谋划修建海滨斗门，到达江边，观看水渠的端口。作为一名县令，十多天里，行走几百里坎坷的路途，不避风雨，不辞辛劳，亲自到水利工程的几个关键部位去检查指导，几乎走遍了自己工作范围内的所有乡镇，这种深入基层，勤劳务实的工作作风该是多么难能可贵啊！无论在什么朝代，无论是什么制度，无论是什么国家，这种工作态度永远都是值得提倡的，这种勤恳务实的敬业精神永远都是值得歌颂的。

妻子吴氏知道丈夫回来了，早已安排仆人准备好了晚饭。见丈夫进屋，微笑着嗔怪说："刚过晌就听说你回来了，怎么才回家来？""到衙门里看看。"

正在拿着毛笔横涂竖抹学习写字的小儿子王雱见王安石进屋，把笔放下就跑过来，一下子就抱住王安石的大腿，小嘴像连珠炮似地说："爹，你可回来了。妈妈可想你了，天天念叨你。前天就说你该回来了。这回我不让你走了。"王安石弯腰把这个钟爱的儿子抱了起来，亲了亲，笑着哄他说："好儿子。"

王雱五岁了，极其聪明伶俐，反应机敏，悟性很高，受王安石的影响，最爱看书。还是给他过"周晬"的时候，在他的周围按照当时的习俗摆一圈杯盘，杯盘里装着水果、点心、书卷、玩具、针线、官诰、盆勺、斧锯、笔墨、纸张等物，把他放在中间，看他先去抓哪样东西。小王雱忽闪着大眼睛，看着一圈东西，高兴地咧开小嘴乐了。人们都希望自己的儿子将来当官，所以在往圈里放小孩儿的时候总是让他直接对着官诰。坐在中间的小王雱先笑了笑，又看了看大半圈的东西，似乎对官诰没有什么兴趣，当看到斜对着他的书卷时，立刻变坐为爬，"噌噌"几下子就爬了过去，把书卷抓在胖乎乎的小手中。周围的人都笑了。

宋代的时候，人们对生孩子是很重视的，从进入产房到满周岁，有很多习俗。当孕妇进入临产这一月的时候，在初一这一天，娘家父母要送一个银盆，或者是彩画盆什么的，里边装一小束庄稼秸棵，上面用锦绣的或花手帕盖着，上面再插花朵及通草，帖一个绣有五男二女的花样，用盘盒装着送去，叫做"分痛"，取其祝福顺利生下婴儿的意思。同时还要送眠羊、卧鹿羊的模型以及生果实，取其眠卧生子之意，并把小孩儿的衣物褓褓等物同时送上，叫做"催生"。婴儿出生七天叫"一腊"。而满一个月的仪式最隆重，有什么"围盆"、"搅盆"、"添盆"等，叫什么"洗儿"。一百天叫什么"百日"、"百岁"、"百晬"。一岁生日时就叫做"周晬"了。

大概是小王雱从一开始朦朦胧胧地认识事物的时候，就总看到爹爹捧本书卷在看，在朦胧的潜意识中便认为那东西最好。久而久之，便对书卷发生了兴趣。所以，一看到在自己的面前摆着这种东西，就毫不犹豫地爬过去抓在了手里。

如今，小王雱已经会写二三百个字，会背一百多首古诗，王安石对这个聪明的儿子非常喜欢，对他也寄托很大的希望。

　　这天晚上，全家人团聚，自有一番大伦之乐。想到两年来自己所干的工作也有了成效，王安石的心情很是舒畅。不料第二天他一升衙办公时，又遇到了一件棘手的事。

第三节　直言上书论"捕盐"

转运使衙门下发文件，要求沿海州县"捕盐"。吏民皆须出钱以购人服役，有告发者则得重赏。奸人高兴，老实人叫苦，人心惶惶。

散衙之后，主簿和县尉立刻到后堂来见王安石，主簿递上一份紧急公文，面露难色地说："王大人，您先看一看这件公文，看这件事怎么办？"

王安石接过公文一看，从文件头上就可以看出，文件是转运使衙门发出来的。大略浏览一下内容，知道是为了捕盐而发的。原来，鄞县正处在沿海，出产海盐。沿海的一些百姓，因为没有田地可供耕种，不得不打捞海盐出卖以为生计。一些官办的盐场为了垄断盐业生产，就千方百计制止这些个体生产食盐的百姓。可是这些百姓没有生活出路，所以屡禁不绝。

其实，当时所谓的官办盐场，也是控制在极少数的富商大贾的手里，他们的后面有地方官僚为后台，官商勾结，官靠商行贿而致富，商靠官撑腰而发财。互助互利，沆瀣一气。为保护大盐商和地方官员的利益，主管此项工作的转运使衙门便发出这个文件。

文件要求各级政府官员要抓好这件事。为筹集这个专项治理基金，还要求各县官吏和百姓出钱，以便雇人专门到沿海一带去捕生产出卖私盐者。什么样的官员出多少钱，什么样的人家出多少钱都有明文规定。虽然说是自愿捐献，可不出钱不行。而且还出钱悬赏，有告发私自捞盐卖盐的则给以相当数量的奖赏。一时间里闹得人心惶惶。

主簿和县尉汇报说，邻县对此事都抓得很紧，各县的牢房爆满，严重超员。新近抓进来许多这种罪行的囚犯。也有一些侥幸之徒因为告发他人而成为暴发户。老百姓中怨声载道。本县刚刚把布告张贴出去，百姓们也是议论纷纷。一些以此为生的人听说风声太紧，有的已经逃避到海岛上去了。海岛上一无所有，一些人被逼无奈，只好打劫过往的船只。海上行船也很不安全了。主簿和县尉觉得此事很难办，而且和本县县令王大人的初衷大相径庭，一时不知该怎么办，就来请示王安石。

"你们对这件事是怎么处理的？事情进行到什么程度了？"王安石问。

"我们只是把布告贴了出去，还没有具体去办，钱还没有收，人也没有抓。"

"嗯，那就好，那就好。"王安石一边应答一边沉思着。

"可是……"县尉好像有什么话不太好说。王安石抬头看看县尉，问道："可是什么？难道有什么为难的吗？""州里督责甚是急迫，催促快办的文件一个接着一个，已经批评我们县办事不力了。可我们想如此抓人又与大人的意思不相合，所以我们一直等着您回来定夺，到底怎么办。"县尉把话都说明白了。

"布告既然已经贴出去了，就算你们没有误事。暂时不要征收这项捐税，更不要抓人。上边的事由我承担，你们只要把治安抓好就行了。马上通知各乡村，不要征收这个专项费用。如果已经征收的，立刻停止，并把已收的返还本人。我县暂时不执行这一文件。如果没有别的事情你们就可以回去了。"二人告退。

王安石把那份文件又仔细阅读一遍，再想一想鄞县百姓的具体情况，越想越觉得此事不妥。不但不妥，而且还有很大的危害。但这是由朝廷派到各路的一个职能部门发出来的文件，自己只是个小小的县令，按道理只有执行的份。可想到自己是一县之令，如果执行这个文件，将会给百姓带来无穷无尽的灾难。如果不执行，或者是表面执行而实际上不办，在本县以内还是可以的。但想到这是沿海各地都存在的普遍问题，自己既然看到了问题的严重性，就应当勇于负责，为百姓们说几句话。韩愈当年在上《谏迎佛骨表》时，虽然也知道有性命之虞，可他还是冒着杀头的危险拼死上表。那种为天下苍生而奋不顾身的精神实在令人可敬。"欲为圣明除弊事，肯将衰朽惜残年！"韩愈的诗句反复出现在王安石的脑海中，他不由自主地感到热血沸腾，立刻命令下人侍候笔墨，展纸挥毫，给转运使孙大人上书。由于情绪激动，文思泉涌，顷刻之间，已过千言。这篇文章题名曰《上运使孙司谏书》，保存在《王文公文集》（卷三）之中，文中写道：

伏见阁下令吏民出钱购人捕盐，窃以为过矣。海旁之盐，虽日杀人而禁之，势不止也。今重诱之使相捕告，则州县之狱必蕃，而民之陷刑者将众。无赖奸人将乘此势，于海旁渔业之地搔动鹾户，使不得成其业。鹾户失业，则必有合而为盗，贼杀以相仇者，此不可不以为虑也。

鄞于州为大邑，某为县于此两年。见所谓大户者，其田多不过百亩，少者至不满百亩。百亩之值，为钱百千，其尤良田，乃值二百千而已。大抵数口之家，养生送死，皆自田出。州县百须，又出于其家。方今田桑之家，尤不可时得者，钱也。今责购而不可得，则其间必有鬻田以应责者。夫使良民鬻田以赏无赖告讦之人，非所以为政也。又其间必有捍州县之令而不时出钱者，州县不得不鞭械以督之。鞭械吏民，使之出钱，以应捕盐之购，又非所以为政也。

……

今之时，士之在下者浸渍成俗，苟以顺从为得，而上之人，亦往往憎人之言。言有忤己者，辄怒而不听之。故下情不得自言于上，而上不得闻其过，恣所欲为。上可以使下之人自言者惟阁下，其职不得不自言者某也。伏惟留思而幸听之。文书虽已施行，追而改之，若犹愈于遂行而不返也，干犯云云。

这封书信递交出去后，王安石的心情才渐渐平静下来，他觉得自己尽了自己的力，至于最终结果怎样则不必考虑，因为那不是自己所能决定的。每个人只能是在自己所能的范围内去尽力完成自己的使命，任何人的权力和能力都是有限的，只不过是有人小之分罢了。他觉得还有余言未尽之感，便又作诗《收盐》一首以抒其情曰：

州家飞符来比栉，海中收盐今复密。穷囚破屋正嗟欷，吏兵操舟去复出。海中诸岛古不毛，岛夷为生今独劳。不煎海水饿死耳，谁肯坐守无亡逃。尔来贼盗往往有，劫杀贾客沉其艘。一民之生重天下，君子忍与争秋毫？

当然，王安石这封信的最终结果怎样现在已不可详考了，但可以体会出王安石勇于负责，实事求是，敢于为百姓直言的可贵精神。他以一个普通县令的身份，居然敢向比自己高许多品级的朝廷大员提出如此尖锐深刻的意见，并要求其追回已发的文件进行改正，等于要求其改正错误，这是何等的胆识和气魄。

王安石所以如此大胆直言，除了他心底无私，对转运使孙司谏比较熟悉之外，还有一个原因，这就是他对当今天子仁宗皇帝也非常信任和忠诚。前文提到过，仁宗虽然贵为天子，少年时却历经不少磨难，熟谙世故，了解下情，故比较开明仁慈，虽不能说从善如流，却也颇能采纳群臣意见。从这年二月由仁宗皇帝亲自下诏而颁发的一个《善救方》来看，就可以知道他是一个仁慈的皇帝。

所谓的《善救方》是仁宗皇帝亲自从福建官员所上奏章中总结出来的。福建官员在奏章中说，福建地区监狱中押有许多用蛊毒害人的罪犯，那个地区多有受害者。福州有个叫林士元的医生医术很高明，专门配置出一种药方，对中蛊毒这种病有神奇的疗效，可以把这种小虫全部驱除，使患者康复。奏章的附页中把这个药方也上奏给了皇帝。

所谓的蛊毒是一种对人体有害的小虫子进入人体后所引发的病症，

这种小虫是寄生虫，有些坏人便有意把这种虫子掺入他人的食物中来害人。有人因不注意饮食卫生也会患有此病。总之，这种病在当时发病率很高。或许就是后世的血吸虫病。中此毒者小虫在腹中繁衍而无法驱除，痛苦不堪，最后受尽折磨而死。给百姓带来许多痛苦。而林士元的这个药方确实有奇效。仁宗皇帝见到这个药方，想到不仅福建有此病，天下尤其是江南地区多有受此磨难的人，何不让这个药方发挥更大的作用呢？于是，他把这个药方交给太医署，命全体御医在此方基础上再进行研究，使之更加完善，这就形成了这个《善救方》，又因为这个药方是庆历八年二月颁发的，所以史称"庆历善救方"。患者按照此方抓药，就可以自己救自己，彻底疗治此病。

这个药方还真有效果，确实解除了许多患者的痛苦。鄞县地处江南，地湿水多，患此病的百姓也不少。因只有县衙门有朝廷颁发的这个药方，一些百姓便到县衙门来抄写。为了方便群众，王安石命将此方分别张贴到各乡去。百姓们非常高兴，王安石心中也荡起了阵阵涟漪。

作为一名天子，日理万机，却能如此关心百姓的疾苦，就连疗治常见病、多发病的一个普通的药方都能过问并亲自下诏向全国颁发，这确实是难能可贵的。仅此一点，就可看出这是一位仁德的君主。君主有仁德之心，待臣子就会宽容，就是可辅之君。为了让这个药方发挥更大的作用，也使仁宗皇帝的美德流传后世，王安石决定，在县衙门口立一块碑，把《庆历善救方》书写刻石，以方便群众随时抄写。

碑文完成之后，王安石满含深情地为此事写了一篇文章，即《善救方后序》：

孟子曰："先王有不忍人之心，斯有不忍人之政。"臣某伏读《善救方》而窃叹曰："此可谓不忍人之政矣。"夫君者，制命者也。推命而致之民者，臣也。君臣皆不失职，而天下受其治。方今之时，可谓有君矣。生养之德，通乎四海，至于蛮夷荒忽。不救之病，皆思有以救而存之。而臣等虽贱，实受命治民。不推陛下之恩泽而致之民，则恐得罪于天下而无所辞诛。谨以刻石树之县门外左。今观赴者自得而不求有司云。皇祐元年二月二十八日序。

文章简明扼要，在赞美圣上的同时，也表现了臣子的赤诚之心。

第四节 意外收获

夏日午后，王安石在凉棚下看书。忽有不速之客求见。他把一个精心包裹的东西交给王安石品鉴。王安石看后大吃一惊。

皇祐元年（1049）夏日，鄞县境内又是一派丰收景象。由于水利工程发挥了作用，这一年虽然遭遇较重的旱灾，但夏收依旧是个好收成。

王安石到此任县令已将近三年。他从本县的实际情况出发，勤恳务实，为百姓办了两件大事，这就是青苗贷款和兴修水利，都取得了极大的成功。百姓们再也不受高利贷者的重利盘剥，水利工程已发挥其调节旱涝的功能。人心大顺，境内一片太平繁荣的景象。

人们只有有了最基本的生活保障，只有丰衣足食，才可以谈文化道德教育。王安石本来是名饱学之士，稍有时间就手不释卷，刻苦读书。他最喜欢唐诗，在唐诗中他又最喜欢杜甫的诗。他的这种癖好，鄞县的官吏和百姓大多数人都知道，也正因为如此，他才有个绝对意外的收获。

一天午后，王安石正在内宅后园的一个凉棚下休息看书，忽然门人来报，说有人求见，并说来者是个须发皆白的老人。王安石从来就很尊敬长者，吩咐赶快请到书房相见。

来者果然是个老人，衣冠整齐朴素，右手中拿着一个蓝色的布包袱。因是在书房中相见，自然不必行跪拜大礼，只是深深一鞠躬，做了一揖。王安石并不认识此人，但见老人眉清目朗，气度不俗，立生敬重之情，连忙离座起身，还了一揖，道："请问老人家是哪里人氏，前来求见本官，不知有何见教？"

"小人姓严，本县人氏。祖籍长安，五代战乱时避难来到此地。

据先人讲，小人家族也是书香门第，只是家道衰落，近几代没有读大书的人了。但小人家中一直秘藏这个书籍，是个手写本，代代相传，一直传到小人手里。虽然小人识字不多，但也知道是个稀世之宝。家父临终时一再嘱咐，说是先祖有言，这是我们家世代相传的宝贝，无论遇到什么情况，也不要失落此宝。我们家族虽然几经战乱，又迭逢灾难，但此宝一直完好无损。"严老头一边说一边打开他那个包得规规矩矩，叠得方方正正的小布包。因用丝绸彩绳绑着，所以要小心翼翼地把绳扣解开。老头的手多少还有点颤抖，故速度很慢。

王安石不知道小包里包的究竟是什么宝贝，微皱眉头看着。蓝布包打开后，里边是个白绸子的包。再打开，里边是一层蜡纸的包，这是防水防潮的。蜡纸包打开，里边还有几层宣纸，最后才露出一本很旧的书卷来。

"如此珍贵，这是一本什么书？"王安石有些诧异地问。

"听先人说，是唐人的诗作。我父亲临终时告诉我说可能是杜甫的。他也是听我祖父说的。但到底是不是也不敢确定，说如果不遇大贤人，此书卷万万不可往出献。此书从不示人，我听说王大人是个大学者，而且还特别喜欢杜甫的诗，一定能够鉴别这是不是杜甫的诗，我才特意拿来请大人品鉴。请王大人过目。"

"噢。"王安石一边疑惑地应答着，一边把那本非常陈旧的书卷接过来仔细观瞧。只见这是一个地地道道的手抄本，是用加料熟宣纸写成的，全是一笔不苟的非常工整的蝇头小楷，字迹清秀遒劲，力透纸背，功夫极深。可能是为了便于永久保存，没有用布绳穿结，而是用纸捻的绳装订而成。虽然经过多层包裹，可看得出来，那一定是二百多年前的古董，可以说是文物了。

翻到第一页，王安石看第一首诗，只见诗的题目是《洗兵马》，下面还有四个小字"收京后作。"王安石对杜甫的诗非常熟悉，虽然不能全部背诵，但所有的诗篇和诗句一眼就能看出来。可却从来也没有见过这个题目，他心中一疑，"这是杜甫的诗吗？我怎么从来也没见过？"他如饥似渴地读正文的内容。见写道：

中兴诸将收山东，捷书夜报清昼同。河广传闻一苇过，胡危命在破竹中。祇残邺城不日得，独任朔方无限功。……隐士休歌紫芝曲，词人解撰河清颂。田家望望惜雨干，布谷处处催春种。淇上健儿归莫懒，城南思妇愁多梦。安得壮士挽天河，净洗甲兵长不用！

"好诗！好诗！非杜工部写不出如此精美的诗篇。一定是杜工部的。一定是杜工部的！"王安石兴奋得有些失态。

严老头见状，似乎也受了感染，也帮着兴奋，随着露出激动的神情，问道："听王大人的语气，这本书卷确实是杜甫的啦？真是个宝贝？"

"是的。真是杜甫的诗作，真是个宝贝。不知老人家是否可以借给我抄写一遍？"王安石用渴望的眼神望着严老头，带有乞求的语气。

"王大人既然如此喜欢，小人就奉送给大人。"

"那可使不得，君子不夺人之爱。如此珍贵的家传宝贝，我怎么能要呢？"

经过一番推让，严老头坚决要把此书卷奉送给王安石，并说这是他父亲的遗愿，这样也是给这本宝贝书卷找到了真正的主人。王安石要出钱买，严老头坚决不收钱，说这样做反而害了他，仿佛他是图钱而出卖了祖传之宝。王安石见状，只好留下，事后派人给严家送去二百两纹银，心情这才安定一些。

自从得到这本书卷后，王安石爱不释手，一口气通读了一遍。他怀着极其崇敬的心情再度端详自己珍藏的杜甫的画像，一种钦佩、仰慕、敬重的心情油然而生，他写下《杜甫画像》诗来抒发对这位千古难有的诗圣的感情：

吾观少陵诗，为与元气侔。力能排天斡九地，壮颜毅色不可求。浩荡八极中，生物岂不稠。丑妍巨细千万殊，竟莫见以何雕锼。惜哉命之穷，颠倒不见收。青衫老更斥，饿走半九州。瘦妻僵前子仆后，攘攘盗贼森戈矛。吟哦当此时，不废朝廷忧。常愿天子圣，大臣各伊周。宁令吾庐独破受冻死，不忍四海寒飕飕。伤屯悼屈止一身，嗟时之人死所羞。所以见公像，再拜涕泗流。惟公之心古亦少，愿起公死从之游。

他高度赞美杜甫无时无刻不在忧国忧民的高尚品质，而对那些"伤屯悼屈止一身"的人表示鄙视。他认为，像杜甫这样无论在什么情况下，都热爱国家，关心民生疾苦的人自古以来是很少见的，他真希望杜甫能够再生，他要和杜甫交个知心朋友。

精神产品的寿命很长，高质量的精神产品寿命更长，而精神产品中的精华更如同日月星辰般永照环宇，光耀万代，成为后人永远享受不尽的精神财富，将永不磨灭。因为高质量的精神产品的生产者一定是旷代稀出的杰出人物。他们把自己的全部心血和灵魂熔铸在自己的作品中，使其高尚的灵魂找到了最完美的表现形式，二者水乳交融，密不可分。当后人欣赏这种精神产品的时候，便可透过形式感受到古人的灵魂，可以和古人对话。韩愈云："李杜文章在，光焰万丈长。"杜甫云："屈平辞赋悬日月。"说的都是这个道理。

自从得到这本诗集，一有闲暇，王安石就阅读欣赏新近才看到的这些诗篇，为之编定次序。二年后，也就是皇祐四年（1052）的五月，王安石把这些诗编成《老杜诗后集》，使其与已经在民间流传的杜甫诗集并行，并为之作《序》：

予考古之诗，尤爱杜甫氏作者。其辞所从出，一莫知穷极，而病未能学也。世所传已多，计尚有遗落，思得其完而观之。然每一篇出，自然知非人之所能为，而为之者，惟其甫也，辄能辨之。予之令鄞，有客授予古之诗世所不传者二百余篇，观之，予知非人之所能为，而为之者实甫也。其文与意之著也。然甫之诗其完见于今者，自予得之。世之学者至乎甫，而后为诗不能至，要之不知诗焉尔。呜呼！诗其难惟有甫哉？自《洗兵马》下序而次之，以示知甫者，且用自发焉。皇祐壬辰五月日，临川王某序。

据此可以知道，正是由于王安石的编集刊印，才使杜甫这二百多首诗得以传世。假设没有王安石，老杜的这些诗或许早已同荒烟蔓草般湮没无闻了。仅此一点，王安石对中国文化史就有相当大的贡献。

第五节　省兵非所先

兵祸连结，差役繁重，百姓困苦不堪，社会动荡不安。朝廷采纳大臣的意见裁减军兵。王安石别有看法，对此深怀忧虑。

　　王安石在鄞县已经将近三年了。在这段时间里，朝廷内外也发生了一些变故。自从庆历元年对西夏用兵以来，军队数量急剧增加，军费增长尤快，本来已经捉襟见肘的朝廷财政更加困难了。庆历间军队数量已达一百二十五万九千人，光是朝廷禁军就多达八十二万六千人，施耐庵在《水浒传》中说豹子头林冲是八十万禁军教头，是指徽宗宣和年间的事，看来一点也没有夸张，因为在庆历年间，禁军就已经超过八十万了，而宣和年间只能多于这个数量。

　　战争规模虽然不算太大，但由于朝廷经济本来就很困难，这突然增长的战争经费无疑等于是雪上加霜，朝廷更加困难，就不得不增加百姓的负担，向百姓尤其是最底层的普通百姓农民转嫁危机。转嫁危机的具体做法除增加赋税外就是大量增加徭役。当时的徭役名目繁多，没完没了，层层加码，百姓深受其害。农民的负担本来就很沉重，这下更苦了。为了说明问题，我们还是看一看当时的大臣们是怎样说的吧。

　　仁宗皇祐年间，大臣韩琦上疏曰："州县生民之苦，无重于里正衙前。兵兴以来，残剥尤甚。至有媚母改嫁，亲族分居，或弃田与人以免上等，或非分求死以求单丁。规图百端，苟脱沟壑之患"（转引自梁启超《王安石传》第十章）。

　　根据上下文和其他资料分析，这里的"里正""衙前"是两种交纳捐税的标准。当时分派的徭役，除按照不同的门户及家庭人口的不同组成在派人直接出劳动力方面有所区别外，不同经济收入的人家在交纳徭役费的方面有更大的区别。这样，各级政府就要把自己管辖内的百姓划分成"一等户""二等户"什么的。不同等级的户所交纳的捐税差额相当大。所以，百姓们都怕自己被划定为"一等户"，于是才出现逼迫守寡的母亲改嫁，兄弟分家，有的甚至干脆把田地白白送给别人来减少自家的财产等这些怪现象。还有人为了逃避"二丁抽一"的苦差，宁可忍痛自杀。因为按照当时的规定，一家中有两个成年男子即二丁的话，就要有一个去当兵或者是去服极其艰苦的徭役。这样，一些中小富户反而不如穷人，而穷人也不敢发家致富。

那么，当时的所谓的富户有什么情况呢？我们再看看后来司马光说的话吧。他说："置乡户衙前以来，民益困乏，不敢营生。富者反不如贫，贫者不敢求富。臣尝行于村落，见农民生具之微，而问其故，皆言不敢为也。今欲多种一桑，多置一牛，蓄二年之粮，藏十匹之帛，邻里已目为富室，指抉以为衙前矣，况益田畴葺间舍乎？"

多种一棵桑树，多养一头牛，有二年的粮食储备，就会被人指为富户，检举为"衙前"，可见当时普通百姓的生活是多么困苦。再加上官府腐败，贪污成风，贫苦的百姓如同生活在水深火热之中，苦不堪言。广大的农村一片萧条景象，令人酸鼻。

当人们实在生活不下去的时候，就是要发生社会动荡的时候。许多走投无路的百姓为了求取生存，便走上了反抗的道路。从庆历三年（1043）起，就不断有百姓造反。五月，沂州军卒王伦率百余人杀死沂州（今山东临沂）巡检使朱进，占领州城举旗造反。造反军队穿黄衣，立年号，设置官职，攻占山东、江苏许多州县，声势很大。两个月后战败，王伦也死在采石矶。同年起事造反的还有郭邈山、张海等人，他们活动在当时的商州（今陕西商县）一带，在这年的年末失败。

时隔不到三年，在庆历七年冬天，放羊娃出身而当上小校即下级军官的涿州（今河北涿县）人王则利用人们的迷信心理，秘密发展弥勒教徒。原来，他在卖给人家为奴离家的时候，他的母亲为了在日后能找到自己这个苦命的儿子，在头一天的晚上，偷偷地在王则的后背上刺了一个"福"字作为标记，以便在将来能找到并确认儿子。于是，在王则的后背就有一个"福"字。当时在弥勒教徒中秘密流传着一个说法，说是"福"字隐起之时，就是弥勒佛转世之日。谁的身上有个隐隐约约的"福"字，那么这个人就是弥勒佛转生的。

王则后背的字是他小时候刺的，如今已经长大成人，字迹自然不怎么清楚了。但依然可以辨认出那是个"福"字，只是不太清楚，模模糊糊，隐隐约约。不过这正好符合传说中的情况。他又是个下级军官，他属下的士兵当然能看到他后背的字迹，于是便传说他就是弥勒佛转生。他便以此为号召，密谋起兵。在冬季的一天，起兵占领了恩州（今河北清河西北）州城，建立国号为"安阳"，当上了自封的皇帝。来年春天，兵败城破被杀。起兵前后共六十六天。

社会动荡不安，百姓困苦不堪，内忧外患重重。好在当时西夏国小，也有些经受不了连年战争的消耗，主动向宋朝讲和。对外战争暂时停止了，这等于给朝廷提供一个短暂的调整休息的机会。暂时的休战状态使本来就有厌战情绪的一些大臣产生了麻痹大意的思想。

八月，朝廷以文彦博为昭文馆大学士，以庞籍为枢密使。二人共同提出，朝廷在陕西的军队太多，开支太大，造成朝廷和百姓都很困苦拮据。现在已经休战，应当裁减军队，减少军费开支。仁宗犹豫不决，后来文彦博以死担保，仁宗才下了决心。于是陕西河北诸路裁减淘汰老弱军兵共六万人。朝中群臣多数赞成此举，这个做法对于缓解一下当时的经济困难和尖锐的阶级矛盾确实是有作用的。

王安石听到这个消息，不免有一些担心，他有他的看法。为此，他创作一首《省兵》诗，表达了自己的意见。诗曰：

有客语省兵，兵省非所先。方今将不择，独以兵乘边。前攻已破散，后距方完坚。以众冗彼寡，虽危犹幸全。将既非其才，议又不得专。兵少败勍继，胡来饮秦川。万一虽不尔，省兵当何缘。骄惰习已久，去归岂能田。不田也不桑，衣食犹兵然。省兵岂无时，施置有后前。王功所由起，古有七月篇。百官勤俭慈，劳者已息肩。游民慕草野，岁熟不在天。择将付以职，省兵果有年。

王安石的见解确实非常深刻，他认为：裁减军队不是当务之急。如今朝廷对于将帅选择不精，而且又受监军的掣肘，没有实际的指挥权。能够守住边关，主要就是靠兵多。前边打了败仗，后边还有坚固的防线。如果兵少，一旦打了败仗，敌人即将深入腹地，到秦川来饮他们的战马。而且这些兵骄横懒惰已久，即使遣散还乡又怎能种地耕田。其结果虽然不是兵，但还和兵一样。而要裁减军队，应当先发展农业生产，培养百官勤政俭朴，仁慈爱民的好品质。选择好将帅，到那时自然就可以减少军兵的数量了。王安石的这篇诗，后来曾遭到一些人的批评。平心而论，王安石是想从根本上解决问题，又担心这样做会有隐患。而这次省兵也只不过能稍微缓解一下社会矛盾而已，只是个临时性的措施。

不久，到了岁末。王安石到鄞县任职的时间已满，他要按照惯例回京师听从朝廷重新任职了。他怀着非常复杂的心情离开这个令自己留恋的地方。这里的山山水水，都留下他的足迹，这里的官员和百姓，曾给他的工作以很大的支持，使他受到极大的鼓舞。这里，是他独立从政的开端，是他开始进行社会改革实践的第一个地方。这三年时间里，使他领悟到许多道理，更加坚定了他的自信心。他对这里的一切都很留恋，这里的官员百姓对他也非常留恋。他依依不舍地告别了与自己密切合作的下属和那些勤劳可敬的百姓。

王安石全家乘坐着两辆马车沿着官路向西北方向行进。随着车后扬起的尘土，鄞县越来越远了。几天后，他们全家来到越州（今浙江绍兴）。越州在当时也算是比较繁华的一个城市，王安石在这里做短暂的停留，也顺便带妻子吴氏和小儿子王雱游览一下此处的山光水色。

当他登上越州城楼的时候，向东望去，只见遥远的远方一片渺茫，鄞县早已无踪无影了，再回头东望也是枉然。他无限感慨，吟成一诗道：

登越州城楼

越山长青水长白，越人长家山水国。可怜客子无定宅，一梦三年今复北。浮云缥缈抱城楼，东望不见空回头。人间未有归耕处，早晚重来此地游。

数年后，王安石还念念不忘鄞县的这段生活和从政的经历，依然怀念鄞县的山山水水，又作《忆鄞县东吴太白山水》一诗道：

孤城回首距几何，忆得好处长经过。最思东山湖树霭，更忆山春秋水波。三年飘忽如梦寐，万事感激徒悲歌。应须饮酒不复道，今夜江头明月多。

回到京师后，等待王安石的下一个职务是什么呢？

［第四章］
上万言书

钓国平生岂有心，解甘身与世浮沉。

——王安石

第一节 繁华的京师

元宵节的夜晚，京师里到处是靓女俊男，车水马龙，香气阵阵，暖风融融。在这繁华的景象中，王安石想到了许多许多……

这次进京，王安石带着妻子和儿子，因为吴氏还没有到过京师。结婚以来，除过一段时间的两地生活外，吴氏就随王安石到了鄞县。王安石当然也想让妻子到东京开封府见见世面，而且儿子王雱也已经六岁了，正是开眼界长知识的年龄，王安石当然也想让这个聪明伶俐的宝贝儿子见见世面。

进城后，王安石自然又住到里城内南城墙下。这里是专门接待来京听调或办事官员的住宅区，虽然不是里的中心地带，但也算是个非常方便的地方。东边紧靠着保康门瓦子，如果要是想看戏听书观杂耍的话，出门往东一走就是。过了保康门瓦子就是保康门大街。西面紧临朱雀门大街，也就是前文曾提到的开封府里最大的大街，通称御路，京师里的人也管此街叫天街。南宋诗人范成大在出使金国的时候写下一首题名"州桥"的诗。诗说："州桥南北是天街。"指的就是这条大街。州桥在这条大街的中间，也就是处在紫禁城宣德门和南薰门的中间，是全城的中心。

到吏部报到后，就只等重新任命了。王安石领着妻儿到州桥、相国寺、任店、潘楼、桑家瓦子等最热闹的地方都去逛了逛，看看戏，听听曲，也到一个普通酒店点了几个菜，享受几天天伦之乐。王安石感到很是开心。吴氏和小王雱更是喜不自胜。

由于京师里的消费水平太高，几天后，王安石派人把家属先送回临川，自己留在京师里等待消息。每到这个时候，绝大部分官员都用尽浑身解数，尽力打通关节谋个京官，千方百计也要挤进馆阁官员的行列之中。而王安石却与众不同，他只是例行公事到吏部报到后，再也不去拜访任何权要，而是住在馆舍中刻苦读书，耐心等待下一个任命。有人劝王安石参加馆职的考试，因为他早已具备条件，只要应试，肯定没有问题。但王安石并不动心，只以一笑应之。很多人对他更加敬重，当然也有人不理解。

不管朝廷经济多么困难拮据，不管百姓生活多么痛苦难熬，不管广大的农村多么冷落，不管许多邑镇多么萧条，不管市井上有多少乞丐，不管荒村土道旁有多少饿殍，朝廷的文武大臣和皇亲国戚们的豪奢生活依旧，东京开封府的春节还是那么繁盛热闹。除夕的夜晚，全城的人几乎是彻夜不眠，到处是欢歌笑语，通宵达旦。

正月十五元宵节这一天，京师里的狂欢达到了最高潮。最热闹的地方要数宣德门前。在紫禁城南城墙下，是一条东西方向的纵贯全城的宽大街道。我们姑且称之为"紫禁城南大街"。宣德门就是紫禁城南面正中的最宽大的城门。豪华壮观的宣德楼巍峨挺立。

隔着紫禁城南大街，正对宣德楼的地方，实际上也就是在天街上，距离宣德楼大约一百多丈，大体是处在宣德楼和州桥中间的位置上，有一个十分精美的临时性建筑物。这就是由开封府组织人用大木头扎缚成的一个几丈高的山棚，山棚用五颜六色的色彩装饰起来，所以当时的人们都称之为彩山，也叫花山。

彩山四面有各种不同造型的台子，可供各种表演团体在上面进行演出。上面还装饰着各种造型的彩灯。什么龙灯、凤灯、八仙过海灯等等，五花八门，无奇不有。最引人注目的是在彩山左右各有一个高大的菩萨，一个是文殊菩萨，骑着狮子；一个是普贤菩萨，骑着白象。两个菩萨扬起的那只手还会有规则地摇动，从五个手指头尖还喷出五股小小的水流，取其普降甘霖造福天下之意。其实那水是用辘轳绞上去的。在彩山顶端，有一个木制的储水的大水槽。辘轳不断汲水注入水槽，水槽里的水再通过导管往出输送。其最主要的功用是供应彩山顶端的一个人工小瀑布，那个小瀑布的后边还有彩灯照耀，真如仙境一般。其次才是供给两个菩萨施舍甘霖的用水。这些甘霖不但没有给百姓带来丝毫的幸福，反而浪费了百姓的许多血汗。

因为彩山占地面积太大，把整个天街的宽度都占满了。为人们来往方便，彩山的正中间模仿紫禁城南面的格局也设置三个门洞。中间是一个宽大的门洞，叫做都门道，左右两个对称的稍小的门洞，叫做左右禁卫之门。在左右禁卫门上，在正对着宣德楼的方向，用草把子扎缚成两个游龙的形状，用青幕罩上。在草龙身上密密麻麻放置无数彩灯，灯光从青色幕布中透出来，远远望去，双龙蜿蜒如飞，栩栩如生。

元宵节的夜晚，全城到处车水马龙，到处是笑语欢声，到处是靓女少男，到处是箫管笛笙。仙乐飘飘，鼓声咚咚，香气阵阵，暖风融融。

王安石谁也没去约，一个人在彩山周围游览了一圈。由于人多，仿佛不是走路，很多时候就像拥挤一样。将近三更天，人依旧还是那么多。王安石感到两腿有些发酸，身子也有些乏，在欢乐的人群中，看到别人都是扶老携幼，一家一家的，欢天喜地，团圆幸福，反而觉得自己有些孤独无聊，就顺着黑杈子外面的人行便道，溜溜达达地回到了旅馆。

见客人回来，店小二忙送过来热水。王安石洗洗脸，又换水烫了烫脚，便躺下休息。身体虽然感到很疲乏，但翻来覆去却怎么也睡不着。刚才在天街上，在彩山周围所见到的繁华豪奢的情景又一幕幕地出现在他的脑海中。那高大而装饰豪华精美的彩山，山上的小瀑布，两旁大菩萨的摇动的手及顺着手指洒下的甘霖水，左右门上的栩栩如生的游龙，那些装饰精美的车辆，那些满身珠光宝气的贵妇与阔少……

忽然，他的脑海中又出现另外的一幅幅画面，他上次去鄞县就任出城时所见到的讨饭的一家，他在鄞县所见到的许多靠野菜稀粥活命的贫苦百姓，他在进京途中所见到荒凉衰败的农村……一方面是一饭万钱，挥金如土，一方面是饥寒交迫，度日如年。富人有钱就极度挥霍，穷人想要发展生产又没有钱做底垫。所以富的益富，穷的益穷。如果长期这样下去，穷的没有活路的百姓又怎能不铤而走险呢？想到这里，王安石的心里一阵阵酸楚。

"唉，想这些干什么，自己是不在其位，不谋其政。只要把自己分内能够办到的事办好就心安理得了，还管得了这些吗？不想这些了，还是想自己明天该干什么吧。对，明天就去拜访欧阳修大人。"

王安石此次进京，除到吏部听调外，还有一个最大的愿望，这就是拜访仰慕已久的大名士欧阳修。王安石十六岁第一次随父亲王益进京时就听到过欧阳修的大名，后来经过好朋友曾巩的推荐，欧阳修曾经想要见王安石，可由于没有机会而未能如愿。欧阳修曾通过曾巩对王安石的文章与学业进行过鼓励和指导，王安石对欧阳修始终非常景仰。但十几年过去了，却一直未能见面。

但是，王安石的这个愿望没有实现。欧阳修这年还在颍州任知州，没有回东京来。王安石未免有些失望，但也没有办法，只好再等机会了。

二月中旬，王安石的新任命终于下来了。因为他没有参加馆职的考试，当然不能留在京师。但由于他在鄞县三年政绩突出，考核为上上，故还是升职了。他被任命为舒州通判。又因为他政绩突出，虽然出任地方官员之职，吏部还给他挂了一个"殿中丞"的虚衔。殿中丞是从五品，比通判的实职又高了半品。

通判相当于副知州，是正六品，比县令高了一品。舒州治所在今安徽潜山县境内，当时是比较偏僻的地方。王安石接到任命书后，马上就离开京师到舒州去上任。到达舒州报到后，按照惯例调动职务的官员在出任新职前有一定的休息时间，于是王安石就利用这段时间回原籍抚州的临川去看一看。知州很赏识王安石，便安排他休假满期后顺便到杭州去办点事，就算是公出了。这样，假期也就等于延长了一些。

回到家乡，见过堂叔和一些熟悉的堂兄弟及街坊邻居们。看到从小和自己一快玩耍的伙伴如今都已经是壮年了，谈起这些年来的人事沧桑，王安石不胜唏嘘，连连叹气。

数日后，抚州祥符观三清殿落成，请王安石为之作记。于是便写《抚州祥符观三清殿记》一文，落款是五月二十五日。逗留十多天后，王安石离开故乡，前往钱塘。途中在金峰山下住了一宿，并题"景祐庚寅，自临川如钱塘过宿此"一行字。

从钱塘回舒州的途中，因为正好路过，王安石又到临川。这次，一位以仁义孝道闻名乡间，同时也是一名朝廷命官的好朋友陈祈在家准备了一桌酒菜，宴请王安石。二人谈得十分投机，王安石真想和这位仁义淡泊的友人结为邻居。为之创作《书陈祈兄弟屋壁》一诗道：

千里归来倦宦身，欲寻田宅豫求邻。能将孝友传家世，乡邑如君更几人？

第二节　舒州通判的三年

把一切都看得清清楚楚，又有办法去解决难题。可就是手中没有权力，只能眼睁睁看着百姓受苦受难。这将是一种什么滋味呢？

景祐三年（1051）夏日的一天。王安石带几名随从到各县去视察夏收情况刚刚归来。有人告诉他，知州大人接到一封朝廷公文，是关于王安石的，请他前去商量。王安石不知是什么内容，也顾不得休息，连忙前去。

公文是由中书省发来的。原来，由于王安石连续两任做地方官政绩均十分突出，而他本人又不要求留在朝廷工作，更不申请参加馆阁之职的考试，朝中有几位大臣对此非常赞佩。因为这在当时的社会风气下实在是太难得了。宰相文彦博上本推荐王安石和张瑰、韩维三人。推荐王安石的几句话是："殿中丞王安石，进士第四人及第。旧制，一任还，进所业求试馆职。安石凡数任，并无所陈。朝廷特令召试，而亦辞以家贫亲老。且文馆之职，士人所欲。而安石恬然自守，未易多得。"与文彦博同时，还有位叫陈襄的官员，也写了一封推荐贤士的奏书，其中也有王安石的名字。于是，中书省再发文件召王安石进京，等试后另听旨意，重新安排职务。

在此之前，王安石也遇到过这种情况，即中书发文命他参加馆职考试，被他推辞了。知州见王安石不但不高兴，反而面露忧色，就不解地问道：

"馆阁之职，士子人人向往。朝廷如此重视，特下此文，王大人为何还闷闷不乐呢？难道王大人真的不愿在京师做京官吗？"

"大人有所不知。我王安石有何德何能，敢一再不应召赴考。馆职是清要之职，也是士子进身之阶，下官又怎能不愿意做呢？主要是我确实另有苦衷。"

"不知干大人有什么苦衷？是否可以相告？"

"下官在上次写的书状已经写明。这次还是那个理由。年前，下官带着内子和儿子在京师住不到一旬，光是吃住用便花了两千缗钱。京师的物品比外地的要昂贵许多，下官曾经计算过，如果只是妻儿随下官住在京师，下官的俸禄去掉每月之费用，就已所剩无几。家中还有老祖母和高堂老母，还有弟弟妹妹没有婚嫁，还要靠下官的俸禄维持生活。下官不肯应试出任京官，不是什么清高恬退，实在是出于无奈。"

"那你看此事怎么办？"

"请大人放心，下官自己处理此事就是。"

回到寮舍，王安石怀着喜悦、自信、感激多少还有点遗憾等种种复杂的心情给中书省实际上也等于给皇帝写了一封《乞免就试状》，其中写道："伏念臣祖母年老，先臣未葬，弟妹当嫁，家贫口众，难住京师。今特以营私家之急，择利害而行。谓之恬退，非臣本意。"言辞恳切，实事求是，决无半句虚语。写完封好，王安石忽感到心有所动，便吟成一诗，诗题就叫《舒州被召试不赴偶书》：

戴盆难与望天兼，自笑虚名也自嫌。稿壤太牢俱有味，可能蚯蚓独清廉。

状发出后，王安石不再考虑此事，而把全部精力投入到职事之中。通判虽然职务和品级都比县令大，但工作性质却不相同。如果就从发挥能力来说，通判还真不如县令的作用大。因为县令品级虽低，但却是一县之令，一个县的政务基本上就取决于县令的意志。上边的文件、规定、法律等条文永远都是死的，具体执行起来还会有相当大的灵活性。在许多情况下，许多具体事宜是以县令的意志为转移的。所以，王安石在鄞县的时候就可以尝试着进行青苗贷款，就可以兴修水利。而通判则不行，因为其职务的性质就是协助知州工作的。知州之下还有一个同知，通判只是处在三把手的位置上，对于一州之政务没有决定权。

王安石这年已经三十一岁，步入仕途也将近十年了，何况他非常精明，知道自己的职责和位置，如果超越职责范围去干事，不但费力不讨好，而且还会招来非议。所以，他很小心谨慎，积极帮助知州处理政务。和同僚们相处得还很融洽。这次到下属各县的基层去视察归来，他有许多想法。他发现，这里的百姓尤其是贫苦农民也和鄞县的情况一样。每当初春要开始莳弄地的时候，也是全年最困难的时候，百姓称这时候为青黄不接，也就是新粮还没有模样而旧粮已经吃光，多数的百姓处在半饥饿的状态，种子、耕牛、农具等又都需要钱。万般无奈，只好向有钱的大富户去借高利贷。

天下的富户心一样黑，这里的高利贷者也是一样，利率一般都是四分。农民们饱受重利盘剥之苦，可又没有办法。看到百姓们一个个愁眉苦脸，憔悴瘦弱的样子，他的内心虽然非常痛苦，可也毫无办法。

回到州衙，他试探着和知州、同知谈了自己想要用政府的名义给贫苦农民贷款的意思，但马上就被否定了。他也不能太坚持，只是建议知州和同知仔细了解一下百姓的具体情况，帮助百姓们解决一些具体问题，以救燃眉之急。知州很清楚下边的情况，但他既缺乏王安石那种忧国忧民的感情，也缺乏王安石那种魄力和胆识，更缺乏王安石处理政务的干练与精明。他按照其他州县常用的方法，即采取发布文告，对一些重利者进行限制，对一些因还不起贷款而强迫借债人出卖田地房产的人进行行政干预，也就是采取抑制兼并的措施。

可以说，知州的做法是尽了一个普通官员的职责，也不能说不负责任。但这样做不能真正解决问题，不能从根本上抑制兼并，也无法从根本上解决百姓的困苦。眼看着百姓处在水深火热之中，而自己却无力帮助和解救，王安石内心感到很痛苦，他写《感事》一诗抒发自己的心情说：

贱子昔在野，心哀此黔首。丰年不饱食，水旱尚何有。虽无剽盗起，万一且不久。特愁吏之为，十室灾八九。原田败粟麦，欲诉嗟无赇。间关幸见省，笞扑随其后。况是交冬春，老弱就僵仆。州家闭仓庾，县吏鞭租负。乡邻铢两微，坐速空南亩。取赀官一毫，奸桀已云富。彼昏方怡然，自谓民父母。竭来佐荒郡，懔懔常惭疚。昔之心所哀，今也执其咎。乘田圣所勉，况乃余之陋。内讼敢不勤，同忧在僚友。

诗中描述了百姓生活的凄惨情况，在丰收年景还吃不饱肚子，遇到旱涝之灾还能有什么呢。而特别令人忧愁感伤的是役吏们的所作所为，十户百姓中要有八九户受到他们的敲诈勒索，深受其害。田地里的庄稼全都扔了，没有收成，想要哀诉乞求也没有贿赂役吏的钱。即使偶尔有官员前来看视，而紧随其后的不是皮鞭就是竹杖。每逢冬春之交，就会有许多老弱病残悲惨地死去。而在这个时候，官府的仓廪却紧紧关闭着，县里的那些役吏还一个劲儿地鞭打百姓催租催税。而那些官员们非常昏聩，还自我感觉良好，说什么自己是百姓的父母官，真不知羞耻。自己前来这个荒凉落后的州郡为知州的副手，心里常常有惭愧和内疚的感觉。从前自己怀有哀怜同情之心，如今也要承担这种罪过，而自己又毫无办法。只能在官府内部尽力为百姓说话，为百姓多争取一点点微不足道的利益而已，一些同僚和朋友也与自己一样，为百姓担忧和感伤。

此诗表现出王安石在担任舒州通判时那种极其丰富复杂的内心世界。他每时每刻都在关注着百姓的生活，对百姓的窘迫处境忧心如焚，有心想要解除却又无能为力，只能徒自感伤而已。仔细分析体会这首诗，我们似乎可以感受得到一个具有正义感和同情心的封建官吏的伟大品格和高尚的灵魂。

见自己的主张不被采纳，王安石的心里当然也感到有些压抑，但他又不便明确表现出来，于是就写了一首《寓言》诗，委婉地倾诉了这种感情和看法。诗曰：

> 婚丧孰不供，贷钱免尔萦。耕收孰不给，倾粟助之生。物赢我收之，物窘出使营。后世不务此，区区挫兼并。

毫无疑问，这首诗是有针对性的。从最后两句来看，就是针对当时从朝廷到地方许多官员都把主要精力用在抑制兼并方面，而不想办法从根本上解决问题。全诗的大意是说：如果谁婚丧嫁娶出现了困难，就借给他钱以解除其忧愁。如果谁在种地方面出现了困难，就借给他粮食种子以帮助其度过危机。等万物丰盈时我再收回本利，物质缺乏时我就出钱使百姓们照常经营。这种做法其实就是王安石在鄞县时已经具体实施而且取得成功的青苗贷款法，也是他后来执政后在全国范围内大力推行的青苗法。可见其变法的思想在这时就已经形成了。后世对此诗的争论最大，反对新法的人甚至认为王安石祸国殃民的思想根源就在于此诗，故在此处稍微多用些笔墨，以便对王荆公的变法过程有一个全面的认识。

通判之职虽然也很重要，但由于不是主要当政者，所以王安石的工作也不像在鄞县时那么忙。他一有闲暇时间，就阅读疏理在鄞县时所得到的那本杜甫诗集，为之编订次序，编辑为《老杜诗后集》，并为之作序。这在前文已经提到过，此处不赘。

景祐四年的秋天，霜风凄紧，关河冷落，残叶飘飘，一片萧瑟。王安石到舒州已经两年多，却没有什么建树，心中不免有些烦闷。正在闷闷不乐之时，忽然有驿使送来一封信。王安石看过此信，不由得悲从中来，不一会儿就满面泪痕了。这是一封报丧的信，是范仲淹的儿子写来的。信中说，他的父亲范仲淹因病于五月去世。并说范仲淹在世时非常赞佩王安石的政治才能，尤其是对于治理鄞县所表现出来的杰出的才干更是钦佩至极。王安石读到此处，泪水更多，已经成串了。

范仲淹和欧阳修一样，是王安石最早仰慕钦佩的两个人物。对于欧阳修，王安石所钦佩的主要在于其汪洋浩瀚的学识和虚怀若谷，勇于奖掖后进的学者风范，以及是非分明，敢于直言的大丈夫气节，是王安石在学术方面的楷模。而对于范仲淹，王安石钦佩的主要是勇于进行社会改革，敢于为天下先的无所畏惧的英雄气概和那种"先天下之忧而忧，后天下之乐而乐"的无私奉献的高贵品质。范仲淹在进行庆历新政的时候，王安石曾给以极大的关注，也曾寄以极大的希望。如今，这位自己仰慕已久的敢于直面惨淡人生的人物已经仙逝，王安石怎能不悲伤呢。

王安石沉思一会，揩干脸上的泪痕，铺开一张宣纸，提笔蘸墨，为自己非常敬重的前辈写下一篇满含深情的祭文，这就是《祭范颍州仲淹文》，保存在《王文公文集》（卷第八十一）中。祭文很长，完全用四言写成，并且作者倾注了不少心血。文中写道："呜呼我公，一世之师。由初迄终，名节无疵。"对范仲淹一生给予极高的评价。其末尾说："硕人今亡，邦国之忧。矧鄙不肖，辱公知尤。承凶万里，不往而留。涕哭驰辞，以赞醪羞。"这几句的大意是说：范仲淹之死，是国家的损失，自己虽然没有什么德行才能，却得到过范仲淹的赏识。听到噩耗是在万里之外，不能前去奔丧而只能留在这里，只好写此祭文遥相祭奠，再为老前辈献上美酒和佳肴。

皇祐五年（1053）夏季，舒州遭遇到几十年不遇的特大灾荒。先是久旱不雨。从四月下旬开始，一直到五月末，一个半月未下滴雨，绝大部分庄稼都打绺干巴死了，只有少数河滩地有水浇灌似乎有收获一点的希望。可老天爷太不近人情了，就连这么一点收获也不让可怜的农民得到。庄稼刚要成熟的时候，突然下起了大雨，而且下起来就没完没了，连续半个月不开晴。所有的河流都涨起了大水，那点可怜的刚要成熟的河滩地的庄稼又被大水连根冲走。百姓们欲哭无泪，走投无路，叫天天不应，立刻陷入水深火热之中。

看到百姓在死亡线上挣扎的这种惨状，王安石再也无法抑制内心的忧愤之情。他一再建议和敦促知州，赶快向朝廷上奏疏，请求动用国家仓库中备用的粮食赈济受灾的百姓。经过多方努力，还真的得到了批准。这次开仓赈济，对于百姓来说，真是雪中送炭一般。王安石曾写《发廪》一诗以记其事。

先王有经制，颁贵上所行。后世不复古，贫穷主兼并。非民独如此，为国赖以成。筑台尊寡妇，入粟至公卿。我尝不忍此，愿见井地平。大意苦未就，小官苟营营。三年佐荒州，市有弃饿婴。驾言发富藏，云以救鳏茕。崎岖山谷间，百室无一盈。乡豪已云然，罢弱安可生。兹地昔丰实，土沃人良耕。他州或尝窭，贫富不难评。幽诗出周公，根本诋宜轻。愿书七月篇，一窥上聪明。

此诗的主旨与《寓言》是一致的，只不过是出发点不同罢了。其大意是说：古代先王有法规条文和制度，这就是一切赏罚都由君主颁行。后世之人不再遵从古代的制度，出现贫穷的原因主要是由于兼并。人人都图谋能够兼并他人而自己成为富翁，不但百姓们拼命追求此道，就连治理国家的人也依靠兼并来维持太平。谁有大钱谁就有地位，谁给国家献的粮食多谁就可以当大官甚至公卿。我曾经不忍看到这种局面，愿意农民的土地能够基本平均，以使百姓都有劳动的权力，可以发挥他们的劳动热情。但我的大志未能得到实现，只是当一名小官姑且忙忙碌碌而已。我来这个荒凉的州郡已经三年了，可是市面上还有被人抛弃的挨饿的婴儿。最后几句说要像《诗经·豳风·七月》中所描写的那样，官吏要爱护百姓，鼓励农民们发展生产，才可能从根本上解决百姓们的困苦。

在这一年的冬季，王安石任期三年已满。他离开舒州，回到朝廷等候重新任命。等待他的下一个职务将是什么呢？

第三节　游褒禅山的启示

世间最美好之风景，多在危险而遥远之地方。只有意志、毅力和辅助物三者都具备才可到达观览。可到而未到者，已悔而人讥；已尽力而未至者，已无悔而人亦无讥也。

在回朝廷之前，王安石回到家里，处理一下家中琐事。在这年的六月十四日，王安石的祖母谢氏以九十岁的高龄寿终正寝。王安石是孙子，不必离职守丧，但办理丧事要花掉相当大的一笔钱。

在此前一年，王安石的长兄王安仁也死在任所，年仅三十七岁。这样，长兄留下的遗孀和骨肉当然要由王安石来抚养。另外，王安石另一个哥哥王安道夫妇二人也是在这期间死去了，办理丧事以及抚养幼侄的责任也落在他的肩上。无形之中，王安石的负担又加重了许多。他的俸禄除留下少量必要的生活费外，全部交给家中，就由妻子吴氏掌管，用以维持全家人的正常生活。吴氏颇有祖婆母和婆母的风范，为人大度有礼，宽厚仁爱，与婆婆、妯娌、子侄们相处得非常和谐。钱财虽然不太宽裕，有些紧紧巴巴，但吴氏持家有法，把家务处理得井井有条。这使王安石少操了不少心。吴氏不仅善于治家理财，而且教子有方，小王雱虽然只有十岁，可已经非常懂事，且很有大志。王安石对妻子充满了感激之情。

王安石在家和亲人过了一个团圆年。生活虽然不富裕，江宁府的过年气氛和京师的热闹繁盛也不可同日而语，但家庭中的气氛却十分和谐，王安石沉浸在天伦之乐里。母亲的爱抚，妻子的温存，儿子的撒娇，弟弟妹妹们的关心，使王安石在官场中那颗经常处在紧张状态的心一下子放松下来。仿佛是久旱的小苗逢甘雨，仿佛是欲开的苞蕾沐春风，仿佛是严冬里的一盆炭火，仿佛是酷暑中的一块凉冰，那种娱悦舒畅的心情是无法用语言来表达的。工安石感到，这是他几年来度过的最为愉快的一个春节，要比在天街彩山下游逛玩乐开心多了。

过完正月十五元宵节，王安石立刻起身赶赴京师听调。他的任满听调的例行公文早已到了中书省。而他本人也必须在一月末去吏部报到，以听从朝廷的重新安排。到吏部报到后，王安石再次来到以前住过的里城内南城墙下的客馆中。

又有人来劝王安石去参加馆职的考试，王安石一笑应之。他只是向有司提出请安排他一个外任之职，别的什么也不说，便回到馆舍等待休息了。

可能是当政者对王安石的印象太深了，这次的结果完全出乎他的意料。二月下旬的一天，王安石接到中书省派人送来的一道敕牒，即由皇帝签发的公文。敕牒是中书省在二十二日签发的，内容是任命他为"集贤校理"的馆职。因为他几次坚决推辞参加馆职的考试，所以这次也没有让他参加考试，就把别人梦寐以求通过馆职考试也难以得到的官职轻松地送到了他的手中。这可以看出皇帝和执政大臣对王安石是多么重视。不过，这倒给王安石出了一道难题。

接受职务？京师里的费用太高了。如果只把妻子和儿子接来，还可勉强维持一个不太寒酸的生活。可母亲怎么办？嫂子和侄男侄女们怎么办？两个待嫁的妹妹怎么办？自己不能不管，若那样，不但良心上会永远不安，而且也无法安身立命。这样做不行。不接受任命，是不是有点太不识抬举了？这是很少有的事，不经过考试直接任命为馆阁之职，他人求之不得，而自己再不接受，别人会说什么呢？况且，敕牒上说得清清楚楚，如果自己生活确实有困难，可以破例，任职不满一年也可以改放外任。圣上和执政大臣对自己可谓是天高地厚了。考虑再三，王安石决定还得推辞，否则生活问题实在没有办法解决。另外，也可避免许多嫌疑。于是，他封还敕牒，附上一封信，即《辞集贤校理状》。

状中，王安石对朝廷的盛恩表示深深的感激，并说明了自己不能接受任命出任馆职的苦衷。以前一再推辞考试出任馆职，就是因为"先臣未葬，二妹当嫁。家贫口众，难任京帅"。承蒙朝廷恩准。此次也是如此，近一二年来，祖母和二兄一嫂，相继丧亡。奉养婚嫁葬送费用的窘迫，比以前更甚。朝廷不通过考试就破格任命自己，已经是破例。如果自己接受任命，那么，自己以前的行为就有以家庭生活困难要挟君上的嫌疑。而朝廷允许任期不到一年就可差遣外任的恩宠，臣也不敢接受，因为这样做等于破坏了朝廷旧制，无论对自己还是对朝廷都会产生不好的影响。

正好一个月后，也就是三月二十二日，中书省又下发一道敕牒，内容与上次基本相同。王安石再次封还。至四月五日，中书省再派人送来一道敕牒，还是那些内容，而且还加有"不得辞免"的字样。王安石只好再写一篇《辞集贤校理状》献上。其主要意思是一再说明自己不参加考试完全是由于生活所迫，自己此次不接受任命也是如此，绝不是想要挟朝廷，也不是沽名钓誉。朝廷破格施恩，"不独伤臣私义，固以上累国体"，"如臣心实择利，而迹有辞让之嫌，以故朝廷特有优假。臣恐进趋之士，有以窥度圣世。将或立小异以近名，托虚名以邀利。浸成弊俗，非复法令所能禁止。此亦朝廷所宜慎惜。"言辞恳切，道理分析得十分精当透彻。

这次封还敕牒之后，一个月时间过去了，再也没有任命下来。王安石只好耐心等待着。

确实，朝廷对王安石是太重视优厚了，而王安石对朝廷也是一片忠心。当时，像王安石这样不干谒权要而能得此美官的，也只有他一人而已。当时的情况是，获取朝廷官员资格的人多，而实际的职位少。这样就出现官浮于职的状况。欧阳修在此年协助吏部铨选司选派官员时，曾写《论权贵子弟冲移选人札子》，其中说："臣勘会铨司近年选人倍多，员缺常少。待缺者多是孤寒贫乏之人。得替京师，动经年岁。

遇有合人缺次，多被权贵之家将子弟亲戚陈乞，便行冲改。"

从这篇札子中我们可以体会出当时官场的腐败情况。实际的官位少，而等待出任实职的官员多，而只有出现空缺才可以有人补上去。在京师等待出缺候补的官员很多，大多是出身贫寒没有靠山的穷苦书生。没有权贵可以依托，只好挂号排队，耐心等待。排队人太多，有的甚至要等到一年以上，刚刚出现一个缺，有了希望时，结果又被权贵之家的子弟给顶掉。所谓的"冲改"实际就是有人插入而把原来排的号改动的意思。这样，不断有人来"冲改"，就等于是不断有人来加楔。那么，规规矩矩排队的人就吃了大亏，很难排到位置了。欧阳修在给皇帝上的札子中专门论述这件事，可见决不是个别现象。

在这种情况下，王安石不接受集贤校理的任命，等了一个多月而没有新消息也就不足为怪了。一年半载等不来消息的也大有人在。所以，王安石也不十分着急。但他多少感到有些无聊。想去拜访渴慕已久的欧阳修，可欧阳修又居家守母丧而没有在京师，故有时也觉得很烦闷。

五月中旬的一天，忽有故人来访，王安石一看异常兴奋。来人姓沈名起字兴宗，本是鄞县人，进士出身，干练有才能。王安石在鄞县任职时二人相识，关系非常亲密。此人现任通州（今江苏南通）海门县县令，到京师来办事。听说王安石在此听调，特来拜访，并有事相请。

客中有朋友来访，也是人生一大乐事。王安石自然非常高兴。沈起告诉王安石，海门县东北有几十里海岸，地势平缓，经常遭受海潮倒灌的灾害，生产落后，百姓困苦，人烟稀少。他动员百姓在沿海修了一道大堤，既可阻止海潮的倒灌，又可在堤下设置一些盐场，变水害为水利。现在已经竣工，因为王安石在鄞县亲自领导过水利工程的建设，在这方面有经验，所以请王安石前去，一是提一提意见，看看还有哪些需要完善的。二是请王安石写一篇题记作为纪念。

王安石闲暇无事，正好借此机会去游览一番，也好散散心，便欣然应允。因这差使有些像旅游的性质，王安石于途中到家留连一两天，顺便把两个小弟弟王安国、王安上也带上。王安国是王安石特别喜欢的弟弟，这年刚十七岁，聪明伶俐，十二岁的时候就能写出非常像样的文章了。

到海门县后，沈起热情地招待他们兄弟。在游览了海门的水利工程特别是看了海边大堤后，王安石即兴创作一篇《通州海门兴利记》，文中在赞美沈起兴修水利造福百姓的善政后，提出一个非常重要的观点，这就是所有的地方官如果都能像沈起这样勤政爱民的话，那么天下的百姓就可以没有忧患了。落款是"至和元年六月六日"。勤政爱民的思想贯穿于王安石的全部诗文中，仅此一点，我们就可以窥见这位仁者的心灵世界了。

几天后，王安石告别朋友沈起，和两个兄弟返回。适逢老朋友王回和一位叫萧君圭的新朋友要去褒禅山游览，王安石早就听说过这是一个名胜古迹，便带着两个弟弟与之同行。

褒禅山在安徽含山县北，唐代有个叫慧褒的和尚在此修行，死后就葬在这里。为纪念慧褒和尚，便称此山为褒禅山了。山下比较平坦，有泉水从旁边流出来，这就是所谓的前洞。这里的游客特别多，而记游的诗文也很多。由前洞上山约行五六里，侧面又有一洞，里面一片黑暗，寒气逼人。这就是所谓的后洞。问那些游客此洞能有多深，就是好游的人也没有到过尽头的，故谁也说不清楚。

王安石和两个弟弟及王回、萧君圭五人点着一个火把，鱼贯而入。洞有时宽敞有时狭窄，但景色是越来越奇。两旁和洞顶的钟乳石奇形怪状，美不胜收，恍如仙境一般，几人啧啧连声，赞不绝口。往里又走一小段路，有人说："快出去吧！不然，火要着完了。"于是，几个人又一个跟一个退了出来。待出来，才发现，火把还可以用好一会儿。几人不免有些后悔，可也不能再进去了。这时，王安石忽有所感，产生一个念头，于是回到旅馆就写了一篇文章，这就是流传至今，颇有哲理韵味的《游褒禅山记》。其中有一段议论说：

夫夷以近，则游者众；险以远，则至者少。而世之奇伟、瑰怪、非常之观，常在于险远，而人之所罕至焉，故非有志者不能至也。有志矣，不随以止也，然力不足者，亦不能至也。有志与力，而又不随以怠，至于幽暗昏惑而无物以相之，亦不能至也。然力足以至焉，于人为可讥，而在己为有悔。尽吾志也，而不能至者，可以无悔矣，其孰能讥之乎？此余之所得也。

人要想干成一番事业，则必须具备三个条件，即"志""力""外物的辅助"，当这三个条件具备的时候，由于个人努力不够而没有达到目的的话，会招致别人的讥笑而自己也会懊悔。如果已经尽力了，而还没有达到目的，那么自己不会懊悔，而别人也没有什么可讥笑的。自然界中那些最美好的景色，往往在最险远的地方，没有坚强意志的人是无法看到的。而社会中那些最伟大的事业，也需要付出极大的努力才能完成，不是意志最坚强的人更是无法完成的。

回到京师，已经进入九月。听说欧阳修也已经返回，王安石第二天就去拜访。

第四节　拜见欧阳修

得遇知音是人生一大快事，两位相互倾慕已久的师友一见面，便互通心曲，诗酒留连。那酒味诗情，真令人艳羡。

欧阳修的母亲郑氏是在景祐四年三月去世的。到至和元年的四月末，丧期已满。古代丧期名义为三年，实际上是二十五个月，欧阳修守丧期满，进京等候新的任命。六月进京，乞放外郡，未得批准。七月，诏命权判流内铨选。因写前文提到过的那篇《论权贵子弟冲移选人札子》文章而得罪了权贵，只干了六天就被停止工作。八月，受命修《唐书》。九月，任命为翰林学士，兼史馆修撰。

王安石求见的时候，欧阳修正在书房里阅读整理一些史料。听说有人来访，一看名刺上的名字，立刻放下手中的书卷，让下人马上把客人请到书房来。

几年前，欧阳修就听到过王安石的名字，读过王安石的文章，并写信给曾巩，说自己想见王安石，如饥似渴。但由于当时欧阳修远在滁州，王安石在京师里，千里暌隔，又都忙于俗务，故未能见面。今天终于要相见了。欧阳修又怎能不兴奋呢？

王安石刚一跨进书房的门槛，欧阳修就站起身来打招呼道：

"介甫，老夫早就想见你了，望眼欲穿，今天屈辱你光临寒舍，真是三生有幸。幸甚！幸甚！快请坐，快请坐。"

王安石很受感动，他早就知道欧阳修是个求贤若渴的人，见人有一善，就一定要百般奖掖，不遗余力，是个有德君子。今日一见，名不虚传，果然有礼贤下士之风。见其面目和善，两鬓已经花白，额头上已出现几道明显的皱纹。但精神矍铄，两目炯炯有神。王安石深深鞠了一躬道：

"久闻欧公大名，如雷贯耳。晚生仰慕清德以久，今日得以拜会，三生有幸。"

客套几句，很快转入正题。二人话题很广，从古到今，从朝廷到地方，从学问到人生，无不涉及。而且二人学识相当，见解也多有一致之处，谈得非常融洽，大有相见恨晚之意。一个多时辰过去，二人却毫无察觉。

"介甫，你对这次听调，是怎么想的？"最后，话题转到王安石的工作职务上，欧阳修非常关切地问。

"我已经几次封还中书发下的敕牒，不接受馆职的任命。这恐怕您早已知道了。我实在是因为家庭负担太重才不得不请求外任的。我现在也就只好等着了。"

"介甫，你的难处和想法我也理解，可外任本来不多。离京师近的地方刚一出缺很快就被权贵子弟占去了。难啊！我前些日子权判铨选之时，曾考虑给你留个位置，已经和铨选司其他同仁商量好，他们也都同意了。可你当时不在，没法征求你的意见。所以也就迟迟没有发文。现在，这个位置还在给你留着，不知你意下如何？"

"不知您说的是什么职务？"

"是群牧判官，此职虽然也是朝廷之职，但与馆职不同。有比较大的灵活性，能经常到地方上去，俸禄也不低。而且，群牧司长官是包拯，此人严正廉明，为当世名士。在他属下为官，对你以后的发展也有益处。你看怎么样？"

王安石还有些犹豫，但想到这个职务虽不太理想，却也可多得些俸禄，可以养家糊口，又可以更广泛地了解整个社会的情况，而且欧阳修为自己考虑得如此周到，不好意思再推托，就勉强答应了。不过，王安石请求欧阳修在适当的时候，还是想办法给自己安排一个可以施展才能的独立的工作为好。欧阳修自然答应。

"介甫请喝茶稍待，老夫有诗一首相赠。"欧阳修说罢，从书案旁拿出一张随时使用的信笺，提笔蘸墨马上书写，笔势迅疾，如行云流水一般。片刻，一首诗写完。稍等墨迹干一干，就轻轻拿起来递给了王安石。王安石恭恭敬敬地接过来，仔细观看，只见是用行草体写的是一首七言律诗，诗题为《赠王介甫》：

翰林风月三千首，吏部文章二百年。老去自怜心尚在，后来谁与子争先。朱门歌舞争新态，绿绮尘埃拂旧弦。常恨闻名不相识，相逢樽酒盍留连？

读罢全诗，王安石颇受感动。这首诗说，王安石的诗像唐朝的李白那样有才气，文章像韩愈那样可以流传后世。自己虽然老了，但继承发扬孔孟儒道的雄心还在，以后的人谁能和王安石一争高低呢？现在，社会风气腐败不堪，庸官俗吏们终日醉生梦死，只知贪图享乐，很少有人再过问关心国家的命运和百姓的生活了。只有我们不与世浮沉，还在关心国事，保持忧国忧民的赤子之心。早就听到你的名字却始终未能见面，令我经常感到遗憾。今日相逢，我们何不喝上几盅，敞开心扉好好谈谈。最后两句，是要留王安石吃晚饭的意思。

太阳西偏，已到晚饭时间。欧阳修早已命下人备好简单的酒菜，留王安石吃晚饭。见一片盛情，王安石也不好推托。

饭后，二人又到书房品茶。王安石也写了一首诗回赠欧阳修。诗是这样的：

欲传道义心犹在，强学文章力已穷。他日若能窥孟子，终身何敢望韩公。抠衣最出诸生后，倒屣常倾广座中。只恐虚名因此得，嘉篇为贶岂宜蒙？

——《奉酬永叔见赠》

诗的大意是说：自己想要传播弘扬儒家孔孟之道的雄心壮志还是

有的，但如果说学习写作文章却感到有些力不从心。他日若能窥探孟子道义的堂奥也就心满意足了，终生怎敢企图在写文章方面能敢得上大名鼎鼎的韩文公呢？我恭恭敬敬来拜访您，在您的晚生中我也是最笨拙的人，却得到您的极端重视和奖掖。恐怕从此后我会浪得虚名，您赠给我的美好的诗篇及那么高的评价我实在有些不敢当。前诗表现出欧阳修爱惜人才，不遗余力地奖掖后进的可贵品格，后诗表现出王安石对欧阳修无限钦佩和景仰的心情，也表现出谦虚谨慎的风度。两诗既可看出宋人才学之广博和文思之敏捷，也可看出二人的相互敬重钦佩之情。后世学者有人在这两首诗上做文章，说什么王安石对欧阳修把他比作韩愈不满云云，纯是牵强附会，望风捕影之谈。

这一年，欧阳修已经四十八岁，王安石才三十四岁。

数日后，王安石正式接受了群牧判官的任命。群牧判官是群牧司的属官，掌管全国军马饲养之事。当时作战，骑兵是主要力量，战马的作用特别大，所以在真宗朝，专门成立了群牧司。群牧司的长官是群牧制置使，群牧判官只是此部门的一个中级官员。这样的官职，没有独立的行政领导权，上支下派，还要经常到各地去处理一些工作，更无法发挥才能。

群牧制置使包拯果然如欧阳修所说，为人公正刚猛，不苟言笑，下级都很敬畏他。暮春三月的一天，群牧司衙门庭院花圃里的牡丹花盛开，娇艳欲滴，十分美丽。这一段时间工作也非常顺利，包拯高兴了，便置酒赏花，招待众位僚属。王安石自然也在其中。紧靠王安石坐的便是大名鼎鼎的司马光，当时也是群牧判官之职。王安石到群牧司报到后就认识了司马光，二人接触最多，关系也最为密切。王安石发现，司马光学识渊博，尤其精于史学，对古代历史有极深的造诣。二人也曾经在一起喝过酒，酒量都极差。王安石喝不过三杯，过量头就发晕。司马光只是一杯的酒量，多喝半杯脸就红。

春光明媚，风和日丽，牡丹花开得特别舒畅，仿佛是美人的笑靥。

良辰美景，令人陶醉。包拯高兴了，他本人放开了酒量，同时也劝下属们尽兴。众人见包大人如此，谁也不敢不给面子，都硬撑着喝。司马光喝完第二杯，从脸一直红到大脖根，可还是硬撑着喝。王安石则不然，喝过三杯后，怎么劝也不再喝一滴，只是向尊敬的上级表示歉意而已。包拯见他态度坚决，也不好强劝。事后，司马光很佩服王安石的自控能力，同时也初步领略了王安石的坚定与固执。

第五节　直言上书

对患有慢性重症之人，必须进行大手术才能救其性命。王安石对朝廷多年之沉疾进行详细诊断并开出药方。但病人是否能接受治疗呢？

嘉祐元年夏，王安石改任新职，他被任命为常州知州。

五月的一天，王安石到欧阳修府上辞行，欧阳修的家人已经认识王安石，所以也没进去通报，直接请王安石到了书房。

欧阳修正在和一位客人闲谈。王安石不认识那人，只见其面目有些清瘦，脸形略有些长，胡须疏朗。那人看到王安石，微显惊愕的神色。欧阳修见王安石到来，非常高兴，连忙站起来打招呼道："介甫，我们俩正在谈论你，你就来了。来，我给你们介绍介绍。"那位客人见欧阳修站起来，知道来人不是凡品，也站了起来向王安石微笑致意。

经欧阳修介绍，二人见礼落座。原来那人是当时大名鼎鼎的诗人梅尧臣。梅尧臣的名字王安石早就听说过，而且读过他的许多诗篇，对其诗歌丰富多彩的内容和明快健康的风格很是钦佩，在当前西昆体弥漫诗坛的时候，梅尧臣的这种诗风尤其重要。王安石此来，一是向欧阳修表示感谢，二是向欧阳修辞行。王安石任群牧判官还未满二年，没有到任期，是因为欧阳修的一再举荐，才提前安排知州之职的。

在此之前，欧阳修在《再论水灾状》中又一次向朝廷和执政大臣推荐四个人。欧阳修在朝野都有重望，说话非常有分量，所以产生了效果。欧阳修这次推荐的四个人是包拯、张瑰、王安石、吕公著。推荐王安石的那段话是："太常博士、群牧判官王安石，学问文章，知名当世。守道不苟，自重其身，论议通明，兼有时才之用，所谓无施不可者。"

梅尧臣和王安石谈得非常投机，大有相见恨晚之意。王安石离京赴任的时候，梅尧臣和欧阳修亲自来送。看到王安石轻装简从，坐的是极普通的一辆马车，梅尧臣更生敬重之意。即兴作《送介甫知毗陵》一诗道：

> 吴牛常畏热，吴田常畏枯。有树不荫挟，有水不滋稌。孰知事春农，但知急秋租。太守追县官，堂上怒奋须。县官促里长，堂下鞭扑俱。不体天子仁，不恤黔首逋。借问彼为政，一一何所殊。今君请郡去，预喜民将苏。每观二千石，结束辞国都。丝鞲加锦缘，银勒以金涂。兵吏拥后队，剑挝盛前驱。君又不若此，革鞯障泥乌。款行问风俗，低意骑更驽。下情靡不达，略细举其粗。曾肯为众异，亦岂为世趋。学诗闻已熟，爱棠理岂无。

常州古称毗陵，故诗题如此称呼。诗中以辛辣的笔调讽刺了那些只知催租逼税的庸官俗吏们，对王安石寄以很大的希望。用对比的手法批评了那些专摆阔气，一出门就前呼后拥，不惜劳民伤财的可恶做法，赞美了王安石不随波逐流，不讲排场的可贵作风。

王安石五月离开京师，因为途中有事逗留了四十多天，所以七月四日才到达常州处理政务。常州连续几年来由于频繁更换知州和军将，政令烦苛，又多次遭受旱涝灾害，百姓如倒悬处溺，困苦不堪。他忧心如焚，宵衣旰食，焚膏继晷，十几天里以雷厉风行、快刀斩乱麻的手段和极大的魄力把多年沉积的问题解决完。然后就采取与民休息的策略，尽量减轻百姓的负担，不打扰百姓，帮助其渡过难关，恢复生产。

在王安石任常州知州的时候，也就是嘉祐二年正月时，翰林学士欧阳修知贡举。当时太学中出现一种险怪奇崛而又晦涩的文体，注重形式而忽略内容，是一种程式化的文章。欧阳修以极大的魄力要改变这种文风。在考试之前，欧阳修就严正声明，要求所有参加考试的举子文风要朴实流畅，凡是再作险怪晦涩之文者，一定淘汰不取。有的太学生不相信，继续采用所谓的"太学体"作文。在公布榜文的时候，凡是用太学体作文的考生全部落榜。而其中有一些是写这种文章的高手，是太学里的优秀学生。这些人当然有人不服气，其中浮躁之徒有的在大街上围住欧阳修进行质问甚至谩骂，更有甚者，居然写成祭文偷偷扔进欧阳修的院子里。但欧阳修绝不动摇，告诫那些落第举子，要想登第，必须改变文风。这一做法产生了极为深远的影响，从此，天下文风大变，欧阳修所领导的诗文革新运动因此而取得了全面的胜利。

在这次科举考试中，欧阳修和他的助手梅尧臣录取了一大批历史上有名的人物。其中有：苏轼、苏辙、曾巩、曾布、吕惠卿、程颢、王回、张载、蒋之奇等。他们在以后发生的许多事件中扮演着不同的角色。

嘉祐三年（1058）二月，王安石已经38岁。他的职务又有了变化。由常州知州迁升为提点江东刑狱之职。提点刑狱是宋朝开始设立的一个官职，是提点刑狱司的长官。太宗端拱元年在各路设置，其后屡经废置。仁宗明道二年（1033）才正式成为固定的常设官职。掌管本路司法、刑狱，监察所部官吏，举荐廉能，弹劾违法者。实际上就是主管一路司法和督察一路官员的朝廷大吏，是非常重要而又有实权的职务。

唐宋时期的行政区划是所谓的"道路制"，唐朝为"道"，宋朝为"路"。"道"和"路"都属于行政监察区，不是独立的真正意义的行政区。每一路都辖有10个左右的州府。王安石当时出任的是江东路的提点刑狱长官。江东路辖管一府七州二军四十三个县。府即江宁府，七州是宣、徽、江、池、饶、信、太平州。二军是南康军和广德军。

这一职务要求官员到所管辖的各个州、府、军、县去进行调查研究，考核州县官员的工作情况以及司法情况。这样，也为王安石更广泛地深入社会下层，了解社会提供了机遇。

王安石上任后，用几个月时间，到这些州府军县去考核检查刑狱判案情况以及官员的工作情况。跋涉几千里，这使他对于整个社会的现状有了更清楚更深刻的认识。考察归来，在几百名官吏中，王安石只处理了五人。轻的是处以罚款，最重的是罢免官职。

王安石认为，朝廷的法令条文在整个社会中开本具止得到执行，另外，官僚群体中很大一部分是平常人，真正贪婪成性的大奸大恶是极少数，而刚正不阿，清廉自守的君子也是极少数。如果按照朝廷律条严格查办惩处的话，所要受到处分的官员将是相当大的一部分。这样打击面太宽。而如果抓到谁的过错就处分谁，势必又会形成这样一种局面，这就是抓倒霉的。几乎是每个官员都有的问题，抓到谁谁倒霉。被抓者不服气，侥幸者当然也就不可能受到震慑。如果一百个官员因腐败而犯法，受到惩治的只是几个人，侥幸者占绝大部分，这些人还在享受着荣华富贵。风险小而受利大，当然也就无法达到惩治的目的。侥幸者还会继续腐败，而新当官者也会毫不犹豫地参加到腐败者的大军中。

自从庆历二年中举出仕以来，王安石担任过签书判官、县令、州府通判、知州、提点刑狱等职务，社会经历十分丰富，对官场中的腐败以及百姓生活的困苦都有很深刻的了解。他看到整个社会正在往下坡滑，建国以来积弱积贫的情况不但没有好转，而且日益严重。如果不抓紧时间进行大的社会改革的话，后果不堪设想。回到朝廷以来，吏部通知他，说对他的职务还要进行变动，要留他在朝中任职。他没有考虑自己将要担任什么职务，他所担心的只是朝廷的前途和天下百姓的命运。朝廷既然要重新安排自己的职务，自己就要尽心尽力，把自己的全部看法和想法都写出来，呈交皇帝和大臣们。至于是否被采纳则是另外的事情。因为自己毕竟是尽心了，而自己也只能如此而已。有此文章传世，后人自然也会理解自己的一片忠心。

于是，王安石闭门谢客，把自己关在一间小屋子里，整整用了三天时间，写成一篇长达一万多字的奏疏，把自己对朝政得失及当今社会现状的看法毫无保留地说了出来。此文题为《上仁宗皇帝言事书》，在《王文公文集》中被列在第一篇，也可看出其重要性。

这篇奏疏刚刚写完，在十月甲子日（二十七），王安石接到圣旨，他被任命为度支判官。在到禁中谢恩的时候，王安石向仁宗皇帝递交了那封长长的奏疏。

度支判官是三司使属下的一名官员。三司使是朝廷主管财政的一个衙门。三司使下设三个部门，分管"盐铁""度支""户部"。度支的职责是"掌天下财赋之数，每岁均其有无，制其出入，以计邦国之用"（《宋史·职官志》）。可知度支判官的工作职能是协助度支使掌管计划分配全国财政大权的。这样的职务使王安石对全国的财政情况有了更具体的量化的认识。这更促使他认识到改变法度的迫切性，坚定了变法的决心。

《上仁宗皇帝言事书》在中国古代臣子上给皇帝的奏疏中也是极其有名的长篇巨制，思想深刻，议论严密，针对性强，集中体现了王安石变法的思想基础。无论后世的一些人对王安石怎样攻击、歪曲和诽谤，只要我们能认真读一读这篇文章，再联系王安石一生的所作所为，就会对这位九百年前的伟大政治家油然而生敬意。

文章中说："顾内则不能无以社稷为忧，外则不能无惧于夷敌。天下之财力日以困穷，而风俗日以衰坏。四方有志之士，思思然常恐天下之久不安。此其何故也，患在不知法度故也。今朝廷法严令具，无所不有，而臣以谓无法度者何哉？方今之法度，多不合乎先王之政故也。"他尖锐指出，当时天下的财力日益困穷，而风俗也正在日益衰坏，内忧外患都存在着，形势相当严重。其主要原因就在于朝廷的法令制度虽多，但与先王之政不相符合，形同虚设。法令制度不完善，就会令官员们无所措手足。正因为如此，才造成下面的严重局面。

"今以一路数千里之间，能推行朝廷之法令，知其所缓急，而切能使民以修其职事者甚少。而不才苟简贪鄙之人，至不可胜数。其能讲先王之意以合当时之变者，盖阖郡之间往往而绝也。朝廷每一令下，其意虽善，在位者犹不能推行，使膏泽加于民。而吏则缘之为奸以扰百姓。"能够审时度势，根据具体情况而执行贯彻朝廷政令的有实际才干的官员实在是太少了。而一切事业都是靠人干出来的。朝廷政策虽好，可一到下边就走样了。干练之才严重缺乏，其主要原因与朝廷的教育制度和选拔人才制度有关。王安石接着又指出这方面问题的严重性。

"学者之所教，讲说章句而已。讲说章句，故在古者教人之道也。近岁乃始教之以课试之文章。夫课试之文章，非博诵强学穷日之力则不能。及其能工也，大则不足以用天下国家，小则不足以为天下国家之用。故虽白首于庠序，穷日之力以帅上之教。乃使之从政，则茫然不知其方者，皆是也。盖今之教者，非特不能成人之才而已，又从而困苦毁坏之。今士之所宜学者，天下国家之用也。今悉使置之不教，而教之以课试之文章。使之耗精疲神，穷日之力以从事于此。及其任之以官也，则又悉使置之，而责之以天下国家之事。"教育内容与社会实践严重脱节，在学校里学的知识到实践中没有用，而实际上所需要的治理天下国家的才能在学校里又学不到。在论述选拔人才时说得更大胆，他深刻地指出：

"今使不肖之人幸而至乎公卿，因而推其类聚之朝廷。此朝廷之所以多不肖之人。而虽有贤智，往往困于无助，不得行其意也。且公卿之不肖，既推其类以聚于朝廷。朝廷之不肖，又推其类以备四方之任使。四方之任使者，又各推其不肖以布于州郡。"由于公卿所用非人，那么他们所提拔重用之人也是些蝇营狗苟之辈。这样的人再提拔的人也是如此，层层推演，不肖之徒便充满了朝廷和地方。这样的官僚群体怎么会治理好国家呢？敢于指出当时的官员大部分是不肖之徒，这确实需要极大的勇气和魄力。其实这是当时官场的实际情况，也就是后来王安石在《答司马谏议书》中所说的"人习于苟且非一日，士大夫多以不恤国事，同俗自媚于众为善"的具体表现。大概也正因为这篇文章，王安石得罪了许多官员，所以在他以极大的魄力进行变法的时候才遇到那么大的难以想象的阻力。当然，变法受阻的根本原因还是由于其触犯了许多官员的既得利益。

万言书献上后，王安石耐心等待着仁宗皇帝的答复和大臣们的反馈。

[第五章]

多事之秋

第一节　痛失挚友

人生得一知己足矣！许多人这样慨叹。一般人是这样，想要建功立业之人更如此。当一位可堪大任之知心朋友夭折后，王安石仿佛失去了左右手。

自从上过万言书后，王安石就开始卷入朝廷大臣的政治论争之中。从此，再也不得清闲安定。万言书具有很大的刺激性，使许多官员感到不舒服。他们对王安石开始产生反感。但直接批评驳斥万言书的还一个也没有，只不过是借题发挥罢了。其后不久，王安石听到许多人对自己这次到江东提点刑狱工作的风言风语，有人说他不能为民除害，不能惩治大恶；也有人为那受处分的五个人叫屈，说他好查处别人的小过错来显示自己的明察。对他有许多非议。

对于这些，王安石并不在乎，因为这种情况王安石在开始时就已经预料到了。可令王安石感到不安的是，他的非常要好的朋友王回给他来信，专门探讨这个问题，也提出一些疑问。这不能不引起王安石的深思。王安石虽然坚信自己的做法是对的，但对朋友不能不详细说明这样做的原因，于是他给王回写了一封很长的回信，这就是《答王深父书》，保存在《王文公文集》第七卷中。在这封信中，他详细陈述了自己这样做的理由。最关键的一点就是要先备礼而后致刑，要先教而后杀。

不管他人怎样议论纷纷，王安石依旧坚持自己的看法。这是王安石的一贯性格，也就是他在给朋友信中所提出的那个观点，"时然而然，众人也；已然而然，君子也。"他始终有坚定的自信心，只要自己认为是真理，那么，不管遇到多大的阻力，他都要坚持下去。

人们的议论对王安石并没有多大的打击和影响，而一个人的突然去世却使他陷入深深的悲痛之中。这个人就是王令。

王令字逢原，广陵（今江苏扬州）人。为人有大志，正直而重气节，以天下为己任，非常关心民生疾苦。王安石是通过读他的一首诗才知道他并与之结交的。那是庆历年间的事。一次，王安石从一朋友处看到一首题作《暑旱苦热》的诗篇，全诗如下：

清风无力屠得热，落日着翅飞上山。人固已惧江海竭，天岂不惜河汉干。昆仑之高有积雪，蓬莱之远有遗寒。不能手提天下往，何忍身去游其间。

读罢此诗，王安石被诗中深深的关心民生疾苦的情怀所感动，尤其是最后两句以拯救天下为己任的伟大抱负更令他钦佩不已。那时，王令还不到二十岁。以后，王安石认识了王令，通过深谈，二人结为知己。不久，王安石把自己妻子吴氏的一个堂妹介绍给王令，二人又成了连襟，交往更加密切。

王安石在出任常州知州的时候，帮助王令在常州武进县谋得一个教书的职务。不久，王令就把家临时安在了武进县（今属江苏）南乡薛村。由于他死得很突然，家族中又没有其他有力的人，于是就决定埋葬在那里。

王令不是进士出身，又没有强有力的靠山，所以也就没有办法步入仕途。王安石当时的地位也不高，还没有力量提拔王令。但王安石早已把王令作为自己的知己朋友，作为自己将来干事业时将要倚重的后备力量。反正王令还很年轻，他比自己还小十一岁，以后的日子长着呢，不必着急。王安石总是这样想。所以王令一直以教书为生，社会地位极低。他的抱负当然也就没有施展的机会。王安石万万没有料到的是，年仅二十八岁的王令突然间说死就死了，使人一点精神准备都没有。王安石知道信的时候，王令已经死去一个多月。

王安石的妻子悲痛地告诉他，王令的遗孀即自己的堂妹刚有身孕不久就遭此大丧，打击实在太大了，她要到妹妹那里去一趟，帮助妹妹渡过这一难关。王安石当然支持。对于王令，王安石的感情很深，王令的妻子又是王安石的堂妻妹，即俗称的叔伯小姨子，他对王令的后事怎能不格外关心呢。度支判官有时也要到下面去视察，王安石便向上司申请，他要到吴中地区去处理一件公事，顺便也去照顾一下王令的丧事。上司同意了。

王令家族衰微，本人又没有社会地位，丧事当然也就冷冷清清。只有王令妻子的两个哥哥在这里帮助妹妹料理后事。王令的妻子名字叫吴靓影，虽然很年轻，却颇有主见，非常刚强而有志气。见王安石夫妇不远千里特意从京师赶来，很受感动。寒暄见礼叙过家常后，她语气坚定地对王安石夫妇说：

"姐姐姐夫，你们也不必为我担心，我能挺得住。别看逢原去了，我刚刚有身孕。但无论生下的是男还是女，都是逢原的骨肉，我一定能把孩子养大的。我一定要对得起逢原。"王安石夫妇连连点头表示相信，又安慰了一番。

几天后，在死后九十三天这一天，王令才正式下葬。王安石为之撰写了墓志铭。

为王令守墓七天后，考虑一个年轻寡妇无法在这里生活下去，王安石夫妇建议吴靓影回到娘家方面去住。吴靓影的两个哥哥也有此心，于是，吴靓影就在哥哥的帮助下把家搬回了娘家——唐州。

后来，到熙宁年间，也就是王安石当政开始进行变法的时候，制定了许多有利于生产和发展的政策，动员招募百姓开垦一些河边或山坡旁已经荒芜的土地，并有相当优惠的政策。可是，许多百姓不太相信这些政策的可靠性，大都在观望而不敢出面进行承包。唐州的荒地很多，在吴靓影哥哥家的田地旁边就有很大的一片荒地，足有几百亩。高处杂草荆棘丛生，还有一堆堆的灌木丛。低处是涝洼塘，常年积水，布满浮萍和绿苔，是蚊蝇的乐园。

由于多年荒芜，这片荒地要进行开垦确实需要付出很多的劳动，也需要有一定数量的投资。当时的百姓早已被州府的政令多变害苦了，故虽然一再动员也没人出面承包这大片荒地。没有资金投入是一个原因，而更主要的是对政府新颁发的法令条文持怀疑态度。吴靓影最理解自己姐夫王安石的性格，知道他是一个具有坚持己见，不为流言所动性格的人。既然是姐夫制定的法令条文，轻易是不会改动的。于是，她作为一个弱女子，首先站出来，慷慨激昂地对众百姓说：

"我愿意承担这块荒地的开垦治理工作。这也不完全是为我自己打算，实际上也是为政府、为大家打算。荒地开垦出来，不仅可以增加税收，而且也是我们这一带百姓世世代代的养身之源。请大家能理解我，支持我。"于是挺身而出，承担了这个十分艰巨的大工程。

吴靓影亲自设计，何处筑堤，何处修建斗门，何处修渠，何处潴水等。经过一段时间的艰苦努力，克服了许多难以想象的困难，终于使这一大片荒芜多年的土地成为十分肥沃的良田。政府增加了税收，这一带的百姓深受恩泽，而吴靓影每年的收入也非常可观，多至万缗。她把这些钱全部捐献出来赈济困穷百姓，周济那些贫乏之人。全州的人都感念她的恩德，民间有了纷争诉讼不去州府打官司，都到她这里来听从她的决断。州府把她的事迹上报给朝廷。朝廷下诏，赐给十匹绢、十石米。可见吴靓影确实是位有胆有识的奇女子。这当然已经是十年以后的事了，此处先随笔带过。

王令之死，使王安石感到有些孤独，心中经常有一种空落落的感觉，他觉得失去了一个知己。人，生活在世间，不能没有朋友。朋友也有分别，有远近，有厚薄，有亲疏。有在一般的社会交往中可以相互帮助的朋友，有在事业上相互支持的朋友，有在你困难的时候能够出手拉一把而使你渡过难关的朋友，这些朋友也很可贵，但仍属于一般性的朋友。而能够肝胆相照，能够深深理解你的性格和人品，当许多人对你都产生误解，甚至你周围之人都怨恨你、咒骂你的时候，他依旧理解你，相信你，并敢坚定地维护你，这才能算是真正的知心朋友。而这样的朋友永远都是极少数的。正因为是极少数的，也就更显得可贵。

人的一生，知心朋友难遇，而能够真正理解自己相信自己的上级尤其是君主更难遇。在封建社会中，没有君主的支持要想完成大的事业是绝不可能的。万言书上去几个月，却如同石沉大海，王安石心情有些郁闷。他想到了历史上最有名的王昭君的故事。

王昭君名王嫱，字昭君，南郡秭归（今属湖北）人。貌极美，妙精琵琶，色艺双绝，是汉元帝后宫里的第一美人。可是入宫五年未见皇帝一面。原来汉元帝是个荒淫昏庸之主，后宫美人太多，他看花了眼，挑选不过来，就想了个馊主意，先让画工把经过挑选的美人画成图画，然后按图选美召幸。美人们得知这个消息，纷纷出钱贿赂画工，请画工尽量把自己画得美一些。王昭君自恃貌美，不肯贿赂画工。结果画工在给她画像的时候做了手脚，把她画得很丑。其结果可想而知。于是，她在深宫里苦苦煎熬，荒废了五年大好的青春。后来，匈奴呼韩邪单于入朝求亲，汉元帝就把王昭君在内的五名宫女赐给呼韩邪。王昭君告别时，汉元帝才发现这是后宫第一美人。但不能失信，只好忍痛含恨看着王昭君随人而去。事后，汉元帝追查此事的责任，杀了主管画美人图的毛延寿等一大批画工。

如果汉元帝亲自选美，不经过画美人图这一中间环节的话，怎会有这样的结果发生呢？正是这样的许多中间环节，才使贿赂得以发挥作用，才使事物的本来面貌受到歪曲，才使许多美好的事物毁于一旦，才使许多罪恶发生。而且，人的容貌是可以画的，可是人的精神世界，人的灵魂气质又怎能画出来呢？想到此处，王安石忽有所感，一首诗酝酿成功，诗题就叫《明妃曲》：

明妃初出汉宫时，泪湿春风鬓脚垂。低徊顾影无颜色，尚得君王不自持。归来却怪丹青手，入眼平生几曾有。意态由来画不成，当时枉杀毛延寿。一去心知更不归，可怜着尽汉宫衣。寄声欲问塞南事，只有年年鸿雁飞。家人万里传消息，好在毡城莫相忆。君不见咫尺长门闭阿娇，人生失意无南北。

这是一篇翻案文章，他认为，杀死毛延寿是不能根本解决问题的，因为这不是问题的关键所在。而王昭君到塞外去，也未必就是坏事，与其像陈阿娇那样在长门宫中冷清凄苦地度过一生，还不如到一个能够重视自己的地方去。王安石感到意犹未尽，便趁着情绪的涌动又写一篇：

明妃初嫁与胡儿，毡车百辆皆胡姬。含情欲语独无处，传与琵琶心自知。黄金杆拨春风手，弹看飞鸿劝胡酒。汉宫侍女暗垂泪，沙上行人却回首。汉恩自浅胡恩深，人生乐在相知心。可怜青冢已芜没，尚有哀弦留至今。

这两首《明妃曲》因立意新颖见解深刻而在当时的诗坛上产生轰动，一时里人人传诵，著名诗人欧阳修、司马光、梅尧臣、刘敞等都作了和诗。后来，这两首诗中所表现的观点也引起许多争论。

一天，在三司使衙门里，一位比较要好的同僚请王安石到他家里去。说有事相商。王安石自然答应。

第二节　独特的唐诗选本

用几个月时间，王安石编集了一个唐诗选本，对唐诗的流传有很大作用。但围绕这个选本，后人有很大争论，产生种种说法。

同僚叫宋敏求，字次道，与王安石同是判官之职。是著名的学问家兼藏书家。他父亲叫宋绶，酷爱图书，不惜重金购买收藏。宋敏求也有乃父之风，经过两代人的积蓄，家中藏书几万卷，而且还都进行校雠，是当时天下最有名的藏书家。他家住在春明坊，士大夫喜欢读书的人多在他家附近购置房屋，以便于借阅善本书。因此，他家附近的房屋价格最为昂贵。

宋敏求拿出家中珍藏的一百零四位唐代诗人的诗集，说这是他家收集多年才购置到的唐人诗集，一些大家的诗集流传比较广泛反而容易得到，而一些中小诗人的作品却不容易看到。为使这些中小诗人的作品得以流传，请王安石从这一百零四本诗集中精选一些作品刊刻出版，以供爱诗的人们阅读浏览。王安石本来很爱唐诗，而这些诗集中也有他没见过的，所以欣然应允。

王安石是个认真严谨之人，自从接受这一工作以来，夙兴夜寐，用功甚勤，花费大量心血，经过一段时间的努力，终于把这一选集搞完。因为先要通读每个本子，从中圈出有价值的诗篇，然后再进行比较精选，确定篇目。接着就是找人抄写，写后再进行校对。最后才能刻板印刷。待全部完成，已经耗费了王安石几个月的时间。他感到欣慰，但同时也感到有些后悔，因为此事耗费他许多精力。王安石一生的最大愿望是改造社会，大济苍生。他并未把自己的人生目标定在文化建设上，所以他在诗中才说："他日若能窥孟子，终生何敢望韩公。"他在《唐百家诗选序》中也表达了这种心情：

余与宋次道同为三司判官时，次道出其家藏唐诗百余编，委余择其精者。次道因名曰《百家诗选》。废日力于此，良可悔也。虽然，欲知唐诗者观此足矣。

序写得过于简短，可看出王安石的文风。但因此也给后世带来许多误解。因为这个选本中没有李白、杜甫、王维、白居易、韩愈等大诗人的作品，后人便有种种猜测和不满，认为王安石性格古怪，专门以个人的好恶对作品进行取舍，他喜欢的就多选，他不喜欢的就不选。其实，这完全是一种误会，因为宋敏求提供给王安石的唐人诗集就是那一百零四编，王安石只是从这部分诗集中选出诗篇。此选集叫做"百家诗选"而不叫"全唐诗选"的道理也正在这里。当然，王安石本人也有责任，这就是此序中"欲知唐诗者观此足矣"一句话不严密。因为想要了解唐诗的人只观看此选本是绝对不行的，更不要说"足矣"了。

不久，朝廷又命王安石"直集贤院"并参修《起居注》。这一官职使他有直接参与选拔人才的机会。正是这种机会，使王安石结识了青年才子苏轼。

这年是嘉祐五年（1060），王安石已经四十岁，到了不惑之年。在此之前，王安石早就不止一次听说过苏轼的大名。三年前，欧阳修知贡举任主考官后，曾向王安石介绍过这位来自蜀中的青年才子的才气和学识。但王安石却一直未见过。在苏洵和苏轼、苏辙父子三人来到京师后不久，苏洵带着张方平、雷简夫的推荐书拜访了欧阳修，并把自己的《洪范论》《史论》七篇献给这位文坛泰斗。欧阳修读完这些文章，对苏洵大加揄扬，一方面向宰相富弼推荐，一方面向皇帝直接推荐。苏洵名声大振。

时过不久，欧阳修为送一名叫裴煜的人到吴江任知州，设一个小型钱别宴会，请苏洵参加。同时也请了王安石、王安国、梅尧臣、杨褒、姚子张几人。主客共八人。宴席上，以"黯然销魂唯别而已"八个字分韵作诗。正是在这次宴席上，王安石才认识了苏洵。但因为欧阳修请的是苏洵，古代又有父子不同席的礼数，苏轼兄弟当然不能同往。

也正因为王安石和苏洵有此一面之识，才会出现苏洵写作《辨奸论》这一千古公案。该文把王安石说成是不近人情的大奸人，并预测王安石一旦当政，就一定要变法祸乱天下。苏洵与王安石只在同一桌上吃过一顿饭，二人也不可能深谈，回去便写什么《辨奸论》，恐怕不太可能吧。又说什么苏轼后来也赞成云云，更是无稽之谈。苏轼的晚年和王安石关系还是不错的。而且，这种说法好像是在抬举苏洵，说他有先见之明，能未卜先知，但这等于把同时代的许多杰出人物都贬低了，像欧阳修、司马光、文彦博、韩琦、富弼等，仿佛这些人都无知人之明，都是饭桶，谁也没有苏洵高明。

苏轼兄弟登第是在嘉祐二年。同年五月，王安石出任常州知州，曾巩出任太平州司仓参军，欧阳修设宴为之饯行，想请苏轼兄弟。以便让他最赏识的两个大才子王安石和苏轼见面。可事有不巧，前几天苏洵接到凶信，苏轼的母亲去世了。苏洵父子匆匆上路往回返，已经离开了京师。苏轼兄弟是为母亲守丧，故需要二年多时间。到嘉祐五年的春天，苏轼兄弟和父亲苏洵才回到京师。

按照正常的程序，苏轼要出任一任地方官才能参加制科或馆职考试。但因为欧阳修爱才心切，上一篇《举苏轼应制科状》，推荐苏轼参加"才识兼茂明于体用科"的考试。欧阳修在朝野的声望都非常高，他的推荐当然有力量，苏轼就被批准参加考试了。苏轼才华横溢，见识高超，文思敏锐，高中榜首。

王安石在对苏轼进行面试的时候才见到这位方出茅庐就名满天下的大才子。只见苏轼中上等的身材，相貌堂堂，脸形略有些长，但五官长得非常相称，举止不俗，风度翩翩。进行几段象征性的问话后，王安石发现这确实是个难得的奇才。学识广博，反应机敏，文思充沛，出口成章。王安石从内心里喜欢这个年轻人。他在录用苏轼为"大理评事"的制词中说："敕某：尔方尚少，已能博考群书，而深言当世之务。才能之异，志力之强，亦足以观矣。"评价极高。

刚录用完苏轼，王安石就听到一个不幸的消息，好朋友梅尧臣在四月里去世了。梅尧臣是欧阳修的莫逆之交，比欧阳修还大六岁，是诗坛中的老前辈，是欧阳修进行诗文革新的得力助手。尤其是在诗风的革新方面，贡献更大。想到梅尧臣对自己的赏识和器重，尤其是当自己出任常州知州临行时梅尧臣亲自来送，并写诗相赠，那种真情，那种信任，都曾经给王安石以很大的鼓舞。梅尧臣的音容笑貌又出现在王安石的脑海中。他难以抑制内心的悲伤，创作《哭梅圣俞》一诗以寄托哀思。诗中写道：

诗行于世先春秋，国风变衰始柏舟。文辞感激多所忧，律吕尚可谐鸣球。先王泽竭士以偷，纷纷作者始可羞。其声与节急以浮，真人当天施再流。笃生梅公应时求，颂歌文武功业优。经奇纬丽散九州，众皆少锐老则不。翁独辛苦不能休，惜无采者人名道。贵人怜公青两眸，吹嘘可使高岑楼。坐令隐约不见收，空能乞钱助馈馏。疑此有物可诸幽，栖栖孔孟葬鲁邹。后始卓荦称轩丘。圣贤与命相楯矛，势欲强达诚无由。诗人况又多穷愁，李杜亦不为公侯。公窥穷厄以身投，坎坷坐老当谁尤。吁嗟岂即非善谋，虎豹虽死皮终留。飘然载丧下阴沟，粉书轴幅悬无旒。高堂万里哀白头，东望使我商声讴。

全诗对梅尧臣不同流俗，敢于力矫浮靡诗风的勇气表示赞赏，对梅尧臣宁可终身困顿也要投身于诗歌革新这一伟大事业的精神表示钦佩，对梅尧臣的贡献和影响给予高度的评价。

王安石任度支判官后，认识到自己在短时间内不可能到地方上去任职了，便把高堂老母和妻子儿女接到京师来。

在这几年里，国家虽然没有大的动荡，但朝廷中正在悄悄发生一些变化，国家积弱积贫的状态也在加深。仁宗皇帝还不到五十岁，可身体状况却很糟糕。在几年前，也就是至和三年（1056）正月初一，仁宗驾临大庆殿接受百官朝贺。由于前一天的晚上下大雪，仁宗在庭外祈祷上天，在天刚亮时果然晴了。但仁宗却偶感风寒。大臣列班鹄立，仁宗登上御座。可刚刚坐下，龙冠就有些倾斜颤抖，口角微微抽搐，流出少许的涎水。太监上前轻轻用手指揩去，仁宗这才清醒过来。站在班首的宰相文彦博看出有异，急忙率领百官跪拜朝贺，三呼万岁。加快节奏，这才勉强完成朝贺大礼。

初五，仁宗按照每年惯例在紫宸殿设宴招待辽国大使。皇帝在殿上，辽国大使和宰相文彦博在大殿下相对而坐。在悠扬的音乐声中宴席开始，行过献酬之礼后，文彦博到殿上向仁宗献寿。仁宗小声问文彦博："怎么还不奏乐？"吐字也有些不清。文彦博一愣，知道仁宗又犯病了，因为音乐正在演奏中。马上用话遮掩过去。幸亏辽国大使离的较远，没听清他们君臣的对话。否则将有失国体。不管怎样，此次又算勉强应付过去。可到第二天即初六上午，辽国大使入朝辞行，仁宗已经不能起床接待了。文彦博到内庭以皇帝的名义发出谕旨，在馆驿赐宴送行，并按惯例签发了国书，总算又应付过去。

可从这一天起，仁宗病重，有时昏迷不醒，根本不能临朝听政。几天过去，朝廷中议论纷纷，京城里的百姓也有听到一些消息的，人心浮动。

宰相文彦博和富弼干练沉稳，非常有经验，虽遇如此棘手之事也不惊慌。二人排除宦官的干扰，分班留在禁中值宿，每日必到寝殿觐见皇帝，随时掌握皇帝的病情。然后处理朝政，故一切照常。为维持好京师里的治安，又起用包拯为开封府府尹，京城里的社会治安也比较好。但由于仁宗有病，也因为朝廷经费过于紧张，所以宣布本年停止元宵节闹花灯的活动，一切从简。

过了元宵节，仁宗的病才渐渐好转，基本上康复。但从此身体极度衰弱，小病不断，有时还得大病。仁宗虽将近五十岁，后宫嫔妃尤数，可就是不生儿子，故直到此时还没有子嗣。众大臣忧心忡忡，欧阳修、包拯、富弼等人先后上表，或亲自向仁宗进谏，建议早日从诸位亲王中选择有德之人为嗣子，以立国本。仁宗犹豫不决，一时间里定不下来。

仁宗身体不好，为人又优柔寡断，朝廷大臣多数是得过且过，做一天和尚撞一天钟，国家的形势怎会有好转呢？兼并日益严重，贫富悬殊，哀鸿遍野，民不聊生。

嘉祐六年（1061）三月，王安石的六弟王安礼进士及第。不久，欧阳修又上表推荐吕惠卿充任馆职。推荐吕惠卿的几句话是"前真州军事推官吕惠卿，材识明敏，文艺优通，好古饬躬，可谓端雅之士。"可见欧阳修对吕惠卿的评价相当高。吕惠卿确实是个颇有才干之人，在以后的岁月中，他曾经是一个风云人物。而吕惠卿之进入朝廷，是欧阳修首荐的。

六月，王安石再次提升，他被任命为"知制诰"之职。这是直接参与机要，为皇帝起草诏书的清要官职。他感到自己的责任更大了，既然有机会，就应该尽臣子的职责，于是，他又要上表了。

第三节　妻子的好心

一个中年人，回到自己的内室，可床边上坐的不是妻子，却是个陌生的美女，这是怎么回事？王安石就遇到了这样的怪事。

王安石是在六月初二接到任命诰敕的，他当即写了《谢表》。他的心情很激动，觉得皇帝对自己颇为信任，自己更有责任把全部看法和想法都奏明圣上。回到家中，点上蜡烛，连夜伏案疾书，写了一篇《上时政书》。书中写道：

臣窃观自古人主，享国日久，无至诚恻怛忧天下之心，虽无暴政虐刑加于百姓，而天下未尝不乱。自秦以下，享国日久者，有晋之武帝、梁之武帝、唐之明皇。此三帝者，皆聪明智略有功之主也。享国日久，内外无患，因循苟且，无至诚恻怛忧天下之心。趋过目前，而不为久远之计，自以祸灾可以无及其身，往往身遇祸灾而悔无所及。虽或仅得身免，而宗庙固已毁辱，而妻子固以困穷，天下之民，固以膏血涂草野，而生者不能自脱于困饿劫束之患矣！夫为人子孙，使其宗庙毁辱；为人父母，使其比屋死亡，此岂仁孝之主所宜忍者乎？然而，晋、梁、唐之三帝，以宴然致此者，自以为其祸灾不至于此，而不自知忽然已至也。

王安石先指出当前形势的严重性，以历史上的晋武帝、梁武帝、唐明皇为例，说明因循苟且，不思振作的危害。实际是警告仁宗应以这三个古代皇帝为借鉴，千万不要得过且过，这样会造成千古遗恨。接着，王安石又说：

盖夫天下至大器也，非大明法度，不足以维持；非众建贤才，不足以保守。苟无至诚恻怛忧天下之心，则不能询考贤才，讲求法度。贤才不用，法度不修，偷假岁月，则幸或可以无他；旷日持久，则未尝不终于大乱。以古准今，则天下安危治乱尚可以有为。有为之时，莫急于今日。过今日，则臣恐亦有无所及之悔矣。然则以至诚询考而众建贤才，以至诚讲求而大明法度，陛下今日其可以不汲汲乎？

这段话简直是大声疾呼：形势万分危急，再不众建贤才，再不大明法度，天下就要大乱了。这与前三年写的《上仁宗皇帝言事书》，以及后几年给神宗上的《本朝百年无事札子》，内容上是完全一致的，字里行间都充满了急于变法的思想情绪。而其对当时社会现状的认识也是极为深刻的。

仁宗是个宽厚仁慈的君主，仁慈有余而魄力不足，而且他这一段时间身体又不好，所以看到王安石的这封言辞激烈的奏疏后也没有采取什么具体的措施。大宋王朝的命运就像仁宗的身体一样，满身是病，维持一天是一天，已经没有动大手术从根本上解除病痛的可能了。

王安石出任知制诰以来，知道了宫中的一些轶事，有些是关于仁宗的。这更促使他要尽心尽力辅佐这位仁慈有德的君主。

据说，仁宗小时候受过许多磨难，身体一直不太好。宫中御医以及各种管保健的人员想尽一切办法调养圣上的龙体。在多种保健方法中，仁宗比较喜欢一种带有导引术的梳头法。其实，所谓的导引术，大概就是我们今天所说的气功。有一个宫女会这种梳头法，于是她就专职给仁宗梳头，宫中都称之为"梳头夫人"。

一天早朝后回到后宫，仁宗感到身体有些疲乏，又让"梳头夫人"把发髻打开，重新梳拢头发。由于是直接到后宫来的，仁宗的衣袖里还有一位谏官所上的奏章，一时大意被围着他嬉笑的几个嫔妃发现了。这些人在仁宗面前从来是无拘无束，就说说笑笑地抢着把奏章拽了出去。嫔妃们一看，那奏章的内容原来是说后宫嫔妃太多，建议皇帝把多余的宫女放出宫去。那些宫女嫔妃见是此等奏章，都鸦雀无声，一下子就沉默了。只有"梳头夫人"不以为然地说："如今就是京师中一个富人，也要娶上三妻四妾的，哪里有太子多几个嫔妃，外臣还要说三道四的道理呢？官家马上驱逐上奏章的人，就可以清静了。"那时，宫中人都称皇帝为"官家"。

仁宗听后，也没有吱声。把头梳完后，就用御膳，即吃中午饭。饭后，仁宗到后苑，命内侍按照宫人的名册把宫女遣出后宫若干名，以表示采纳谏官的意见。"梳头夫人"因为进宫时间最早，所以被列为第一名而放出宫去。次日，仁宗再传"梳头夫人"梳头时，才知道这件事，但他又是一声不吭。

平心而论，仁宗还算是个有道明君。从上面的这件事就可以这样说。他对王安石的态度也可以说明这一点。王安石这封奏疏中的言辞如此激烈，简直像在指着皇帝的鼻子提意见一样。而且意见又如此尖锐，把当今天子比作晋武帝、梁武帝、唐明皇这三个先明后昏的皇帝，真有大不敬甚至有诅咒圣上之嫌。如果换个刚愎自用或狂妄自大的君主，即使没有性命之虞，也会被罢官而赶出朝廷的。但仁宗并没有这样做，他没有采纳王安石的意见，只不过是缺乏魄力罢了。

当然，王安石的两封言辞激烈的奏疏搁浅的另一个原因是仁宗的性格比较怯懦，遇事好进行折衷而缺乏明断。他的这种性格好处是能使大臣们尽情地发表意见，有一定的民主性，舆论方面比较自由。所以在仁宗当政的几十年间，从来不杀大臣，不罪言官。但这样也有副作用，这就是培养了朝廷大臣和士人们好争论的习惯。有时不管事情的轻重缓急，也不管有没有价值，大臣和士人们都好争论不休。而仁宗只是从中进行平衡，搞一搞折衷。或各打五十大板，或各给几个甜枣吃。所以，无论遇到什么事，大臣们总是争论不休。北宋年间后期党争的兴起与此便有直接的关系。

一年多时间过去，到了嘉祐八年（1063）的春天，仁宗一直也未采纳王安石的意见，王安石在国家大事方面当然也不会有什么作为，心情有些不舒畅。没有想到的是，家中又出了点小麻烦。前文提到，王安石任知制诰后，俸禄增加很多，就把老母亲和妻子儿女接到东京来。阖家欢乐，吴氏又生了一个男孩儿、两个女孩儿。如今王安石是两个儿子、两个女儿，非常可心。家庭生活很是幸福。既然如此，怎么又会有麻烦呢？事情原来是这样的。

一天，王安石下朝回家。一进内室，不禁愣住了。夫人吴氏不在屋里，而屋里却坐着一位二十出头年轻貌美的女子。只见那女子高绾发髻，上插凤凰碧玉簪，身穿锦绣华服，淡妆细抹，颇有姿色。坐在双人绣床边上，羞答答地看着王安石，表情异样，非常复杂，难以形容。

"你是什么人？为何坐在这里？"王安石问道。那女子答道："是夫人让妾来的。夫人吩咐我来服侍大人。"王安石继续追问，那女子把经过全部诉说了。

原来，那女子是一个下级军官的妻子。她丈夫在一次押送军用物资的过程中在河里翻了船，损失了一大匹军品。被上级判罪，一是罚款九十万钱，如果能交上钱，人就可以释放，如果没有钱，人就要判刑。由于丈夫已被拘押，女子爱夫心切，又没有地方去筹措这么大数量的钱，万般无奈，才到买卖人地方自卖自身。要价就是九十万钱，结果被人领进这个不太宽敞却很幽静的大院。她看出这是个大户人家，女主人告诉她，说是给官人买的妾，吩咐她要好好服侍官人。又说官人是个难找的好人，不会亏待她。那女子说到伤心处，忍不住掉下几颗伤心的泪。

听完女子的哭诉，王安石劝慰道："你不要难过，也不必给我当什么妾。你马上可以回家，去跟你的丈夫团圆。""那钱呢？钱怎么办？我们家也没有那么多钱来还给大人啊！"那女子十分疑惑地反问。"钱就算是我赐给你们的，不用你还了。"那位女子露出惊愕的神色，连连说道："这是真的吗？这是真的吗？"王安石把话又重复一遍，那女子才相信，千恩万谢，回家去与丈夫团圆。

女子被打发走后，王安石才通知吴氏，并询问吴氏为何要这样做。原来吴氏进京后，见京师里的人生活特别奢靡，一般的富户都有几房妻室，大富户几乎是妻妾成群，朝廷官员更不用说，几乎没有不纳妾的。尤其是有一定品级一定地位的官员，如果没有一两个妾，就好像不正常似的，人们就会用异样的眼光来看你。或认为这个官员有病，或认为这个官员过于惧内，家中一定是有个母夜叉。王安石已经是知制诰，是五品高官，早已有了纳妾的资格。吴氏见丈夫终日忙于公务，很是劳累，可能是没有功夫顾及于此，就私自做主，派人到外面去给丈夫买了一妾。见丈夫决意不纳，又听说已经把人打发走了，也无话可说。

家中的事刚刚处理完，朝廷中又出了大事。

第四节　迭遭大丧

　　皇帝死，对臣子是大丧，母亲死，对儿子是大丧，都令人悲痛。
在不到半年时间里，如果一个人连续遭此大丧，他的感受将如何呢？

　　一进二月，仁宗身体就开始不适。但因为他经常有病，人们也就不感到惊慌了。不过仁宗是皇帝，和一般寻常百姓不一样，内侍和大臣们自然要抓紧为之治疗。御医宋安道绞尽脑汁诊视用药，可就是不见效。于是又传宫外的孙兆和单骧进宫，与宋安道会诊。孙、单二人以前曾任朝廷命官，医术高明。经过一段时间的治疗，仁宗病情有所好转，到三月下旬时基本上痊愈了。

　　四月初一是壬申日，朔日早朝比平时重要一些，文武百官准时来到宫殿外等待上朝。平旦，宫门开启。传出诏旨：宰相韩琦和翰林学士王珪进入内殿，其他大臣在大殿排班待命。王安石随着众位大臣来到大殿等候。众人谁也不知道发生了什么事，只好耐心等待。有人窃窃私语，做各种猜测。

　　将近中午，还是没有动静。有人很疲乏，身体软弱的腿都有点发颤了，可没有圣旨，谁也不敢轻易离开。直到太阳开始偏西，才见宰相韩琦带着四名内侍，全都身穿孝服，从内殿出来。众人这才明白发生了什么。韩琦向全体大臣宣布：仁宗皇帝已于今日早晨殡天，遗诏命皇子赵曙于灵前即位。现在即请诸位随本相从垂拱门进去，到福宁殿向大行皇帝哭临告别。因为事情仓促，来不及准备这么多孝服，诸位只能穿吉服前去。但为表哀悼，全部解下金带和佩鱼，由两名内侍统一保管。众人照办，随着韩琦前去。一路哭声。

　　原来，仁宗皇帝前几天已经基本康复，就在三月晦日的晚上，一切还都很正常，晚饭吃得也不少。可睡到半夜时，仁宗忽然坐起来要

135

吃药，说感觉太不好。催促快拿药来，并命内侍急召皇后。说话间就不行了，等皇后赶到，已经说不出话来，但心里还明白，只是非常痛苦地用手指着心口窝，干着急出不来声。等御医赶到，一切都来不及了，眼看着咽气驾崩。

左右近臣要开宫门去召辅臣，辅臣即执政大臣。皇后非常冷静，说道："这种情况下在夜间岂能打开宫门。"当即派人用密旨去传宰相韩琦和翰林学士王珪等人黎明即入。御医刚离开，马上派人追回。严密封锁消息。等到黎明，韩琦等人到来，才知道皇帝已死。皇后命王珪草遗诏，由韩琦主持，召皇子赵曙入内。一切安排就绪，已经过午，这才正式公布皇帝殡天的消息。

仁宗没有亲生儿子，新君赵曙是濮安懿王赵允让的第十三个儿子。濮安懿王是商王赵元份的儿子。如果要说明嫡传辈分的话，要从宋太宗赵光义那里算起，才好理清，也容易说明白。赵光义有九个儿子，老三是真宗，老四是商王赵元份。仁宗是真宗的儿子，濮安懿王允让是商王的儿子。仁宗和濮安懿王是同祖父的亲堂兄弟。仁宗身体不好，三十多岁也没有子嗣，就把最近支的血缘关系最近的濮安懿王的儿子即赵曙抱到宫中抚养。等赵曙五岁的时候，仁宗有了亲生的儿子，就把赵曙又送回濮安懿王府。

可是，天不作美，正如俗语所说"严霜专打独根草"，仁宗的宝贝儿子夭折。以后所有的嫔妃就再也没有生孩子的了。如果换个角度讲，也可以说是老天作美，因为仁宗的亲生儿子不夭折的话，也就轮不到英宗赵曙当皇帝。如果赵曙不当皇帝，当然也就轮不到神宗赵顼当皇帝。如果赵顼不当皇帝，也可能就不会有人那么坚决地支持王安石变法。如果没有皇帝的坚决支持，王安石决不可能搞成在历史上影响那么大的一次社会改革运动。那么，后人也不会对王安石有那么多的非议甚至可以说是诽谤。当然，王安石也就不会有这么大的社会影响，用今天时髦的话说，就是不会有那么大的知名度。是福是祸，是功是罪，谁能说清楚？

赵曙的庙号是英宗，下文即以英宗称之。英宗即位时已经三十二岁，是个成年人，当然有自己的主见。可以说，他完全继承了仁宗的衣钵，而又不如仁宗仁慈。一切遵从旧制，什么也不想动，继续重用韩琦、文彦博、曾公亮等具有保守倾向的老臣，采用当年汉惠帝和宰相曹参的策略，也来个"萧规曹随"。但由于背景完全不同，故所取得的效果也就完全不同。

在治理国家方面，中国历史上有许多丰富的经验和故事。"萧规曹随"就非常有名。汉高祖刘邦和老丞相萧何死后，惠帝刘盈即位，按照萧何的意见起用曹参为丞相。曹参每天上朝处理政务，一切照旧，没有制定任何新的法令条文。国家政策和朝廷规章丝毫未动，他本人也落个清闲，下朝回家后就饮酒。有人向惠帝上本，认为曹参丞相不努力工作，不求进取。惠帝也不理解曹参的做法，就找曹参谈话。曹参讲的道理非常浅显易懂。他认为，惠帝的才能不如高祖，自己的才能不如萧何。高祖和萧何已经制定那么多非常好而且又非常切实可行的政策法规，我们君臣只要认真执行好，别走样就行了。哪里还用得着什么更改呢？

惠帝听他说的有理，就同意了他的做法。于是，这对君臣继续执行高祖时制定的一切政策法规，几十年不变。这样就使百姓有所遵循，百姓高兴地说："萧何为法，觏若画一；曹参代之，守而勿失。载其清净，民以宁一"（《史记·曹相国世家》）。这就是成语"萧规曹随"的来历。可以说曹参的这一做法是非常高明的，实际上是保持朝廷政策的连续性和稳定性，养民生息，为以后的"文景之治"繁荣局面的出现奠定一个良好的政治基础。

但英宗即位时的情景与此大不相同。仁宗在位四十二年，前十一年是由刘太后执政，后三十多年都是仁宗掌朝。仁宗优柔寡断，朝纲不整，吏治腐败，政令松弛。朝廷的政令难以畅通，各种法令制度形同虚设。土地兼并严重，贫富悬殊加剧，国家财政空虚，外族不断入侵，人民起义此起彼伏。内忧外患极其严重。在这种情况下，再维持现状不图进取只能说是无能，与"萧规曹随"不可同日而语。

英宗不思振作，众大臣采取保守的态度，整个朝廷又和仁宗在位时一样，只是维持局面而已。在这种情形下，还能有什么作为呢。王安石闷闷不乐，也只能天天上朝处理自己的公务，不求有功，但求无过。这样倒也清静，可这样清静的日子也没过上多久，王安石家中又出了大变故。

八月辛巳日（十二），王安石的母亲吴氏老夫人在家中溘然长逝，死得非常安详，享年六十六岁。王安石是个大孝子，对母亲的突然死亡非常悲痛。到朝廷报丧请假后，把母亲的遗骸运回江宁故宅置办丧事。

王安石的母亲吴氏老夫人是个持家有方，深明大义的女人，对王安石的影响也很大。她是王益的继室，生了五个儿子两个女儿。王益的第一个夫人生两个儿子一个女儿，所以，她就算是有七个儿子三个女儿。这七个儿子依次是安仁、安道、安石、安国、安世、安礼、安上。安仁、安道是王益大夫人所生，但她待之比亲生儿子还亲，两个儿子很长时间都不知道他们的母亲是继母。王安石在以前坚决辞去馆职考试时，几次提到亡去的"二兄一嫂"，可知就是指安仁夫妇和安道。这二位兄长都是王安石同父异母的兄长，而安石对他们也一如自己的亲兄弟。在吴氏老夫人所生的五男二女中，王安石年最长，所以他的家庭责任也就最大。

王安石已经四十三岁了，但在母亲的灵柩前，他还是无法抑制自己的悲痛，泪流不止，哽噎啜泣。一件件往事浮现在他的脑海中。

父亲王益死时，母亲才四十二岁，她勇敢地承担起这个大家庭的生活重担。在负责教育子女的同时还要处理家庭内外的一切事务。母亲好学强记，识文断字，特别支持提倡孩子们学习，而且不重男轻女，女儿愿意学习的也同样可以读书。所以王安石的两个妹妹都有一定的知识，也都会作诗。这样开明的老人实在不多。母亲处事有分寸，对是非的判断也很准确。对亲戚邻居十分友善，人缘非常好。对两个前房的兄长如同亲生骨肉，更难得的是对前房的娘家也如同她自己的娘家一样。这是需要很大气度的。

母亲的作风对自己的影响很大。有两件事，令自己感慨颇深，一直念念不忘。一是自己当年几次辞去馆职考试，有人劝母亲，让她强劝自己应考。母亲则淡然一笑，答道："这不是我教育子女的做法。儿子大了，他自己有判断是非的能力，我不能相强。"所以始终也没劝过一句。一是在自己出任知制诰后，按照惯例，母亲应当晋封郡太君。可母亲不准自己向有司提出，所以一直到死，母亲的封号依旧还是"仁寿县太君"。孝敬公婆，善事夫君，勤俭持家，待人宽厚，教子有方，淡漠清静，集众美于一身，这就是王安石对母亲的印象。

办丧事时，许多朝廷大臣、同僚、亲朋好友都前来吊唁，或派人来。受王安石委托，好朋友曾巩为老夫人作的墓志铭。宰相富弼多次派人前来慰问，或送钱物，王安石很是感动。

王安石对英宗多少有些失望，何况自己又是居丧期间，尽量避开是非，故不过问朝廷之事。但他毕竟是个颇有济世之心的热血男儿，京师来人一谈到朝廷大事时，他又常常忧心忡忡。尤其是在治平二年（1065）春天所发生的几件事，更使王安石深感忧虑。

英宗登基后，不但不思振作，而且亲小人远贤臣。这从王广渊和蔡襄的一进一退就非常明显地表现出来。

王广渊是英宗在藩邸时的一个弄臣，不学无术，专会阿谀奉承，遭到人们的鄙视。可英宗登基后，却硬把他安排在直集贤院的重要位置上。知谏院司马光和参知政事欧阳修都直言上书，言辞激烈，尖锐地指出说，这样做会使天下士人丧失廉耻之心。但英宗还是坚持着这样安排，二人也没有办法。

蔡襄字君谟，仙游（今属福建）人，是朝野闻名的大名士，进士出身，忠正耿直，品学兼优。尤其擅长书法，为当世第一书法家。北宋书法家以"苏黄米蔡"并称，四人中，他的辈分最高。他是1012年生人，比苏东坡还大二十四岁，而苏东坡比黄庭坚和米芾都大。当他的书法作品名闻海内外的时候，另三位书法家还没有出名。据蔡襄本传载，他的书法作品在辽国也是价值连城。蔡襄本人极其耿直，曾出任过知制诰之职，当仁宗皇帝任命官吏或大臣有所不当的时候，他就把圣旨的辞头封上退回去，不肯起草诏书。多亏英宗登基后他不在知制诰的职务上，否则，他非遭重谴不可。尽管如此，他还是遭到了意想不到的打击。

英宗登基不久，就相信起邪门歪道来，经常在深宫中做法事而不临朝。嫔妃近侍之人终日蛊惑他，说他当皇帝，朝廷内外都有人反对，风言风语中好像是蔡襄就曾经反对过。根据蔡襄的性格，又有人说蔡襄曾经写过这方面的东西，在京师里流传。可能是蔡襄曾经得罪过英宗亲近的那些佞幸小人，所以，那些人都向英宗进谗言。有人说在宫中还看到了蔡襄写的那个反对英宗继承大统的文章。一个人说看到，几个人证明，英宗就信了。于是找来宰相韩琦和参知政事欧阳修，提出要把蔡襄赶出朝廷，到外地去做官。

韩琦和欧阳修都不同意，便问英宗是什么理由，英宗把他听到的情况说了。韩琦和欧阳修问英宗皇帝是否亲眼看到那篇文章了，英宗说虽然没有亲眼看到，可内侍们说得真真切切，可能是真的。韩琦和欧阳修均提出异议，他们俩各举出一个不久以前发生的事为例证，说明不要说没有亲眼看到文章，就是亲眼看到了，还要仔细甄别，以免有人蓄意陷害。

韩琦所举是发生在庆历七年（1047）的事。当时，枢密使夏竦想要陷害宰相富弼，让他府中一名聪明而擅长写字的婢女模仿富弼的字体，一段时间后模仿成了，写得非常像，几乎可以以假乱真。富弼有一个很密切的朋友叫石介，已经在二年前死去。而夏竦让那名婢女模仿富弼的字体用富弼的名义给石介写了一封信，信的内容是要进行废立大业，废掉仁宗而另立他人，让石介到辽国去请求外援。通过一番安排和造假，这封信被枢密院的人截获，呈交御览。

仁宗一看此信，特别气愤，这可是大逆不道之事。但冷静一想，此事很蹊跷，有很多疑点，故未马上处理，交给大理司去调查。由于字体相似，案子很棘手。可是，石介已死，怎么调查也是真的死了。后来经过具体负责此案的提点刑狱吕居简一再辩护，又经过专家确认，那封危言耸听的信是有人模仿富弼字体假造的，这才避免一场大狱，富弼避免一死。可造假之人是谁也没有追究。很长时间才露出事情的真相。原来此案是夏竦一手策划和导演的。仁宗还算仁慈，富弼才可保全，但对此事也没有进一步追究。

欧阳修所举是自己的亲身经历。那只是几年前的事，又是亲身所历，欧阳修一讲起来还觉得毛骨悚然，非常气愤。欧阳修守母丧归来，朝廷格外重用，让他到吏部去权判铨选，也就是任命安排官员。他看到许多权贵子弟不排号站队，不断地走后门挤掉那些没后台的普通官员，极其不合理，就写奏章要求禁止这种现象。这得罪了一大批权贵，有人就模仿欧阳修的笔体和语气写了一封要求仁宗大势裁汰抑制内官的奏稿，并偷偷送到宫中，在内侍们手中流传，内侍们把欧阳修恨得牙根都直了。外面的一些权贵再同时进谗言。欧阳修见情况太危险，只在此职干六天就坚决要改换职务了。

这两件事就发生在仁宗朝，时间过去未多，人们记忆犹新。韩、欧二人讲完这两件事后一再说明蔡襄可能是冤枉的，是有人蓄意诽谤和陷害。英宗反驳道："无风不起浪。即使是诽谤和陷害，那为什么要诽谤陷害他而不诽谤陷害别人？"韩琦和欧阳修虽然有些生气可也不敢表现出来，只是一味坚持，为蔡襄解脱辩白。英宗也知道自己有些理亏，见二位老臣又不退让，也不好再坚持，就闷闷不乐地一挥袖子让二位退出。

也是该着蔡襄倒霉。几天后，蔡襄就开始请朝假，即不参加早朝，白天照常上班处理工作。连续三天，英宗就发怒了，卜朝后又召见韩琦和欧阳修，气冲冲地问他们俩，蔡襄究竟是怎么回事，为何连续不上早朝？三司使如此繁忙，蔡襄却如此延误怠惰，岂不会耽误军国大事？当时蔡襄正在三司使任上，是主管全国财政经济的重要职务，政务确实非常繁忙。韩欧二人回答说，蔡襄一向忠于职守，工作勤勤恳恳。最近几天是因为他的八十多岁的高堂老母病重在床，需要请医抓药，晨昏服侍，所以请了朝假。但白天照常上班工作，三司使工作处理得井井有条，没有过错和闪失，没有办法处理，也不应当处理。英宗余怒未消，但找不到太恰当的理由，就又一甩龙袖说："你们二人退出去吧。反正我看蔡襄不称职，给他换个职务吧！"

韩欧二人退出内廷，商量一下，看来不动蔡襄的职务是不行了。如果再保蔡襄原职不动的话，可能就会害了蔡襄。为了避免蔡襄再被暗算，避一避风头，二人商议，干脆让蔡襄出任杭州知州离开朝廷算了。于是向英宗提出此方案，马上得到批准，蔡襄就这样被赶出了京师。

听到这些消息，王安石的心情很压抑郁闷。没有想到，就在他为母守丧期将满的时候，京师方面又传来令人吃惊的消息。

第五节　濮议之争

过继出去的儿子对亲生父亲还能不能叫爹，这在民间实在算不上什么事。可在宫廷中则不同，为此竟产生一场影响深远的大争论。

事情的缘由是这样的：英宗登基，按惯例要大赦天下，对宗室王公也要加封晋爵，以示皇恩浩荡。在对诸王进行加封的时候，宰相韩琦等大臣觉得对濮王的加封与其他王爷应当有所区别，因为濮王毕竟是英宗的亲生父亲。但如何加封，如何称呼没有确定。濮王这时已经死了几年，早已入土为安，进了坟墓，他本人倒什么也不在乎了。

英宗觉得自己是继承仁宗的皇位，刚刚登基，对亲生父亲的封爵和称呼不是个简单的问题，弄不好会出大麻烦，于是就说等吉期到时再议。所谓的吉期就是丧期满的意思。可朝廷内外流传着许多谣言，说什么英宗皇帝要回到自己的本支，不再以仁宗为父亲，要把仁宗的牌位从太庙中拿出来，把濮王的牌位换上去。京师里沸沸扬扬，满城风雨，说什么的都有。

英宗询问宰臣是怎么回事，韩琦欧阳修二人说，近一些年来，有人专门好散布流言蜚语以惑乱人心，不必理它，过一段时间谣言就会自消自灭。果然，过一段时间，人们见仁宗的牌位还在太庙里摆着没动，也没被拿出来，谣言渐渐就平息了。这是事情的前奏。

吉期一到，对濮王的封号和称呼以及到底怎样对待的问题又提到议事日程，不能再拖了。英宗知道此事的分量，非常慎重。先由几名执政大臣拿出意见，然后再呈交太后，请太后定夺。执政大臣的意见认为濮王是当今天子的生身父亲，与其他王爷应有所区别，在名义上应称为"皇考"，对其坟茔也应当修建扩大，由一般的坟茔而增大面积，修建陵园。但英宗还是仁宗的嗣子，其地位还是仁宗的儿子，将来死后木主还要放在仁宗的牌位后,即民间所谓的"顶脚"。其结果的实质就是英宗还称呼死去几年的濮王为爹爹,濮王的坟茔地比别的王爷的大了一圈,修一个陵园,有人定时给烧香上供而已。

平心而论,这样处理还是合情合理的,没有什么过错。但北宋人好争论,非要提出不同意见不可。以司马光为主要代表,由范纯仁、吕大防、吕惠三人为骨干的一批人,对这一做法提出了坚决的反对意见。他们认为英宗既然是仁宗皇帝的嗣子,就只能称仁宗为爹爹,不能再称濮王为"皇考"。天不可有二日,国不可有二君,人当然也不可有二爹。说起来也是言之成理。而濮王比仁宗皇帝大,故应当称之为伯父,故应称为"皇伯"而不应称"皇考"。司马光对于历史非常精通,引经据典,说得条条是道。几名执政大臣对此自然要做出反应,而几人中欧阳修学问最大,最熟悉古代礼典。于是,欧阳修也引经据典,对司马光等人的反对意见进行了反驳。二者争论的焦点就是称谓问题,欧阳修引证许多古代事例,证明过继给别支的儿子在继承所继支大统不变的前提下,也可以管自己的生身父亲叫爹爹。而在嗣位续统方面,依然在所过继这一支脉上。这样,既顺天理大伦,又不违人性和常情。最后结果是维持原来的做法,等于欧阳修和韩琦等人一方胜了。

可反对方不甘心失败,又上奏章提出反对意见,但没有新论据,朝廷当然也就没有理睬。司马光是有相当社会声望的人物,自然很自重,又曾受到过欧阳修的重视推荐和奖掖,对韩琦也很尊重,见朝廷不采纳自己的意见,虽然不满意,也只能作罢,便回家开始专心致志编著《资治通鉴》去了。但在言官任上的范纯仁、吕大防和吕诲三人则不甘心就此罢手,联合上表,把主要矛头对准欧阳修,言辞激烈得出了格,简直是人身攻击了。奏表中写道:

豺狼当路,击逐宜先;奸邪在朝,弹劾敢后!伏见参知政事欧阳修首开邪议，妄引经据，以枉道悦人主，以近利负先帝，欲累濮王以不正之号，将陷陛下于过举之讥。朝论骇闻，天下失望。政典之所不赦，人神之所共弃。……伏请下修于理，及正琦等之罪，以谢中外。

　　点名道姓地称欧阳修为豺狼和奸邪，要求把欧阳修抓入监狱，对韩琦等人也进行处分。这些人还怕不够劲，竟把此奏章抄写几份，在京师里散发。这就激化了矛盾，非要分清是非不可。否则，欧阳修在京师里也不好待了。英宗和太后当然要给欧阳修做主，于是就贬黜了范纯仁、吕大防、吕诲三人。此事才算暂时告一段落。这就是北宋历史上一次有名的大辩论，史称"濮议"。当时，三人外，还有一个叫彭思永的人，也反复上书，恶毒攻击欧阳修。同时，除双方的几名代表人物外，朝廷里的绝大部分官员也都参加了这场没有多大意义的争论，从此开始形成了许多对立面，北宋的党争是从这里发源的。

　　这次大争论，欧阳修是最冤枉的。最开始时就是非常正常的关于对濮王如何加封的问题。欧阳修是参知政事，是副宰相，前面还有两名宰相，而且无论何人，提出这一问题都在情理之中。可对方一定要标新立异以沽名钓誉，把本来不是问题的问题弄成了大问题。对方既然反对，提出异议，朝廷执政大臣当然要作出反应，而几人中欧阳修社会名望最高，水平也最高，执笔反驳的责任责无旁贷地落到他的肩上，这就把他推到了最前台，最后才成为对方进攻的靶子。此事对欧阳修虽然没有直接的打击，但也使他感到官场的无聊，不免有些心灰意冷，几次上奏章祈求外任，可英宗没有批准。也正因为英宗没有批准，硬把欧阳修留在朝廷，才使他再次蒙受更大的冤屈。

　　过了不到一年时间，也就是在治平四年（1067）正月，年仅三十六岁的英宗皇帝就因为相信邪门歪道，总是吃些长生不老的灵丹妙药而提前升天，到仙界里长生去了。他一死，按照顺序，当然是由他的长子刚到二十岁的赵顼继位，这就是神宗皇帝。

神宗登基，当然也有一番除旧迎新的举动。不过，有人借新君登基，不太熟悉前朝情况的机会，对欧阳修进行了一次更恶毒的人身攻击。在濮议的时候，欧阳修当年主考时录取的一个叫蒋之奇的人意见与欧阳修完全相同，在范纯仁三人被赶出御史台后，就出现了空位，欧阳修就推荐蒋之奇当上了御史。当时社会上对蒋之奇有非议，反对派则攻击他，说他依附欧阳修，是个奸邪之人。他感到很委屈，就想办法要解脱人们的这种看法。在御史台供职的彭思永本来对欧阳修一直怀恨在心，见蒋之奇可以利用，就把自己听到的一个关于欧阳修隐私的情况告诉了蒋之奇。二人一商量，就联合上了一个奏章。内容是欧阳修作为国家大臣，帷薄不修，乱伦败俗，竟与儿子媳妇乱搞两性关系。

奏章一上，朝廷里舆论大哗。欧阳修无颜出门，连上奏章请求皇帝一定要把此事调查清楚，还他一个清白，给他一个公道。当时整个社会确实有些混乱，一些大官僚生活很腐败，神宗刚登基不到一个月，见此奏章，当然很生气，想要重重惩治欧阳修，甚至想杀欧阳修，以杀一儆百，整肃一下朝纲。但神宗用手诏秘密访问久在宫中供职的天章阁待制孙思恭，孙思恭极力为欧阳修辨冤，说凭欧阳修的人品绝无此事。神宗有所察觉，才下诏要彻底调查处理此案，一定要搞清楚。而谣言中涉及的欧阳修长子欧阳发的妻子是盐铁副使吴充的女儿，这也关系到吴家的家教和名誉问题，吴充也上表强烈要求将此事查清。

审案人一追问蒋之奇，蒋之奇说是听彭思永说的。再追问彭思永，彭思永说是听薛宗儒说的。薛宗儒是欧阳修的内弟，与姐夫欧阳修有矛盾，在他因故受处分的时候，正在当参知政事的欧阳修按照原则办事而没有帮他，所以挺恨欧阳修，就想整治一下出出气。因为他也知道欧阳修是朝野向往的大名人，一般的瞎话对他不会有什么影响。只有这种瞎话才最容易流传，也最容易把人搞臭。问他有什么证据。他说这种事哪会有证据，他也是听别人说的。再往下追问，他就什么也说不出来了。最后，蒋之奇、彭思永因为以道听途说的无根之言诽谤大臣，造成极坏影响而被黜职。但欧阳修这次所受到的打击太大了，他更加心灰意冷，坚决要求出任外职。最后得到批准，出任为亳州知州。

当然，这已经是一年以后的事情了。我们还是回过头来看一看在江宁居丧的王安石吧。

［第六章］
锐意变法

永忆江湖归白发，欲回天地入扁舟。

——李商隐

第一节　再赴京师

　　英宗在世，几次下诏赴阙，均封还札子，坚决不肯进京为官，宁可在家讲学。神宗登基，一道札子下来，当即出仕。这表现出王安石的性格，也为后世的政敌留下口实。

　　到治平二年（1065）七月，王安石守丧期满。在守丧期间，许多朝廷大臣和亲朋好友前来慰问或吊唁，除前文提到的富弼之外，宋庠、张弁等吊问也非常殷勤，好朋友曾巩先后来三封信，情意非常殷切，在慰问之外，还与王安石谈论许多朝野之事，使王安石颇受感动。

　　守丧期刚满，七月二十七日朝廷就发来札子，要求王安石赴阙，回朝廷任职。

　　但王安石没有同意，写《辞赴阙状》婉言谢绝。几日后，朝廷又发第二道札子，王安石又一次写状婉言谢绝，不肯赴阙。几日后，王安石又封还了第三道札子，并写第三封《辞赴阙状》，表达对朝廷和执政大臣的感激之情，并说明自己需要在家中静养一段时间，等身体恢复后再赴京任职。王安石之所以这样做，一是因为过于悲伤而身体确实不好，二是因为听说朝廷中很混乱，总是吵吵闹闹，为一点事就争论不休，而英宗又不如仁宗宽厚仁慈，对英宗有些缺乏信心，对政事有些厌倦，故三次写状婉言谢绝。

　　丧服已除，又不回朝任职，王安石也不能无所事事，就在家乡开馆授徒，当起教书先生来。这可能是他一直想要培养人才的一种尝试，客观上也为他日后领导变法时进行教育制度和科举制度的改革提供了经验。南宋大诗人陆游的爷爷陆佃以及龚原、蔡卞、李定等人都是他在这一时期里收的学生。这些人在他日后进行变法时，都曾经起过各种不同的作用。他的大部分学术性很强的论文也都是在这一时期完成的。

治平四年的春天，对于王安石来说，是个最有意义的春天。正月，坐上龙墩还不到四年的年仅三十六岁的英宗赵曙死去，给其长子神宗皇帝倒出了位置。

在英宗死的这一关键时刻，第一宰相韩琦又表现出具有临大事而不惊的胆识、魄力及应变能力，确实有大臣风度。英宗的病情来得特别突然，临终时太子不在，只有皇后和韩琦、曾公亮在身旁侍候。英宗命快去召太子，并说立太子为帝。韩琦和曾公亮马上派内侍紧急前去。说话间英宗就咽气一命呜呼了。等一会儿，太子还未到。不知什么原因，英宗的手又动弹了，好像要活过来似的。曾公亮一下子就冒汗了，急忙问韩琦："这可怎么办？这可怎么办？还用召太子吗？"韩琦毫不犹豫地回答道："照常召太子，太子照常登基继位。如果圣上活了，也是太上皇。"言外之意是，即使英宗真的还阳，也要退位，不能再做皇帝了。一会儿，太子到来，英宗还真挺成全人的，他的手又不动了，并没有活过来。曾公亮这才松了一口气，忙用袖子擦一擦脸上的汗。

神宗在整个宋代皇帝中可以说是最有雄才大略的帝王，也是最有魄力、最有主见、最有识人之明的皇帝。他在当太子时，就时刻关注着国家的命运和百姓的困苦，注意治乱兴衰的历史经验。他的老师便是王安石的同学兼好友的韩维。当神宗向韩维提出一些有关国家治乱兴衰的问题时，韩维总是能提出一些解决的良策，而又切实可行。韩维并多次向神宗提起王安石，说王安石是百年难见的奇才，既有经世济民的雄才大略，又有治国安邦的实际才能，是难得的台辅之臣。神宗本来对王安石已有非常深刻的印象，见老师又如此推崇，印象更深了。

这一年，王安石已四十七岁，出仕也已经二十多年。他的学识、才干、不慕名利的品格为天下人所公认。司马光在写给王安石的信中说："远近之士，识与不识，咸谓介甫不起则已，起则太平可立致。"远近的士人，不论是认识还是不认识的，都认为只要王安石一被重用，天下马上就可以太平繁荣。可见这不是司马光一个人的看法，而是广大知识分子阶层和广大百姓的普遍看法。也可看出王安石当时在人们心中的威望。

这年二月的科举考试中，知贡举司马光录取王安石的长子，二十四岁的王雱进士及第，出任为旌德县尉，正式踏入仕途。此时，王安石还在江宁讲学，没有到京师来。显而易见，王雱科举考试的成功，完全是凭他本人的真才实学，与王安石没有任何关系。

神宗赵顼不满二十周岁，聪明精干，小伙子长得也很壮实，浓眉细目，体魄魁梧。由于年轻，身体又好，故想干一番事业，想从根本上改变积弱积贫的局面。但整个社会混乱无序，弊端百出，内忧外患频仍，他不免忧心忡忡。他急于物色一名能够与自己同心同德，敢于承担责任，能勇敢地担负起改造社会这一重大历史责任的能臣。他仔细观察考验自己身边的几个大臣，欧阳修已经厌弃政治，到地方任职去了。曾公亮、富弼、韩琦、文彦博几人虽然很有时望，但年龄均已偏高，曾公亮已经快到古稀之岁，富弼、文彦博也已过了花甲之年，最年轻的韩琦都六十岁了。这几人老成持重有余而要开创新局面则显然缺乏魄力。韩琦近一段时间里还一直受到台臣的弹劾。这使他想到了王安石和司马光。

自从登基以来，朝廷里杂事纷纭，光是欧阳修被诬陷之事就牵扯了不少精力。但他稍有闲暇，就审阅以前大臣们的奏折。在大量的奏折中，他反复阅读王安石的《上皇帝言事书》和《论时政书》两篇，从中体会出王安石对时政的看法和对于改革的迫切要求。而这正是他目前所最急切需要的。

一天，神宗与宰相曾公亮、参知政事吴奎谈论起王安石来。神宗问二人对王安石的印象，吴奎认为王安石不堪大任，而曾公亮则认为王安石是治理国家不可多得的人才，建议神宗及早起用。可是神宗对王安石还缺乏了解，而且他也怕王安石再拒绝接受任命。他在思考怎样让王安石到自己的身边来，以便于亲自观察和考验此人的真实才能。

神宗知道老师韩维的哥哥韩绛和王安石是同年，而且关系一直比较密切，就试探着问道："先帝时，几次下诏召王安石进京供职，可他却以有病为由一再推辞。后来，任命他为江宁知府，他也不肯奉诏，把诏书封还给江宁府中。不知他是真的有病，还是别有要求，否则就是对朝廷不恭。"

韩维答道："对于王安石，臣非常了解。最以前，仁宗朝时，他真的是家贫亲老，故一再推辞，不肯参加馆职考试和进京供职。守丧期满，几年未上朝任职，而朝廷骤除大郡，他如果马上即起视事，则有怠慢朝廷，以才要君的嫌疑。所以他必定不能接受那个任命，实际上也不应当接受。这是情理之中的事，并算不上什么要君，也不是对朝廷不恭。"

"那么，朕要起用他为江宁知府，有几名大臣都说他不能接受任命。朕也有这种担心，卿看如何？"神宗问。

韩维答曰："依臣愚见，此次任命，王安石不会推辞。陛下汲汲求治，王安石恐怕早已闻知。他为母守丧之期早满，家贫亲老的状况也已经改变，没有什么可拖累的了。他素有变法图新的大志，新君践祚，汲汲求治，求贤若渴，正是大有作为之时。陛下一登基即除其为大郡，可见重视之程度，如果他不是确实有重病在身或者愚蠢至极，臣敢保证诏书一到，王安石马上就会应诏到府视事。"韩维说得很肯定，而且也非常在理。

神宗皇帝听罢，尚半信半疑，便命进奏院发文给王安石，任命他以知制诰的职衔为江宁知府。果然如韩维所说，王安石这次没有推辞，马上到江宁府衙门上班，并写《知制诰知江宁府谢上表》，感谢圣上的知遇之恩。神宗很高兴。

九月，汲汲求治的神宗皇帝急于见到寄予厚望的王安石，便下诏召王安石进京担任翰林学士之职，要亲自考察一下这位名闻遐迩的人物的真实才能。但神宗还没有见过王安石。

第二节　迩英阁

神宗继位时，内忧外患严重，积弱积贫局面已成。百姓困苦，边境不宁，世风衰颓。神宗欲变之，急需助手，求贤若渴，这才开设迩英阁。

这一段时间里，由于新君嗣位不久，许多人都跃跃欲试。薛向上密奏，说西夏蕃部有一个叫嵬名山的人，向往朝廷，有心归附，应采取什么对策，请旨定夺。当时的情况是西夏国内也是危机四伏，嵬名山对本国的政治黑暗极端不满，才想要归附宋朝。如果宋朝处置得当，能趁机收复一些失地。神宗征求司马光的意见，司马光认为当今之急务是首先安定国内的局势，万万不可轻开边衅，不同意派人接收。神宗默然。

为集中人才到自己的身边来，神宗决定开设迩英阁，不久即成。一天，神宗召韩琦到迩英阁来，向他询问谁可为辅弼大臣之任，王安石怎么样。韩琦回答说："王安石任翰林学士绰绰有余，担任宰辅大臣恐怕不能胜任。"神宗默然。神宗又问当今财政匮乏，边庭多事，当如何富国强兵。韩琦拿不出办法来。

十月的甲寅日，司马光到迩英阁见神宗，献上他所著的《读通志》一书的部分稿件，神宗之前已看过一部分，龙心大悦，与司马光谈论一会儿关于战国时期张仪和苏秦的利弊得失。神宗颇为佩服司马光的学识和见解，因为此书是专门为皇帝和后人借鉴历史上的成败兴衰而写的，而且确实有这样的作用。神宗皇帝稍加思索后，便赐此书之名曰"资治通鉴"，这就是《资治通鉴》一书的来历。

神宗询问司马光，当今天下多事，财政困难，百姓困苦，官吏多数苟且偷安，边庭不靖，当如何改变这种现状，富国强兵？司马光认为，当以用人为先。神宗又问，如今州县官吏，勤政清廉、精明强干的人很少，应当怎样选好人用好人呢？司马光认为，皇帝主要是任用选拔好执政大臣就可以了，至于州县之官，则由执政大臣们来选定。因为光是州郡一级的官员就有数千人，皇帝一人全认识都很困难，别说亲自考核提拔了。只要执政大臣是正人君子，那么，他们所提拔的州郡一级官员就会是正人君子。而州郡一级官员是正人君子，那么，他们所提拔的县令也必然是正人君子。正人君子当政，天下就会大治。神宗点头称善。

司马光的话令神宗有些失望，因为这些话只是一些大道理，而现在神宗急需的是如何解决眼前的问题，如何非常有成效地解决面临的诸多困难。几天后，知青涧城种谔招降西夏大将嵬名山成功，收复绥州（今陕西绥德）。这是北宋建国以来很少出现的事，从敌占区中收复失去的领土。

但是，只要有收获就一定要付出代价。西夏对嵬名山的叛变大为恼火，为进行报复，便以会盟为名设计诱捕了宋朝保安军的大将杨定。并提出要宋朝把绥州归还给西夏，用杨定换回嵬名山以正典刑。这需要宋朝马上作出反应。几名大臣就此事展开了辩论。

意见是截然不同的两种，这是意料之中的。在中书执政的文彦博和吕公弼坚决主张答应西夏的要求，归还绥州，遣送回嵬名山。司马光也是这个意见，只有虽然已出任外职但并未离开京师的老臣韩琦不同意这样轻易答应西夏的要求，因为这样做的结果是向敌国示弱。是西夏的嵬名山主动归附我朝，又不是我朝出兵攻打下绥州的。何况，西夏国是用阴谋手段诱捕的杨定，与嵬名山主动归附不同。凭西夏国的一封国书就这样把已经到手的一个州几百里的疆土拱手送回去，只能显示朝廷的软弱无能。又何况，如果这样把对朝廷一片忠心的嵬名山交回去任凭西夏国处理，于情理上也说不过去，以后，谁还敢归向朝廷呢？神宗觉得韩琦的意见对，又听说西夏已经把杨定杀了，于是就没有批准文彦博和吕公弼的意见。此事暂时搁浅，没有形成最后的决议。

不久，西夏国主谅祚死了，儿子秉常继位，即所谓的惠宗。谅祚死时才二十岁,新继位的秉常才七岁,什么事也不懂,由太后垂帘听政。西夏国派大臣来报丧,并报告新君登基的消息。同时再度要求收回绥州,要求宋朝把鬼名山遣送回去。文彦博和吕公弼又申前议,要答应西夏国的要求。神宗不同意,但也不好直接驳回几名大臣的奏议,便采取一个比较稳妥而又有说服力的措施:派韩琦直接到绥州去,可以见机行事,再向朝廷提出切实可行的意见。

韩琦到达绥州,很快给朝廷上书,认为绥州万万不可归还回去。况且西夏国新遭大丧,人心浮动,幼主临朝,妇人执政,杨定已被杀,西夏国对我朝没有任何补偿,我朝凭什么把已经到手的一州土地拱手送人?此事遂成定议。但通过这件事,神宗对文彦博和吕公弼有些失望。神宗皇帝在处理完朝政后,还几次和这二人谈起过如何理财备边,如何整饬朝纲的问题,二人都提不出具体的切实可行的方案来。神宗更加失望。

转眼间过了一个春节。过年后,改元为"熙宁"。神宗登基已经一年有余,可天下的形势还没有什么变化,一切依旧,神宗有些着急了。他对自己身边的这几位执政大臣都有些失望。对司马光的印象虽然比那几位略强,但也觉得此人有些迂腐,只可与之守成,而不可能大刀阔斧地改革时弊。在绥州问题上司马光的意见和看法更令神宗失望。司马光几次与神宗谈话,内容不外是一切保守旧制,按照祖宗既定的成法执行,什么也不可改变的话题。但是,如果一切保守旧制的话,当今天下的这些弊病如何革除,这些棘手的问题怎样解决。神宗经常处在深深的思索中。

四月壬寅日朔,神宗召见在他心目中很有分量的另一位老臣,这就是富弼。富弼身体不好,行动不方便,神宗特批他可以乘坐肩舆入朝见驾。为了方便,神宗又特意到内东门的小殿去接见他,并让富弼的儿子搀扶着上殿,免去跪拜之礼,对这位老臣可谓是关怀备至。

君臣相见后,先互致问候,寒暄几句。接着神宗就虚心向这位久负重望的三朝元老请教治国的方略。富弼知道神宗急于求治，便建议神宗要有主见，切不可被人窥知自己的心里，尤其是不要让人揣摩出有什么好恶，以防小人投其所好以售其奸。神宗点头称是。神宗又询问边庭之事，富弼劝神宗，战争是大事，千万不要用兵，陛下刚刚君临天下，要二十年口不言兵。神宗默然。沉默一会，神宗又询问当务之急，富弼回答说，应当以安定国家，使民富物丰为上。神宗称是。君臣谈了一个多时辰，太阳已经偏西，富弼才告辞出朝。

当天晚上，神宗皇帝有些失眠了。他反复考虑这几位大臣的意见和处理政务的能力。如果说还像以前那样维持局面，韩琦、富弼、司马光、文彦博、吕公著、曾公亮都可以执政。可这样维持下去到哪一年是个头？自己刚到弱冠之年，即使中寿，活到六十岁的话，还有四十年，这样的局面能行吗？何况，自己也不应该给子孙们留下一个积弱积贫的国家。必须进行大的社会改革了，这是早晚都要进行的，早晚都要出现一场社会阵痛，晚痛不如早痛。那么，谁能真正理解我的心，能分担我的忧愁，与我共同承担风险，共同来完成这一伟大的事业呢？现在看，只有王安石了。但那几位宰辅之臣，对王安石的看法不一样，褒贬不一。从王安石的奏章和他任鄞县县令时的政绩看，这是一个既有主见、有韬略，又有实际能力，勇于承担责任的干练之人。"意态由来画不成，当时枉杀毛延寿。"神宗一面默诵着王安石的这两句诗，一面品味着其中的深刻含义，最后，下决心还是亲自见一见这位争议颇多的人物。

第三节　风期暗与文王亲

> 文王和姜太公、刘备和诸葛亮、唐太宗和房玄龄都是一晤倾心，君臣相得，共同开创一个时代，创造出辉煌伟业，彪炳千古。王安石与神宗，足可与这几对君臣相媲美。

神宗汲汲求治，急于寻找一位能够和自己共同承担改造社会现状大任的人。他最后想到了王安石。就在召见富弼之后的第三天，也就是四月乙巳日（初四），神宗皇帝召见王安石。这是在中国历史上颇有争议的一对君臣，可以说他们俩在那场意义极为深刻的变法中，相互理解，相互信任，相互支持，相濡以沫，共同承担着来自各个不同阶层、不同方面的保守势力的强大攻击。

神宗想见王安石已经很久了，而王安石想见神宗皇帝也很久了。王安石当时只是翰林学士之职，还没有单独觐见皇帝的资格，于是，神宗所下的诏书是"召翰林学士王安石越次入对"。所谓的"越次"，就是越级越等的意思。

不知是什么原因，在南宋大史学家李焘所编写的最为详细的史书《续资治通鉴长编》中，偏偏缺少神宗熙宁元年和二年的材料，这就使我们难以更详细地了解这对君臣初次见面时的情景。幸亏《续资治通鉴》中有一些记录，保存了神宗和王安石初次见面时对话的一些内容。

这一天，风清日朗，宫廷院内花圃中的芍药花正在开放，花色娇艳欲滴，仿佛一个个打扮娇艳的美人在微笑着欢迎王安石的到来。王安石心情愉快，怀着迫切的心情随来传唤的内侍走过一道道庄严的宫门，来到后庭的一个内殿。

行过君臣大礼，相互问候寒暄之后，谈话很快转入正题。这时，王安石才仔细观看自己心中向往已久的这位年轻的皇帝。只见神宗头戴冕旒，身穿龙袍，腰系玉带。面庞有些消瘦，龙目不大却很有精神，天堂饱满，鼻梁挺高，上唇已有微微的胡茬，表情严肃，很是威严。

神宗问道："目前财政枯竭，国势衰微，边境不宁。朕要发愤图强，改变这种形势，使天下太平繁荣，当以何为先？卿要直言。"

王安石恭恭敬敬地回答道："当以择术为先。"

"何为择术？"

"即选择适于国情的制度和法规。"

"依卿所见，唐太宗如何？"

"陛下当效法尧舜，何必以唐太宗为榜样呢？尧舜之道，至为简要而不繁琐，至为精当而不迂腐，至为简易而不烦难。只是末世的学者，不能真正理解体悟尧舜之道的内容，就以为高不可攀。如果努力，尧舜之世，是可以达到的。"王安石非常自信地说。

神宗微微蹙了一下龙眉，略有所思地说："王爱卿，你对朕的要求太高了。你说要以择术为先，可祖宗所制定的法规制度已经很全面了，还需要怎样改变呢？请王爱卿直言无妨。"说完，神宗仔细地打量着王安石。只见王安石中等偏高的身材，四方形的脸膛，浓眉大眼，三绺不长的胡须分外疏朗，额头上均匀地横画着几道不太深的皱纹，两个眼角的鱼尾纹很是清晰，面容刚毅，总是自然流露出一种深思的表情。

王安石略微思索一下，慢慢答道："祖宗制度法规虽全，可多年来朝廷政令松弛，文武百官多是苟且偷生之人，诚如方才陛下所言，现在的情况是财政枯竭，边境多事，百姓困苦，军队软弱。故各种制度法规虽有，形同虚设。要想天下太平，必须以理财生财，富国强兵为先。"

"理财生财，富国强兵？"神宗不由自主地重复了一遍。显然，神宗对这八个字非常感兴趣。

"是的。必须要理财生财，富国强兵，这样才可以天下太平。"王安石坚定地一字一板地回答。

"可是，祖宗的成法岂可轻易改变？祖宗守此法，而百年没有大事？这又是为何？请爱卿教我。"神宗又提出了疑问。这实际上是几位大臣在劝神宗千万不要改弦更张时最常说的也是最有力的理由。神宗很难回答这一问题，便把这道难题交给王安石，请他给予回答。如果说制度法规不合适，为何百年无事？这确实是个难以解释的问题。王安石听罢此话，又皱了皱眉，思索一会回答道："陛下所问，是个极其复杂的问题。这里既有制度法规的问题，也有人事的问题，也有天意。臣非三言两语可以解释清楚，请允许臣回去深思熟虑后写成奏章呈交御览，不知陛下意下如何？"

"可以。爱卿要翔实奏来。"

"臣遵旨。"

回到家中，王安石仔细回味着白天和神宗对话的情景，心情一阵阵的激动。他看得出来，这位新君别看年龄不大，可却精明强干，有汲汲求治之心，这是改变目前国家衰颓之势，振兴国威的前提。皇帝的担心是有道理的，这是一个必须认真思考和需要慎重回答的问题。于是，晚饭后，他便一个人坐在书房里，边想边写。有时，写到兴奋之处，他还不由自主地激动一会儿，待心情平静下来再接着往下写。

三更天了，夫人吴氏见丈夫还不去房中睡觉，怕丈夫熬夜累坏身体，就悄悄地一个人来到王安石的身后，看着丈夫挥毫书写。王安石专心致志只顾写字了，根本没有发现有人进来。初夏的夜晚，天还有点凉，吴氏怕丈夫着了凉，就轻轻地把放在一边的大氅拿起来，又轻轻地披在丈夫的后背上。王安石似乎在察觉和不察觉之间，但他没有任何反应，依旧在奋笔疾书。又过片刻，小丫鬟按照夫人的吩咐给王安石送过来一碗热乎乎的参汤来，轻轻放在王安石的面前，把汤放好后丫鬟就非常知趣地退出去了。

这时，王安石刚刚写完一个段落，就停下笔来，见自己的身上披上了大氅，妻子站在身后，书案前摆上一晚参汤，感激地对妻子笑了笑。然后，转过身用双手拉过妻子的一只纤手深情地抚摩着，关心地说道："都深更半夜了，你还不睡觉？总这么陪着我，会累坏的。"

"你不怕累，我怕什么？你不睡，我也睡不着。"吴氏说得非常实在，王安石经常熬夜，吴氏也经常陪着。只要到三更，王安石就一定能喝到一碗热乎乎的参汤。这已经是习惯了。

吴氏搬过一张胡床即我们今天所说的椅子，紧靠丈夫坐下。劝丈夫道："过半夜了，休息吧！明天再接着写呗。""不行。今天夜里不写完，我睡不着觉。你先去睡吧。"王安石又爱抚地摸摸妻子放在自己大腿上的那只纤手，说道。

"你不睡，我也不睡，我陪着你写完。"

"好吧！我的娘子。"王安石见妻子执拗的样子更加可爱，也不勉强。便接着写下去。待王安石写完时，已经是四更天，东方露出了鱼肚白。

王安石所上的这篇奏章题目叫《本朝百年无事札子》。文章开头说明写作此文的缘起："臣前蒙陛下问及本朝所以享国百年，天下无事之故。臣以浅陋，误承圣问，迫于日暮，不敢久留，语不及悉，遂辞而退。窃惟念圣问及此，天下之福。而臣遂无一言之献，非近臣所以事君之义，故敢昧冒而粗有所陈。"

宋朝从960年建国，到熙宁元年（1068），已经是一百零九个年头，这里说百年，是举整数而已。接着，王安石用十分精练的语言概括分析了百年无事的原因。这就是北宋王朝是在五代战乱基础上建立的，人们久经战乱的折磨，均渴望和平。太祖赵匡胤代周自立后，以雄才大略统一天下。其后，偃武修文，措施得当。其后又不惜金银财帛而和辽国、西夏基本维持休战的状态。太宗、真宗、仁宗、英宗又都是守成之君，没有失德。所以才维持百年没有大的变故。接着，王安石笔锋一转，尖锐指出：

然本朝累世因循末俗之弊，而无亲友群臣之义。人君朝夕与处，不过宦官女子；出而视事，又不过有司之细故。未尝如古大有为之君，与学士大夫讨论先王之法，以措天下也。一切因任自然之理势，而精神之运，有所不加；名实之间，有所不察。君子非不见贵，然小人亦得厕其间；正论非不见容，然邪说亦有时而用。以诗赋记诵求天下之士，而无学校养成之法；以科名资历叙朝廷之位，而无官司课试之方。……故上下偷惰，取容而已；虽有能者在职，亦无以异于庸人。农民坏于繇役，而未尝特见救恤；又不为之设官，以修其水土之利。……其于理财，大抵无法，故虽俭约而民不富，虽忧勤而国不强。赖非夷狄昌炽之时，又无尧汤水旱之变，故天下无事，过于百年。虽曰人事，亦天助也。盖累圣相继，仰畏天，俯畏人，宽仁恭俭，忠恕诚悫，此其所以获天助也。

　　多年来朝廷一直因循守旧，吏治不清，君子小人杂用，邪正不分，是非不明。农民困苦，国家财政困难，虽然历代国君都俭约忧勤，但国家却日益贫穷。先扬后抑，尖锐地指出了当时整个社会混乱贫穷的现状。最后，王安石鼓励神宗说："伏惟陛下躬上圣之质，承无穷之绪，知天助之不可常恃，知人事之不可怠终，则大有为之时，正在今日。"王安石对神宗寄予无限的希望，他怀着殷切的心情把这封言辞恺切的奏章呈了上去。

第四节　挚友间的争执

两位挚友，均是饱学硕儒，均是洁身自好之士，均是忠诚坦荡之人。只因为所操之术不同而成为政敌，水火不容，留下许多发人深省的故事。

在王安石到翰林院任翰林学士不久，司马光也被任命为翰林学士之职。这两位早就在一起工作过的相互倾慕的大学士再一次担当同一职务。那是十多年前，在王安石第一次到朝廷任职的时候，就和司马光在一起。当时二人同是群牧判官之职，还共同出席过群牧司使包拯摆设的宴席。如今，二人又走到了一起。也不知是神宗的有意安排，还是上天在冥冥中别有寓意，一定要让这两个都极有个性的人在一起。

可以推测出来，对司马光和王安石的这种安排，神宗肯定是有一定目的的。经过一年多时间的考验和观察，神宗想在这二人中选择一人委以大任，协助自己来进行大规模的社会改革。他发现，这两个人都学识渊博，都品行端正，都清廉自守，都是无可挑剔的正人君子。

王安石把夫人为他买的妾白白打发回去，等于白送给人家九十万钱的事迹当时就在社会上流传开来，成为士大夫们的口实，对王安石的这种风范给以极高的评价。神宗当然也有所耳闻。

司马光也有一件类似的事。司马光年轻的时候，曾经在太原府担任通判，知府是著名的颍国公庞籍。司马光结婚已经几年，可夫人却没有生孩子。庞籍的夫人和司马光夫人二人一商量，怕影响司马光的后嗣，就没征求司马光本人的同意而给他纳了一个妾。夫人怕有自己在，司马光有拘束，就故意回娘家躲开。并嘱咐妾自己打扮好，然后直接到内室去。司马光吃完晚饭，处理完来往的公私文翰，便回内室休息。可一看，夫人不再，一个陌生的打扮时髦的漂亮的年轻女子含情脉脉地坐在床边，忙问是怎么回事。妾把夫人的安排和意思说了一遍。

司马光和颜悦色地劝慰那女子，请她暂时到别的房间去，并说明天就派人把她送回娘家，由她自行嫁人，卖身钱全部赠送。结果当然是按照司马光的意见办了。庞籍对下属们连连赞叹司马光的为人。这件事在士大夫们中也广泛流传，成为美谈。

神宗考虑，两个人也各有短长，司马光老成持重，适于守成；而王安石有胆识有魄力，适于开创新局面。如果这两个人若能精诚合作的话，是最理想不过的了。但他也发现，在治国方略上这两个人的意见又是水火不相容的，如二人同时执政，也不可能合作。故在一段时间里，神宗皇帝犹豫不决。他还要考验一下二人处理实际问题的能力。

七月的一天，朝廷又出了一个不大但却很麻烦的事。登州有一个名叫阿云的女子，娘家硬把她许配给韦家。她厌恶丈夫相貌太丑陋，就想把丈夫杀死。结果下手时，手一软又下不得牙了，丈夫只是受了伤。她以谋害亲夫罪而被收监审讯，登州知州许遵以她谋害亲夫杀人未遂罪判刑。按照故意杀人致死罪犯人减二等定罪。

后来，因这是重犯，要报呈审刑院和大理司复核审批。这时，恰巧许遵也调到大理司任职，当然按照原判批复。可是御史台的有关御史提出不同意见，认为谋害亲夫是大罪，与故意杀人罪一样，不能减二等定罪。报到刑部做最后定夺，刑部也同意大理司的意见。御史坚决不同意，上书要求重新讨论判断。神宗便把此案交给翰林院去讨论，让他们各自拿出自己的意见来。

在这个案件上，王安石和司马光又出现截然不同的两种意见。各自引经据典，发表看法。王安石同意原判，即认为谋害杀人，也想杀人致死，可实际上未杀死，与杀人致死者应当有所区别，同意减二等定罪。司马光认为既然想杀人致死，心术不正，出发点就是十恶不赦的大罪，应当与故意杀人罪同等，不能减刑。其实这是个司法量刑的问题，司马光是从人的心性出发来考虑问题，而王安石是从所造成的实际后果来考虑问题。遇到这样的问题，最后的裁判当然要是皇帝了。

在这个问题上，神宗支持王安石，采纳了王安石的意见。

这一天是七月癸酉日（初三），这是王安石和司马光在处理具体事务方面出现的第一次对立和冲突。但这还只是写在各自的札子中的意见，并不是面对面的直接的争论。时过不久，一场公开的面对面的冲突就在二人之间展开了。用王安石在后来写给司马光的回信中的话说，二人谋事意见总是不合，其原因就是"所操之术多异故也"。

那是八月的癸丑日（十三），距上次的争论仅四十天。秋季，河朔地区遭灾严重，国库极度空虚，钱财匮乏。宰相曾公亮上表请示，乞求今岁秋郊免去以前对两府官员赏赐的惯例，以节省国家钱财。宋朝对官吏的待遇比较优厚，每有朝廷典礼，对各级官员都有数目不等名目繁多的赏赐。两府是指中书省和枢密院，即宋代主管行政和军事的两个最高的职能部门。曾公亮的表章送学士院取旨，等候批复。因为圣旨是由翰林学士起草的，所以无论什么重要的表章都要经过翰林学士们过目，经过翰林学士们讨论同意后请皇帝批准才能动笔写诏书。

见到这份表章，王安石和司马光又产生了不同意见。当时神宗皇帝也在场。

司马光说："救灾节用，应当从贵近开始，可以听从两府辞去赏赐的意见。"

王安石不同意司马光的意见，反驳说："从前常衮辞堂馔，时议认为常衮如果自己认为不胜任，就应当辞去官位，不应当空享俸禄。何况国用不足，也不是当今最紧急之务。"

常衮是盛唐中唐之交的一个人物，为人谨小慎微，但没有治国安邦之能，代宗朝曾以门下侍郎同平章事，出任宰相之职。只知节俭，主动辞去堂馔的待遇。所谓的堂馔，是唐朝赐给宰相的一种生活待遇，即每日中午，几名宰相在政事堂吃一顿午饭，一方面是便于宰相们联系感情，一方面也是工作需要，因为当时宰相要到午后才能回家。当然，这顿饭的费用由公家报销，不用宰相们个人掏腰包。

在元载因为贪污被处理后，常衮更加小心，为表示自己的清廉，他主动提出免去堂馔，或由自己掏腰包，不再花公家的钱。此事提出后，遭到很多大臣的反对，有人对他进行冷嘲热讽，说如果知道自己个称职，就应当辞去相位，不应当空享俸禄，只辞去那么一顿饭算什么？

但无能只是常衮的一个方面，而他确实是个儒雅君子，为人很可取。唐德宗把他贬为潮州刺史。后来又担当福建观察使。潮州地区非常落后，人们也很野蛮不开化。他到任后，建立学校，大抓文化教育，对这一地区文化教育事业的发展做出了不可磨灭的贡献。

王安石的意思是两府的当务之急是整肃朝纲，尽快改变朝政混乱的局面，尽快解决财政困难的问题，只辞去点赏赐之物算不得什么，所以才说了上面的话。

司马光听王安石反驳自己，马上接过去说："常衮辞禄，也贤于那些持禄固位的人。何况国用不足，确实是当务之急。"

神宗看看二人，默默地听他们俩争论，一言不发。

王安石接着说："国用不足，不是当务之急。国用之所以不足，只是因为没有得到善于理财的人而已。"

司马光马上不服地说："您所说的善于理财的人，不过是善于聚敛搜求以穷尽百姓的钱财而已。百姓穷困不堪就要为盗，这不是国家的福分。"

王安石反驳说："我说的不是这个意思。善于理财的人，不增加百姓的赋税也能使国用充足。"

司马光又反驳说："天地所生的财货万物，是有固定数量的。不在百姓手里，就在官府里。譬如天降雨水吧，夏天涝了秋天就必定要旱，因为雨水是有一定数量的。"

"天生财货并无定数，只要法规制度得当，措施得力，就可以发展生产，多生产财货，不加赋税完全可以使国用充足。"王安石坚持自己的观点。

"您所说的不加赋税而国用足，不过是设法暗中侵夺百姓的利益，这种办法的害处要比公开增加赋税大多了。这分明是当年桑弘羊欺骗汉武帝的话，司马迁在《史记》上特意记录下他的话，可见这些话是不明智的。"

司马光的话中已经把王安石比成桑弘羊了。桑弘羊是西汉时期的一个在发展经济方面很有独到见解的人物。但在很长的历史时期里，他在正统文人的眼里，一直是一个只知理财不懂礼法而被否定的人物。王安石见司马光的话有些过头，便有心要再进行反驳。这时，神宗说话了。

"两位爱卿不要争论了。在节用辞赏这个问题上，朕同意司马光的意见。但王爱卿说的也不无道理，此次就依从王爱卿的意见，以不同意他们关于辞赏的请求答复他们，就这么定了。"皇帝的话是金口玉言，谁敢不听。而这一天，翰林学士中担任值班即执笔的又正是王安石，所以，就这样做了批复。

神宗的意见带有折衷的性质，他在语言上支持了司马光，而在实际上又支持了王安石，因为最终采纳的是王安石的意见而不是司马光的。但他那么说，一是给司马光面子，二是同意司马光"国用不足"为当务之急的观点。

司马光所说的国用不足，在当时确实已经成为朝廷的燃眉之急，少发点赏赐虽然起不了什么大作用，但节省用度却是当时缓解国用不足这一矛盾的最有效的良方。宋朝从建国以来，在宋太宗时建立内藏库，属于皇帝宗室内部的钱财收藏库。里面收藏有金银布帛、珍珠玛瑙、奇玩古董等各种宝物，供皇宫内院的支出，皇帝对大臣的赏赐也从这里支出。

可是自从此库建立以来，进库有账，而出库的东西账目不清。前后任凭一些小内侍进去支取，一百年来从未清点过库存，只是凭账面上的记载来进行估计，故对内藏库究竟有多少储备心中没数。神宗命有司清点库存。结果与账面所记有相当大的出入，库存金银宝物等已经非常有限了。这更使神宗忧心忡忡。

在这次争论之前，神宗曾经交给司马光一项任务，命他牵头置局看详裁减国用制度，仍取庆历二年的数目，凡与今日开支不同的，详细开列出清单来。然后逐项进行裁减，务必把国用开支压缩下来。其实就是以庆历二年的国用开支为参照，详细制定来年的国家财政支出的预算。

数日之后，司马光说，国用不足，主要在于用度太奢，赏赐不节，宗室繁多，官职冗滥，军旅不精，必须陛下与两府大臣以及三司使官吏共同深思，精心策划，还要经过相当长的时间，经过许多岁月的节俭，方可奏效。不是微臣一朝一夕所能裁减下来的。神宗听后，大失所望，因为司马光的话等于没说，这一点不用他说神宗早就明白。神宗把这件比较棘手的事交给司马光去做，一是当时的急需，一是考验一下司马光处理具体事务的能力和胆识。

神宗心里明明白白，国用冗费，贵族奢靡已非一朝一夕，压缩经费开支决非一般小事。多年的习惯已经养成，而且凡是开支浪费的地方，都是有来头的。不是皇亲国戚就是王公权贵，对任何一方面的经费进行压缩都要有极大的阻力，甚至说有一定的风险，这是一个得罪人的差使。

司马光一点具体的意见也没有拿出来，或者是由于他确实缺少谋划这种全国性大预算的本领，或者是由于他老奸巨猾，怕得罪人。不管是什么原因，司马光没有为神宗分忧，这令神宗非常失望。神宗现在急需的是解决具体的问题，而不是听什么大道理的说教。

在两府主动请求辞去赏赐的时候，司马光之所以说节省用度是当务之急，也与这件事有关，他理解神宗现在最为头疼的就是财政严重匮乏。因此司马光一说国用不足为燃眉之急，神宗便有同感。但神宗对王安石的意见也听得明明白白，理解王安石话语的深层含义，故最终还是采纳了王安石的意见。

　　这场争论过后，司马光和王安石在如何处理国政，如何治理国家的大政方针上的分歧已经非常明显了。神宗想要同时重用两人的愿望看起来已难以实现。这就给还很年轻的神宗出了一道难题，促使他非要在这二人之中选择一位不可，尽管他很不情愿，但也只能如此。

第五节　慎重的选择

　　经过一年多的反复思考和几次具体事件的考验，胸怀大志的神宗皇帝终于选定执政大臣，把整个军国大政交给他，期望能够改变积弱积贫的国势。

　　自从王安石越次入对与神宗深谈后，神宗一直非常重视王安石的意见。就在王安石把他连夜写成的《本朝百年无事札子》呈交给神宗的第二天，神宗又单独召见王安石，对他说："朕昨晚详细阅读了爱卿的章奏，你所详细陈列的各条失误，爱卿务必一条条详细规划，试为朕详细策划设施之方略。"王安石回答说："马上就一条条规划出来实在有困难，这也不是三言两语能说清楚的事。请陛下能以讲学为事。在讲学中这些道理自然就可以讲解清楚。道理既明，则策划设施的方略也就自然清楚明白了。"

　　神宗采纳了王安石的意见，每隔三两天，神宗就安排几位饱学硕儒到迩英阁中讲经论道，研讨一些理论问题和怎样治理国家的实际问题。至于谁来主讲，由神宗来指派。神宗每次都到场，虚心听讲，有时还提出一些实际问题与讲学先生或听讲的人共同讨论。

　　这天早朝后，由王安石主讲《礼记》，王安石对前人一些讲解注释提出了不同意见，得到听讲人的普遍赞同。讲解完毕，神宗命王安石留下单独谈话。这是神宗和王安石的第三次单独谈话，内容又深入了一层。

　　其他人刚刚退出去，神宗就有些迫不及待地说："朕想再听听卿的议论。"王安石说："臣愿尽微言。"

　　"古代圣明君主，必得贤臣而后才可天下大治。唐太宗必须得到魏征，刘备必须得到诸葛亮，然后才可以大有作为。"

"陛下如果确实能成为尧舜，那么就一定会有皋、夔、稷、契。陛下如果确实能成为高宗，那么就一定有傅说。那两位君主，又哪里值得称道呢？这么大的天下，常患无人可以帮助治理天下，就因为陛下择术未明，推诚未至。虽有皋、夔、稷、契、傅说之贤人，也将会被小人所蒙蔽，不得施展才能而郁闷离去。"

"什么时代没有小人呢？虽然是尧舜的时代，也不能避免有四凶啊！"

"只有能够辨别出四凶而且诛杀他们，这就是尧舜之所以成为尧舜的原因。如果使四凶在朝任意胡作非为，谗害忠良，那么皋、夔、稷、契亦绝不会终身苟食其禄。"王安石说得非常肯定。

"说得好！说得好！"神宗连连点头表示同意。

这一天是十月壬寅日（初九）。四天后的丙午日（十三），是由司马光主讲。讲学结束后，神宗留下司马光，向他询问富民之术。司马光回答说："富民之术，关键在于得人。最直接亲近管理百姓的是县令，要知道县令是否贤良，莫若知道知州；要知道知州是否贤良，莫若知道转运使。陛下只要慎重选择好转运使以上的朝廷大员，使转运使掌握督察知州的政绩，使知州掌握督察县令的政绩，何愁百姓不富裕？"神宗默然，没有表态。很明显，司马光的意见不具体，是老生常谈的大道理，在解决具体问题上没有任何实际的意义。

十二月，又出现一件足以显示人处理具体事务能力的事。前建昌军司理参军王韶到京师向枢密院投书，献《平戎策》三篇。提出一套如何平定西方的策略。认为朝廷应当先用恩信招抚沿边的少数民族，然后可以恢复河湟地区；如果河湟地区得以恢复，就可以进一步威胁震慑角氏；威胁震慑角氏，就可以制服西夏。

王韶曾参加制科考试不中，一气之下就客游陕西，专门进行实地考察，采访调查少数民族的风俗人情，所以对这一地区的情况了解得特别清楚，所上的《平戎策》也就特别有分量。

神宗看后，为之所动。交给司马光和王安石去看，并让他们各自提出自己的意见。王安石认为这三篇文章有分量，有道理，是从实际出发的，朝廷可以考虑这件事。但一定要非常慎重，千万不可轻易用兵，只能是暗中准备。司马光则认为现在万万不可谈论用兵的问题，不可谈论边事。与富弼的意见一致，即请神宗"二十年口不言兵"。最后，神宗又一次采纳了王安石的意见，任命王韶为"管勾秦凤经略司机宜文字"。

熙宁二年（1069）二月，经过一年多的深思熟虑和多方面的实际考验，二十二岁的神宗皇帝赵顼终于最后下定决心要进行变法了。因为一年多来，他反复指示执政大臣和三司使等主管财政的官员要尽最大限度地压缩开支，但朝廷的财政依旧是捉襟见肘，窟窿越来越大，用现代的术语来说，就是财政赤字越来越大，日子已经很难维持了。如再不想办法改弦更张，这种积弱积贫的局面就无法得到丝毫的改变。

于是，神宗起用了王安石，以便按照自己的意图对混乱无序，庸俗腐朽的社会状况和死气沉沉的世风来一个大的冲击。重新建立一种崭新的社会政治秩序和经济秩序。使百姓们尽快富裕起来，只有民富国家才能强大。只有国家强大才能挺起腰杆来，恢复中原大国在周围国家中的盟主地位，把祖宗丢去的面子重新找回来。其实，这次极为深刻的全方位的变法是神宗最开始酝酿的，但具体措施和步骤是由王安石制定和实行的。正因为神宗有充分的思想准备，所以在变法遇到那么大阻力的时候，神宗才能坚持住，没有从根本上动摇。

既然要变法，就要有一个强有力的班子，还要处理日常的军国大政，于是，神宗先后任命富弼为宰相，陈升之为枢密使，任命王安石、赵忭为参知政事，再加上保留原宰相曾公亮、原参知政事唐介的职务，就形成一个宰相、副宰相六人共同执政的局面。由富弼、曾公亮、赵忭、唐介四人侧重抓日常工作，由陈升之和王安石侧重抓变法改制的工作。

王安石是以右谏议大夫兼领参知政事之职，正式任命是在庚子日。

从这一天开始，王安石真正掌握了制定新的法规制度，全面进行变法的主动权。他多年来改造社会，造福人民，遗泽后世的宏图大略开始得以施展。他默诵着自己最喜欢的李商隐的两句诗"永忆江湖归白发，欲回天地入扁舟"，昂首挺胸，走进参知政事的办公厅，怀着坚定的信念，开始勾画崭新的理想社会的蓝图。他要排除一切干扰，克服一切困难，闯过一切艰难险阻，向着既定的理想的目标奋勇前进。

六天后的丙午日，司马光就觐见神宗，乞求外郡，即要求离开朝廷到地方去做官。实际上是对变法表示坚决地反对，是在闹情绪。

神宗没有批准。问司马光道："爱卿名闻外国，为什么要除外郡？"原来，吕公著出使到辽国的时候，辽国的几名大臣都问："贵国的司马光为什么离开御史台？"当时，司马光刚刚调出御史台不久，可见辽国人对司马光很熟悉，也非常关心。吕公著回国后把这件事报告给神宗，所以神宗才如此说，一方面是真心挽留，一方面也是表示对司马光的真正重视。司马光被留了下来。

经过司马光的推荐，治平三年在濮议中因为对欧阳修进行恶毒攻击而被贬出京师的吕诲、范纯仁又回到朝廷，吕诲又一次到御史台这个朝廷舆论部门任职。吕诲、范纯仁和吕大防三人在濮议中曾联合上奏折弹劾欧阳修，指责欧阳修是什么"豺狼""奸邪"，语言太过分，缺乏厚道。其实，当时双方没法说哪一方就绝对的正确，因为那实在不是什么原则性问题。吕诲为人好沽名钓誉，特别偏激，据欧阳修关于濮议过程的记载，当时吕诲等人之所以用那么过头的刺激性很强的语言，就是为了激怒欧阳修和朝廷，就是为了被贬，以此来钓取敢于直言的名誉。

范纯仁在对待欧阳修的态度上更令人不理解，欧阳修当初是范仲淹庆历新政的最坚决的支持者，因为支持范仲淹而被人指责为搞"朋党"也在所不惜，被贬谪也绝不退让，与范仲淹结下极为深厚的友谊。

范仲淹死后，欧阳修受范纯仁的请托而写神道碑，碑文中有这样的内容：范仲淹在搞庆历新政时，受吕夷简排挤而被贬，二人产生了隔阂。后来范仲淹在西北戍边时，吕夷简在朝中任宰相，二人相约，尽释前嫌，共同勠力破贼。表现出以国家大局为重的非凡的气度。

范纯仁看了这几句话后，说道："先父至死也未和吕夷简解仇。"把碑文退回来，请欧阳修把这几句话删掉。欧阳修回答说："你父亲和吕公相约破贼，尽弃前嫌，是我亲眼所见。你父亲与吕公释嫌的话，在他写给我的信中也有。你们当时还小，不知道这些事。何况，父亲自言平生不怨恶一人，而其子却不使其解仇于地下，世界上哪有这样的道理呢？"对范纯仁兄弟进行了批评，也坚持着不肯删掉那几句话。

后来，范纯仁见欧阳修不肯删，没有办法，就自己动笔删去。等碑文雕刻出来，把拓片送给欧阳修的时候，欧阳修挺生气，说："这不是我写的文章。"这件事在当时士人中广为流传。欧阳修对范纯仁当然很不满意，认为父子的品性相去甚远，说了几句批评的话。范纯仁在濮议中那样恶毒地攻击欧阳修，最起码说是不够厚道，对他本人的威信也有很大损失。但有一点却可以得到证明，这就是范纯仁和吕诲同样，都是很有战斗力的人物。范纯仁当时是同知谏院之职，也是掌握朝廷舆论的重要角色。

甲子日，正式成立"制置三司条例司"。这是主管全国财政计划，制定财政政策和制定所有改革大政的部门。由于多数大臣不赞成变法，不愿意参加这项工作，所以王安石推荐精明强干的与自己志同道合的吕惠卿负责具体工作，而由他本人和陈升之掌握全面的动态。一场自上而下的，涉及千家万户，涉及各个阶层、各个部门、各个领域的最深刻的社会改革开始了。

从制置三司条例司成立那一天开始，变法派和保守派的斗争就开始了。

［第七章］
坚韧不拔

沉舟侧畔千帆过，病树前头万木春。

——刘禹锡

第一节 生老病死苦

变法开始时，朝廷执政的五位主要领导人的状况是生、老、病、死、苦。这样的班子怎能领导变更法度这样复杂的社会工程呢？

制置三司条例司成立后，很快就开始工作。其中最具体而又急迫的是按照神宗的旨意，裁减制定当年和来年的财政支出预算，马上就接触到最棘手的问题。这涉及朝廷宗室内部和王公大臣的既得利益，是最得罪人的事。司马光所以没办，恐怕与此也有关。王安石吩咐吕惠卿，对此事的原则是慎之又慎，但态度要坚决，因为这是此次变法的开端，如果出了问题就不好办了。

朝廷上，一般的军国大政就由富弼和唐介、赵忭他们处理，重大的事情，王安石和陈升之也与之共同讨论裁定。而制置三司条例司中具体制定法规和条例时，富弼、曾公亮、唐介、赵忭等人都要参加。其实，当时的情况是变法的最具体的事由吕惠卿主持，由王安石审核拍板，然后拿出来与那几位大臣集体讨论，有时神宗也亲自参加，听取大臣们的辩论。

曾公亮、富弼本来就非常器重王安石，又是几朝老臣，也理解神宗要变更法度的苦衷，所以轻易不发表反对意见。陈升之是以枢密使的身份参与制置三司条例司工作的，与王安石个人关系很好。王安石最开始步入仕途，在淮南任判官时二人就相识，故他也非常支持王安石的工作。

唐介是一名老臣，在王安石任参知政事以前，唐介就在这个任上。先前，当中书省有什么事情产生争论，意见不一致时，神宗就说："去征求一下翰林学士王安石的意见，他同意就办，不同意就不办。"别人都不说什么，唐介却反驳说："王安石确实有才能，陛下认为他可大用，就重用他。中书政事奈何取决于一翰林学士？"可见为人之耿直。后来，神宗果然起用王安石为参知政事。唐介耿直有余而才智不足，对变法不理解，在神宗面前经常和王安石争论，喋喋不休，但在理论上他总讲不过王安石，神宗又常常支持王安石而不支持他。他又气又急，旧病复发，竟一命呜呼了。

神宗亲自到唐介家去吊唁哭祭，看到灵柩前放的遗像有点不像本人，就命内侍马上回宫中把唐介的画像取来。唐介的家人都感到有些诧异，不知是怎么回事，宫中怎会有老爷的画像？原来，那还是仁宗朝的事，唐介因为直言敢谏而深得仁宗器重和信任。仁宗让宫廷里的画师给唐介画了一张像，仁宗御笔亲题"右正言唐介"五个字，一直保存在宫中，外边的人谁也不知道。唐介属于仁宗和英宗两代先帝留给后人的直臣。神宗对他是很器重的。

制置三司条例司的工作在有成效地进行，王安石的变法在大刀阔斧地进行，这就不可避免地要触犯许多人的既得利益，而既得利益受到损害的人与对变法本来就持反对意见的保守派联合起来，对王安石及所制定的新法进行强烈的进攻。

制置三司条例司的第一项最具体的工作就是制定出具体方案，裁减全国财政经费的支出，把财政支出最大限度地减下来。而开销最大最浪费的是宫廷宗室及皇亲国戚们的各种额外的赏赐和名目繁多的待遇，这又是最敏感最难办的事。但王安石在请示神宗同意后，还是把这个问题解决了。

庆历年间，吕夷简排挤掉范仲淹后，为了邀买人心，对皇室宗亲和后妃等大幅度进行赏赐，以后就成为定例，到时候就要按照那个数额进行发放。对宗室又实行特殊政策，恩赏官职，以至于达到滥的程度，凡是宗室子弟均安排为宫廷环卫官的职务，增加很大数额的俸禄，朝廷支出骤然增加。宗室和后妃们对吕夷简一片赞美之声，但却为以后留下了无穷的负担。几乎所有的人都有一个共同心理，这就是在生活待遇上喜升恶降，一旦提高了就不愿意降下来。所以司马光说："由俭入奢易，由奢入俭难。"这确实是个千古不替的真理。

后来韩琦执政时，曾经想革除吕夷简执政时留下的这一弊端而未果，故一直遗留到现在。新法规定：只有宣祖赵宏殷（赵匡胤之父）、太祖赵匡胤、太宗赵光义这三祖每一支每一代保留一个名额，选择一贤良之人为公爵，其他公爵全部废除。宗室子弟一律需要经过考试选拔后才可以当官。一下子使一大批空领高俸禄的宗室子弟的铁饭碗打碎了，这批人在京师里吵吵闹闹，到处煽风点火，造谣生事。这些人与大臣们又都有各种联系，社会活动能量很大，一时京城中沸沸扬扬，新法一下子成为众矢之的，成为人们议论的中心话题。

新法中还有一项内容，这就是连续两次裁减后妃公主及臣僚的推恩钱。所谓的推恩钱就是赏赐的钱，以前这方面的名目繁多，数量很大，而且是固定的，到什么节日，有什么祭祀活动发放什么，发放多少都有定数。虽名曰赏赐，实际上已经成为一种固定的经济收入。此次也都大幅度地裁减。这又涉及后宫及文武百官了。就连皇太后、皇后、妃子、公主即皇帝的奶奶、皇帝的妈、皇帝的大小老婆、皇帝的女儿的待遇都敢大幅度地裁减，王安石的胆量也真够大的了。仅此一点，就令我们佩服不已。

还要提到的是，如此大规模地裁减宗室、宫廷后妃公主的待遇，必须要得到神宗皇帝的批准和坚决的支持才有可能进行，否则是绝对不可能的。仅此一点，我们就应当充分肯定神宗的英明与神圣，就值得永远的歌颂。可想而知，这项举措又得罪了后宫中的所有后妃和公主，而这些人都是皇帝身边的人，经常和皇帝在一起。她们也成为新法的反对者，这一点是完全可以想象得到的。因此，神宗在宫中也常常听到有人对新法不满，对王安石进行攻击。

这样大幅度的压缩财政经费取得了相当理想的效果，再加上省兵并营等措施的实行，这年就把经费支出比往年压缩了百分之四十，而又不影响朝廷任何政务的正常进行。用这部分经费中的一部分来提高现职官员的俸禄，又极大地调动了官员们的积极性。

由于财政的困难，在变法以前，有许多地方官员的俸禄都不能按时兑现，官员们当然有情绪。而没有俸禄，胆大的官员就巧取豪夺，弄个脑满肠肥，胆小的就苦了。如今一变法，不但俸禄能准时发放，而且还提高了，官员们怎能不高兴呢。全面一衡量，得大于失，所以神宗更加坚定了变法的决心，更支持王安石的工作了。

王安石学识渊博，有多年的实践经验，深得神宗信任，便无所顾忌地进行变法。曾公亮已经七十一岁，见王安石果断敢为，朝廷事务纷然，大臣们议论纷纷，就想退出这场将要兴起的纷争，一再提出致仕的请求，也就是要求离休，即使上朝也不管事。

富弼身体不好，总是请病假，三五天也不上一次朝。对新法虽然有些想不通，但见神宗态度坚决，也就睁一只眼闭一只眼，得过且过。

赵忭虽然也已经过了六十岁，但身体硬朗，性格极其耿直，对新法有许多意见。但他学识不广博，反应也不快，拙嘴笨腮，一着急了还有点结巴。每提出一个新方案，他有不同意的地方就要和王安石辩论。可怎么也辩论不过王安石，一着急了就光嘎巴嘴说不出话来，大脖根都憋得通红。一遇到这种情况，回去后与家人或朋友就叫苦连天，连着说："嗨！苦啊，苦啊，真是苦啊、苦啊！"有时竟连叫十几个苦字。

这些情况，当然要传到外面去。京师里的人就送给中书省这五个人五个字，叫做"生""老""病""死""苦"。"生"是说王安石生气勃勃，锐意变法；"老"是说曾公亮老了，一味只想退休；"病"是说富弼有病，总是休病假泡在家里；"死"是说唐介竟抑郁至死，再也不能参知政事了；"苦"是说赵忭，遇事就争论，争论不过就会叫苦连天。可见老百姓把朝廷中的情况了解得清清楚楚，这几个字概括得也极其精彩形象，真是了不起。

从以上这些情况也可知道变法已经深入人心，已成为人们的热门话题。但王安石的头脑是十分清晰的，他也苦于那些颇有才能和时望的人物不支持他，而要变法又需要有一批人来做具体工作，于是他不得不提拔重用一些他本人都不十分满意的人。

吕惠卿就属于这种人。吕惠卿最早登上政治舞台是由于欧阳修的推荐，前文提到过。此人也确实精明强干，有很强的工作能力，但就是过于急功近利，功名心太重。他积极支持王安石变法，有相当一部分是投机行为。王安石对他看得还是比较清楚的。所以王安石想要尽力提拔一些既支持新法而又忠正厚道的君子到变法领导者的队伍中来。

可是司马光坚决反对变法，苏轼的立场基本上和司马光一样，对变法也总是说三道四的，这二人都有很高的社会知名度，可就是不支持变法，王安石很苦恼。他在苏辙上的一份奏折中，发现苏辙在论述问题上有抑制兼并而要求改革的意思，就把苏辙安排到制置三司条例司中来，任命他为这个部门的"检详文字"。实际是主管审查复核这个变法部门所有文件的要职。苏辙是苏轼的亲兄弟，与司马光的关系也很密切。王安石的这种人事安排，也表现出其要尽最大限度地团结一切可以团结之人的胸怀。

变法进行半年多，有的方面开始见到成效。但那些有威望的大臣多数依旧持观望态度或反对态度，王安石很伤心。正因为如此，他才不得不再提拔一些自己并不十分满意的人。他也预计到这样做的后果。一天，神宗问王安石制置条例工作进度如何，即新的法规制度制定得怎样了。王安石回答说已经进行检详文字，即进行到最后审稿定稿的程序，马上就可以向全国颁发了。神宗很满意。

王安石接着说："然而，现在急于理财，则必须使用能人。天下见朝廷以使用能人为先，而不重用贤人，见朝廷以理财为先而不重视礼义教化，恐怕风俗由此而变坏。故在重用能人时一定要同时尊重贤人，在抓理财时一定要同时抓礼义教化。待新法实行后，再渐渐进贤人而退小人。"神宗点头称是。当然，能人不一定是贤人，也不一定是小人，需要实践的考验。王安石当时的见解确实是很了不起的。他已经注意到物质文明和精神文明要同时并举的重要性，这在当时是很了不起的。随着新法的制定和颁布，保守势力对新法攻击的力度加大了。王安石和神宗面临着更大的考验。

第二节　阻力重重

做事必有挫折。"其事愈大者，其遇挫愈多，其不退也愈难。非至强之人，未有能善于其终者也。"善哉！梁任公之言。

司马光对变法一直持反对态度。一次，在迩英阁中讲学，司马光给神宗和听讲的人读《资治通鉴》，读到萧何死后，曹参为相而完全遵守萧何所制定的法规制度时，借题发挥讲起了"萧规曹随"对文景之治的重要作用，讲起了遵守祖宗法度，遵守旧制的重要性。

神宗何等聪明，就以这个问题为题，让当时在迩英阁听讲的吕惠卿进行解答。吕惠卿的水平和司马光不可同日而语，解答的理由不充分。后来，是王安石引经据典又进行了一番解答，神宗才豁然开朗。但这还只是理论上的争论，是更大论争的小前奏，更激烈的斗争也接踵而至了。

五月末的一天，司马光从迩英阁出来，往资政殿去，途中遇到吕诲急匆匆要去见神宗。司马光小声问："此次召对，欲言何事？"吕诲一指袖子里的奏章说："我要弹劾一个人。""谁？""新参知政事王安石。"司马光一愣，说道："王参政刚执政不久，众谓得人，奈何要弹劾？""君实也这样看王安石吗？""是的。王安石很有学识，为人也很有节操，就是有些执拗，并没有什么失德，更没有什么罪过。你要弹劾，何不等些日子观察一段再说？"

吕诲不听，气冲冲地去见神宗，当即递上一份措辞非常激烈的奏章，弹劾王安石十大罪状。其中说："王安石外示朴野，中藏巧诈，骄蹇慢上，阴贼害物。"然后列举十件事，证明其十大罪状。其中有英宗朝几次下诏召其进京任职，而王安石都封还诏书不肯进京之事，说这是怠慢先帝云云，但多数条目还是关于新法的，对新法进行全面的否定和攻击。

此奏一上，朝廷骇然。按照规定，大臣被弹劾，要在家待罪，等候朝廷和圣上处理发落。王安石知道自己为变法得罪人太多，此时必定有借机报复者，有投井下石者，但也只能听天由命了。神宗皇帝下手诏，命王安石不必在家待罪，照常上班办公。神宗很了解吕海的为人，这是一个为沽名钓誉而可以不要脸皮的人物。当初在濮议中弹劾欧阳修也是他打的先锋，也是什么词都用。可见其是个丧心病狂之人，正因为如此，他的话也就大打折扣。神宗一怒之下，罢免了吕海的御史中丞之职，并把他赶出京师，让他做邓州知州去了。

王安石继续执政，新法继续实施，变法派和保守派的斗争也在继续。在"青苗法"颁布之后不久，两派的斗争达到白热化的程度，出现了一次更大的较量。

青苗法是在熙宁二年九月颁布的。在颁布这个条例之前，王安石也曾经犹豫过。因为这个条例法规涉及天下所有百姓的利益，处理好了则会造福整个天下，弄不好则会扰民害民，也会殃及千家万户。最开始时，吕惠卿和王安石共同制定好非常详细的条例，然后交给检详文字苏辙审阅，并说明这就是青苗法，请苏辙尽管开诚布公地提意见，因为那还只是一个草案。

苏辙看后，对王安石说："此法确实很好，也挺符合实际情况，可以给百姓带来利益。但制定法规条例是为了百姓，是个好事。把钱借贷给百姓，只取二分之利，本义是为了方便百姓，不是为了取利。然而就怕出纳之际，具体管事的官吏从中营私舞弊，巧取豪夺。法不能禁，弄不好就要扰民害民了。"王安石听后，沉思了一会儿，连连点头说："有道理！有道理！我也一直有这个担心。让我好好考虑一下再说。"于是青苗法制定后，一个多月也没有颁布执行。

八月末，京东转运使王广渊进京办事，见到王安石，说现在农民正忙于秋收和秋种，急需钱用，苦于富户的高利贷，不知新法中有没有解决这方面问题的内容。王安石一听，青苗法就是针对这种情况的，这才下决心马上颁布执行。对原有的条文进行了一些修改，特别加上"禁抑配"这一条款。即发放此项贷款一定以借贷户志愿为前提，决不允许硬性摊派，不允许强制百姓借贷，也不搞什么"指标"。九月，正式颁布青苗法。在此之前，颁布了均输法，十一月，又颁布了农田水利法。但均输法和农田水利法涉及的社会面没有青苗法宽，所以，围绕青苗法的斗争也最激烈，变法派和保守派的斗争以此为导火索而达到最高潮。

青苗法是王安石变法中最重要的内容之一。前文提到过，此法有现代农业银行的性质。其具体内容是：当农民从事农业生产资金有困难时，可以到当地政府申请贷款，只要有偿还能力，有保人，就可以借到一定数量的钱。待收成后再返还本利。利息率一律定为二分，即相当于今天的20%。如果遇到大灾之年，还可以推迟一年返还。这就比当时民间借贷的四分利甚至五分利极大地减轻了借钱户的负担，对发展农业生产有很大的促进作用。

青苗法的颁布，王安石确实是经过深思熟虑的。他在任鄞县县令时，就已经有过这方面的尝试，而且取得了极大的成功。他主持制定新法时，也把此事作为一个重要内容。当时还有一人的做法也给王安石提供了经验，这就是陕西转运使李参。当初，陕西路粮食储备不足，而农民在青苗刚出土时又正是缺钱的时候，李参命令农民自己估计能收获多少粮食，提前借贷给一定比例的钱，等粮食收获后就用粮食偿还。这样做的结果是极大地方便了农民，官府也有很大收益，几年后，粮食储备充足。不但本路丰盈，而且还可以支援其他地区。由于借贷时要根据青苗的情况，所以当时就把这种贷款叫做青苗贷款，也叫青苗钱。

王安石仔细研究一下李参的经验，又进行一些修改补充和完善，再参照自己在鄞县的实践经验，才制定出"青苗法"。由于考虑苏辙的意见，制定出后一个多月也未颁布。后来因为王广渊的请求，才正式颁布实行。

青苗法颁布几个月后，在全国各地出现了种种复杂的情况。可以推知，有的地方严格按照朝廷的规定办事，执行得好，百姓们得到实惠，就欢天喜地，歌颂朝廷的圣明。有的地方执行得不好，苏辙预料的情况也出现了，一些急功近利的官吏借机搞名堂，硬性摊派。把百姓分成五等户，每户发放多少，不借不行。结果是扰民害民，倒成为贪官污吏敲诈百姓的一种工具了。在这种地方，邪恶势力占上风，正直官吏有提出不同意见的，倒要给扣上反对新法的帽子。百姓们怨声载道，对新法当然不满了。其实，这两种情况同时存在着，不同立场的人就要选择不同的典型来对新法进行评价。

当时，大名士欧阳修任青州知州，韩琦任河北安抚使。欧阳修对王安石的变法一直不理解，对青苗法则坚决反对，认为这是朝廷向农民放钱取息，谋求利益。而他最担心的是"抑配"的问题，这样必然扰民害民，而这种情况在有些地方还真的发生了。所以欧阳修连续两次上札子给皇帝，要求收回这个条例。而且欧阳修态度特别鲜明，这就是他拒绝实行这个条例。欧阳修是三朝元老，为人忠正博学，社会名望极高，他的话是非常有分量的。神宗有些犹豫了。

几天后，河北安抚使韩琦也上奏章专门论青苗法。文章很长，认为立青苗法的初衷是好的，可执行起来恐怕不会像预想的那样好。最容易出现的是"抑配"问题。而且有钱的人家不需要借贷，需要借贷的穷苦百姓又有可能到时候还不上钱。民间借贷利息虽高，但借贷之间不允许官府过问，完全是真正意义的自愿。即使到时候还不上，官府也不参与。青苗法则不同，如果到时候不还，难免官吏百般催逼，恐怕会棍棒相加，百姓将不胜困扰矣。

韩琦资格比欧阳修还老，更是三朝元老，而且是执政的三朝元老。仁宗朝就是宰相，英宗之立，韩琦也是有贡献的。而在英宗死时的表现神宗也是知道的，韩琦的忠正和果敢朝野有名，他的话分量不是更重了嘛！

"难道青苗法真的扰民害民？难道变法真的不应该？"神宗放下欧阳修和韩琦的札子和奏章，心潮起伏不定，对自己和王安石所做的一切也开始怀疑了。但他一想到现在整个社会的现状，想到浑浑噩噩的世风，如果不进行变法又有什么出路呢？神宗心里如一团乱麻，一时理不出头绪来。他感到实在有些闷心，就起身出殿，一个人信步而行。走了几步，他忽然想到，今天该去看望母后了。便往太后的宫中而来。

　　路上，神宗忽然想起前几天与王安石的一段对话。一天下朝后，神宗单独召见王安石，问道："王爱卿听到过'三不足'之说吗？"安石答曰："没有。何谓三不足？"神宗道："外边人纷纷说，朝廷以为天变不足惧，人言不足恤，祖宗之法不足守，这是怎么回事？"显然，神宗觉得这种说法有点像王安石的口吻，故有是问。王安石没有正面回答是不是他说的，只是解释道：

　　"陛下忧勤劳苦，没有留连于享乐，这就是惧天变；陛下虚怀若谷，征询采纳人们的意见，又岂是不恤人言？然而人言固有不足恤者，如果合于义理，人言又何足恤？至于祖宗之法不足守，则本来就当如此。仁宗在位四十年，数次修改法规律条。如果法律一定，子孙就当世世代代遵守，祖宗为什么还要屡次变更？"

　　王安石的这几句话又出现在神宗的脑海中，他仔细品味着其中的深意，默默地点了点头。不知不觉间，高太后的宫门出现在神宗的眼前。

　　神宗的亲生母亲姓高，也是一个很有心计的女人，是英宗的皇后。英宗死而神宗立，她就顺理成章地升为太后了，而且是纯粹的一点杂质都没有的太后。因为有的太后是借老公的光，有的太后是借儿子的光，她则既是英宗的真正皇后，又是神宗的生身母亲，无论从哪个方面她的地位和资格都是最高的。高太后共生了六个孩子，四男两女，两女还是一对双胞胎。神宗皇帝是长子，下边还有三个弟弟和两个妹妹。三个弟弟分别叫赵颢、赵颜、赵頵。高太后此时不过年近四十，由于生活好，保养得好，徐娘半老，风韵犹存，满面春光，体态丰腴，很是富态。

高太后见神宗满面愁容，就关心地询问朝廷中的情况。神宗摇着头苦笑了笑，说道："母亲不必担心，我只是因为最近一段时间事情太多，太累。有些疲乏而已。"

高太后说道："我听说民间甚苦青苗钱，是否罢免此法？"神宗说："散青苗钱是为了有利于百姓，是为了减少百姓的困苦。"太后又说："王安石确实很有才学，但是怨恨他的人太多了，不少人对他有非议。你如果若爱惜保全他的话，不如让王安石暂时出外任避位一段时间，等过个一年半载地再召他进京让他执政。这样无论对你对他都有好处。"高太后说得很清楚，意见也挺明确。

神宗说："群臣之中，多数是明哲保身之人，只有王安石能够挺身而出，为朝廷为国家奋不顾身，能够为我挡事。"这时，神宗的大弟弟赵颢在神宗进屋前已来看望太后，恰好也在旁边，就接过去说了一句："太后之言是至理名言，陛下不可不考虑。"

神宗一听，把一肚子的怨气都撒在弟弟身上，就没好气地说："是我败坏祖宗法度，我是败家子，你自己来当这个天子好了。"赵颢一听这话，知道哥哥真生气了，忙带赔礼似的说："臣弟不敢，陛下何至于说此气话。"太后见儿子动了气，忙加以解劝。赵颢怏怏而退，神宗也告辞出来。

在此以前，神宗也常常听到娘、皇后、弟弟以及后宫中的一些人说对王安石不满甚至是诽谤的话，但他心里明白，这是因为王安石变法直接涉及这些人的利益，得罪了他们。故一般的话根本不往心里去。这次不同，先是欧阳修和韩琦的奏章，接着就是高太后一番语重心长的话，使他不能不动心了。

次日早朝后，神宗单独召见王安石，要和王安石商量关于青苗法的事。在变法方面，一直相互理解相互信任的君臣之间，也出现了意见分歧，变法大业面临着严峻的考验。

第三节　李定事件

　　一个人，只是说几句实话就遭到许多人之攻击与刁难，甚至险些被以"莫须有"之罪名而治罪。这又为数年后之"乌台诗案"种下苦果。

　　王安石来到资政殿，叩见神宗皇帝后落座。神宗拿出欧阳修的札子和韩琦的奏章递给王安石，说道："韩琦和欧阳修真是难得的忠臣，虽在地方而不忘朝廷百姓。颁布青苗法，本义是为了便民利民，却想不到会给百姓带来这么大的负担和灾害。朕心实在有些不安。"

　　看到神宗忧郁的神情，王安石知道这不是个简单的事。他一目十行地浏览完两个奏折后，说道："陛下不必为此过于忧虑。青苗法颁布时臣也想到会有一些问题。但各地反映上来的情况不一样，有的地方说百姓非常欢迎。这种说法臣还是第一次听到。待为臣派人下去查明后再行处理。"

　　"韩琦和欧阳修都是前朝执政大臣，是三朝元老，他们的话一定是经过深思熟虑才说的，爱卿是不是仔细考虑一下？"

　　"此次变更法度，韩琦和欧阳修都有些不理解，他们看问题可能有偏见，这一点也请陛下明察。"王安石态度很坚定。

　　"各项条例是不是都重新考虑一下？另外，外面物议太多，为了减少一些物议，是不是考虑把司马光提拔安排到枢密院任副使？"神宗试探着和王安石商量，等着王安石表态。

　　王安石略思忖一下，说道："司马光学识渊博，为人正直，颇有时望。可是他对变法坚决反对，他周围的人全是反对新法之人。如果给他重要职务，等于是给新法的反对派竖立起一面旗帜，这样恐怕会给变法带来很大困难。请陛下三思。陛下如果对变法动摇，不想变法了，司马光确实可以大用，臣请避位。"

"爱卿不必做此想，朕变法的决心是不会更改的。"神宗表示。

王安石回到家里，仔细想近几天发生的事和神宗今天谈话的态度，他感觉得到，神宗的身上也有千斤重担，也有很大的压力，如果神宗一旦动摇，一切努力将付诸东流。他感到自己肩上的担子太重了，他太累了，他要休息几天，也好考验一下神宗的态度和变法的决心。王安石递上请假的札子，说自己的身体不好，请假在家中休息一段时间。

这时，司马光来求见神宗，提出他要到外任去做官，因为他的意见不被采纳，在朝廷中已经不起作用，请神宗恩准。其实这仿佛是在下一盘棋，变法派和保守派双方在进行将军，一定要神宗拿出一个明确的意见来。神宗问司马光，能否出任枢密副使之职。司马光态度明确而坚决，如果陛下坚持变法，我决不接受任命。如果让我接受任命，就一定要停止一切变更法度的工作。

几日后，司马光接到中书发来的敕诰，任命其为枢密副使。司马光因为新法在继续实行而坚决不肯就任，连上九道辞状。而就在这同时，神宗亲自下手诏请王安石赶快到朝廷办公，不得延误。命吕惠卿到王安石家中去传达神宗的问候，并再下手诏进行抚慰，情意很是恳切，又派内侍送去一些药品和御膳。王安石见神宗对自己依然倚重，又询问吕惠卿近日朝廷的一些情况，知道神宗变法的决心没有动摇，便写了两封感谢圣恩的札子，到中书省上班办公了。

在这个双方势力与心理的较量中，由于神宗的立场没有动摇，所以是变法派取得了胜利。数日后，司马光给王安石连续写了三封信，最后一封信长达三千三百多字，对新法进行了全面的分析和批评，劝王安石停止变法，撤销制置三司条例司，一切恢复旧制，言辞恳切，并没有恶毒攻击的语言。

读完司马光的信，王安石内心一阵阵的酸楚。司马光是自己交往多年的老朋友，学识渊博，为人正派，可就是思想太固执太保守，对变法一直持反对态度。如今又连续写信，对自己倒没有恶意。但自己也不能为朋友的面子而不坚持变法啊。哎，君实啊，我可真拿你没有办法！王安石想到前两次来信，自己回信特别简略，有些失礼，这次详细谈一谈吧，既是我对变法的明确态度，也算是对老朋友的礼貌。于是，王安石写了一封言简意赅的回信，这就是千古流传的《答司马谏议书》，因司马光当时是右谏议大夫之职，故有此称。全文是：

> 某启：昨日蒙教。窃以为与君实游处相好之日久，而议事每不合，所操之术多异故也。虽欲强聒，终必不蒙见察，故略上报，不复一一自辨；重念蒙君实视遇厚，于反复不宜卤莽，故今具道所以，冀君实或见恕也。
>
> 盖儒者所争，尤在于名实，名实已明，而天下之理得矣。今君实所以见教者，以为侵官、生事、征利、拒谏，以致天下怨谤也。某则以谓受命于人主，议法度而修之于朝廷，以授之有司，不为侵官；举先王之政，以兴利除弊，不为生事；为天下理财，不为征利；辟邪说，难壬人，不为拒谏。至于怨诽之多，则固前知其如此也。人习于苟且非一日，士大夫多以不恤国事、同俗自媚于众为善。上乃欲变此，而某不量敌之众寡，欲出力助上以抗之，则众何为而不汹汹然。盘庚之迁，胥怨者民也，非特朝廷士大夫而已。盘庚不为怨者故改其度，度义而后动，是而不见可悔故也。如君实责我以在位久，未能助上大有为，以膏泽斯民，则某知罪矣。如曰今日当一切不事事，守前所为而已，则非某之所敢知。
>
> 无由会晤，不任区区向往之至。

语气委婉雍容，态度坚决果断。言简意赅，批驳了司马光及保守派对自己及变法的攻击，对士大夫阶层不恤国事、苟且偷安、墨守成规的庸俗思想表示强烈的不满，表现出坚持变法的坚定信念和决心。

从此，这两位学识渊博，洁身自好，都有高尚情操的好朋友就因为政见不和而分道扬镳，成为尖锐对立的政敌。一个坚决变法，一个坚决反对变法。各自主持政局一段时间，分别成为变法派与保守派的旗帜，乃至于在他们身后几十年，双方的人还一直以他们为大旗相互攻击，形成水火不相容的两大势力，即中国历史上著名的元祐绍圣党争，直到北宋的灭亡。

其实，就王安石和司马光本人来说，在个人品格上可以说都是正人君子，都是无可挑剔的。他们二人之间，谁对谁也未说过一句过头的话，王安石只是说司马光太保守，而司马光也只是说王安石太执拗。这才是正人君子之所为。

新法继续推行，变法派和保守派的斗争也在继续进行。元祐三年八月的一天，司马光觐见神宗，坚决要求离开朝廷。神宗劝司马光道："王安石素与卿相善，卿何必自疑？"司马光答道："臣素与安石善。但自从安石执政以来，多所违忤。臣屡次相劝，安石执拗不听。臣继续留在朝廷多所不便，请陛下除臣外任。"数日后，司马光出任知永兴军之职，离开了东京。

新法在继续推行，变法派和保守派的斗争也在继续，一刻也没有停止过。许多新法相继出台，整个社会各个阶层都出现了骚动。由于新法中涉及面最宽的是青苗法和免役法，故围绕这两法的斗争也最为激烈，尤其是青苗法，因为此法触犯了所有大地主大富户的利益，朝廷以行政法规的性质把他们对贫民放高利贷剥削的重利剥夺了，这些人怎能善罢甘休呢？这些富户和那些与他们利益相关的地方官僚以及朝廷中的保守势力联合起来，对新法进行了大规模的反扑。于是，青苗法就成了双方势力斗争的焦点。

秀州军事判官李定在孙觉的推荐下进京听调。他由于一直在远离京师的地方工作，并不了解京师中两派斗争的情况。他先去拜访谏官李常，李常问道："君从南方来，应该知道青苗法在地方上推行的情况，百姓对此法到底是什么态度？"李定马上回答道："挺好啊！此法方便百姓，百姓们都欢天喜地。"

李常警告李定说："你初来乍到，不知朝廷里的情况。现在整个朝廷终日为此法争论不休。你见到别人千万不要这样说，否则你就会被人指责攻击的。""我这是实话实说，如实反映情况，怕什么攻击呢？"李定感到有些莫名其妙。

次日，李定又去拜访恩师王安石。前文提到，王安石在江宁开馆授徒时，李定曾经去学习过，是王安石的真正的学生。来到京师，自然要去拜访。二人见面后，王安石也问起青苗法在民间的情况，李定如实而言。王安石听后很高兴，因为这是直接来自地方的反映，非常有说服力。

王安石推荐李定觐见神宗。神宗听到李定的汇报，对于新法尤其是对于青苗法的顾虑彻底打消了，更加坚定了变法的决心和推行青苗法的力度。形势对保守派极其不利。

李定的做法果然如李常所预料的那样，一下子成为保守派攻击的主要目标。由于他奏称旨，被任命为太子中允监察御史里行。在他任职的问题上就产生了许多意想不到的周折。任命李定的辞头到中书舍人手之后，被封还回来。当时担任中书舍人的宋敏求、苏颂、吕大临三人拒绝起草诏书。

当时圣旨形成的过程是这样的：先由执政大员征得皇帝同意后起草一个具体意见，然后交给中书舍人知制诰再进行正式起草润色，推敲字句，定稿后才能正式发出。有时皇帝要办什么事，亲自手书意见为辞头交中书省拟旨，但中书省长官如果坚决不同意，皇帝也没有办法。因为中书省掌握着皇帝的大印即通常说的御玺。中书令不肯盖戳圣旨还是发不出去。当然，这种情况在历史上很少出现，但也真的出现过。

唐朝历史上最后一个贤相张九龄就曾经干过这样的事。当时，张九龄是首席宰相，裴耀卿是第二宰相，大奸臣李林甫为第三宰相。李林甫和武惠妃内外勾结设谋陷害太子，以便立武惠妃生子寿王李瑁为太子。玄宗听信谗言，几次要废掉太子，都因为张九龄的坚决反对而未能废成。

后来，玄宗干脆就不讨论了，直接拿亲笔写的辞头要求张九龄执行。张九龄一个劲儿地叩头请罪，但就是不肯起草诏书，更不肯在圣旨上盖章。张九龄说得明白，太子无罪，是受奸人谗害，只要我张九龄还是中书令，这个章就不能盖，太子就不能废。玄宗也拿他没有办法，最后唐玄宗还是先把张九龄撤掉，才实现废太子的愿望，才使李林甫得专大权，才会出现安史之乱这一历史悲剧。

三名中书舍人不肯起草诏书，神宗下了几此手诏晓谕，三人仍无动于衷，这就把矛盾激化了，或者是收回辞头，或者是罢免三人的知制诰之职，二者必居其一。结果当然可想而知，宋敏求三人落职，另行安排。三人因此还获得一些人的赞美，被称之为"熙宁三舍人"。虽然几经周折，李定太子中允的官还是当上了。在这一回合的较量中，显然是变法派胜利了。但斗争远远没有结束，李定遭到了更大的攻击和诽谤。

数日后，监察御史陈荐上奏章弹劾李定母亲死匿丧不报，不为生母守丧，大逆不道，有伤伦常，请治罪。其实，这已经是几年前的事了。李定是庶出，即是小妾所生，他也不知道自己的生母是谁。他进士及第后步入仕途，在任泾县主簿时有一位姓仇的妇人死了，据有人说是他的生母，可他本人也不知究竟，他父亲又不认可此事，他便没有为仇氏守丧。

既然有人弹劾，就不能不过问，圣旨批复，交江东淮浙转运使衙门调查审理此案。不久，转运使上奏章，说查阅以前档案，只有李定因为父亲年迈请求归家赡养之文书而没有其母亲死亡的记载，而所谓的仇氏是否是李定的生母无法确定。下诏允许李定上奏章自辩。

李定上书自辩，说他根本不知道为仇氏所生，有所耳闻后询问父亲，父亲又不认可自己是仇氏所生，因此自己也无法确定，事情暧昧不明，故未给仇氏守丧，事出有因，请求有司明断。有关部门对此事进行专门辩论，有人提出让李定补上为生母守丧这一课，实际是要把李定从京师赶出去，给王安石一个颜色看。

王安石这时也不能不说话了。他认为，李定生母问题尚暧昧不明，当然也就不存在大逆不道之罪，再让李定为是否是生母都无法确定的仇氏守丧就没有任何道理。何况仇氏已死多年，已经没有办法重新确定他们的母子关系，故此事不宜深究。从李定请求为年迈的父亲辞职归家赡养之事来看，李定是个孝敬之人。以暧昧不明之事而定罪，实在说不过去。

由于王安石的全力保护，李定才免去为死去多年的是不是生母都搞不清楚的仇氏守丧这一尴尬之事。如果李定不卷入这场斗争的话，这件事决不会发生。在对李定进行弹劾围攻的过程中，最主要人物是司马光和苏轼。苏轼弹劾的奏章很有分量，如果不是王安石水平高，还真没有办法驳倒苏轼。平心而论，司马光和苏轼的做法也有些过分，也是在闹意气，缺乏公正宽容之心。也正因为苏轼在这个问题上把李定得罪得太苦了，后来到元丰二年时，李定才起劲地陷害苏轼，造成中国历史上著名的文字狱——"乌台诗案"。

不久，因为拒不执行青苗法的一些州县级官员先后被革职。欧阳修连上两个札子要求停止青苗法，未获批准。他又写信给王安石，指责王安石不该如此更改祖宗旧制，请王安石罢青苗法。并认为青苗法的本义就是要向百姓取利，如果要避免这个嫌疑，请取消二分钱的利息，白借给百姓。

王安石针对这一点专门写了一篇反驳状，指出如果这样做将难以为继。因为没有一定利息的话，朝廷就要背上沉重的包袱，一旦有的借钱户出现特殊情况不能返回贷款的话，朝廷就要受到损失。何况，这样贷款，没有办法控制那些投机取巧者。欧阳修见自己的意见不被采纳，青苗法照旧推行，他早已厌倦政治的思想情绪更加强烈，连续上表请求致仕，获得批准。

欧阳修这位三朝元老退出了政治舞台。欧阳修自己也清楚，朝廷对他是很厚的，神宗和王安石对他也算是做到仁至义尽了。前文提到，欧阳修不但连续上札子反对青苗法，而且在本州拒绝实行。这可是违抗朝命，一般官员是要受到严厉处分的，重的要罢官。但王安石除写文章反驳他的论点外，还特别为他发下一道诏书，免去对他的处分。

三朝老臣，大名士欧阳修怀着对王安石的不满情绪回家隐居去了。司马光怀着对王安石的不满情绪到地方上做官去了。那么多好朋友如宋敏求、苏轼、苏辙兄弟等也都因为变法与王安石产生了矛盾，关系冷淡甚至决裂了。这令王安石非常伤心，但不能因此就停止变法。王安石看到，新法在克服重重阻力后正在全国范围内得到贯彻执行，变法大业正在健康地发展。如果坚持三五年，得到整个社会的普遍认可的时候，变法大业就会成功，给百姓和朝廷都会带来永远的利益。那时，对自己产生误解的这些朋友或许就能理解自己的苦衷而重新改善与自己的关系了。所以，王安石并没有因为这些朋友疏远自己而动摇变法的决心。

第四节　百折不挠

变法在深入发展，涉及社会生活之各个方面。吕氏家族出了"家贼"，大相国寺墙壁上出现匿名诗。

青苗法继续贯彻实行，各种新法继续贯彻实行，保守派和那些既得利益受到损害的阶层及一切反对变法的势力联合起来，对新法以及王安石进行一次次的进攻。神宗是变法的总后台，王安石则成为前台总导演，吕惠卿、曾布是两个主要演员。王安石自然成为保守派和反对新法者的众矢之的，一切诽谤都朝着王安石而来，因为当时的人们即使对神宗有天大的意见也不敢说出来。王安石以极大的魄力承担着一切。可以想象，那么多品德高尚的朋友都和王安石分道扬镳，其他一些市井小人对他不更会进行各种诽谤嘛！

朝廷里的保守派大臣一天也没有停止与王安石的明争暗斗。神宗还真是个有魄力的君主，通过一年多的实践，他更加坚定了变法的决心，凡是反对变法的人，无论资历多高，社会知名度多大，一律从主要岗位上撤下来，为贯彻新法开路。御史中丞吕公著、参知政事赵忭、枢密副使吕公弼、御史程颢都因为反对新法而被罢官。王安石和支持新法的韩绛同时被提升为同平章事，出任宰相之职，成为朝廷中最高的行政长官。变法派已经全面控制了朝廷的大权。保守派的正面进攻已经不起什么作用，他们也只好转变方式。当时两派斗争的形势是非常激烈的，已经深入到了一些家庭的内部和社会的各个地方。

先前，枢密副使吕公弼和王安石关系很密切，见天下朝廷因为变法而汹汹然，就劝王安石不要再继续颁布新法了，王安石不听。吕公弼回家后就写成一个奏章，对新法进行指责。

不料，他一时不慎，所起的草稿被从孙吕嘉问偷了出去，悄悄地送给了王安石，让王安石有所准备。可见这个吕嘉问一定是新法的支持者。王安石拿到草稿，先去见神宗，说吕公弼反对新法，并说出了具体内容。果然，吕公弼当日即上奏章，与王安石说的完全一样。结果，吕公弼就被摘掉了枢密副使的乌纱帽。事后，这件事慢慢露了出来，吕家的人都称吕嘉问为"家贼"。

一天，在大相国寺最显眼的一面墙壁上，出现一首匿名的题壁诗，诗云：

终岁荒芜湖浦焦，贫女戴笠落拓条。阿傜去家京洛远，惊心寇盗来攻剽。

大相国寺是东京城的中心，也是当时最大的商品集散地，终日人头攒动，最为繁华。见墙壁上题了一首诗，人们并不觉得怎么新奇。那时候，在墙上题诗是一种时尚，人们早已司空见惯。但这首诗却招来了很多人，因为诗写得太模糊，谁也看不明白是什么意思。越是看不明白就越招人爱看，所以这里经常围观许多人，一边看一边琢磨分析，可谁也不能确切讲清楚写的到底是什么意思。这件事不胫而走，惹起了一位大名人的兴趣，他也到大相国寺来看这首人们议论纷纷的怪诗。此人就是苏轼。

围观的人没有一个是文盲，都是有相当程度的文人。有人都琢磨两三天了，可就是琢磨不出来诗的意思。故天天来这里看，也想看一看有没有人能解开这首带有谜语性质的诗。苏轼当时三十多岁，早已是闻名遐迩的人物，围观的人中有认识他的，见这位大才子到来，人们自然让开一条道，让他走到题诗的墙壁下。

苏轼中等身材，英姿勃发，略长的脸形匀称地分布着五官。他略微抬头一边看墙上的诗，一边手摸下颌那一绺不太多的小胡子，微颦一双浓眉思索着。

周围的人似乎都屏住了呼吸，仿佛是一群求知若渴的学生在望着老师，静静地等着他拿出答案来。大约过了半刻钟，苏轼那微蹙的双眉慢慢舒展开来，嘴角微微上翘，露出一丝笑意。人们知道他看明白了，几个围在他身边的人迫不及待地问："苏学士，这首诗到底是什么意思？""你们真的始终没看明白吗？"苏轼反问。

　　"确实，在下已经琢磨两天了，始终不得其解。"一个人答道。"既然如此，我就解释给你们看。你们看是不是有道理。不过，这首诗是讽刺当局讽刺朝政的，我解释完之后马上要清除掉，不要再在这里摆着了。"苏轼说完，让人叫来这里的主管做了吩咐，接着就开始讲解诗的意思。下面就是苏轼的解释：

　　"'终岁'是十二月，十二月三字从上往下组合起来是个'青'字；'荒芜'是田上长草，田字上边加个草头正是'苗'字；'湖浦焦'是没有水了，水去是个'法'字；'女戴笠'是个'安'字；'落柘条'是柘树落木是个'石'字；'阿侬'是吴地方言，'吴言'颠倒一下位置是个'误'字；'去家京洛远'离家到远方的京师是个'国'字；'惊心寇盗来攻剽'是扰民之意。合起来全诗的意思是'安石青苗法误国扰民'。"围观的众人这才恍然大悟，连声赞叹。

　　此事当然传到王安石的耳朵里。听完苏轼的解释后，王安石也从心里佩服，暗暗赞道："这苏轼真是个名副其实的才子，可惜不为我用，对新法始终抱有一定的敌意。可惜啊。"这么个小插曲当然不会对王安石有什么影响，他继续以极大的魄力坚定不移地推行贯彻新法。

　　秋天，王安石的另一个学生陆佃进京参加科举考试，到王安石府上拜访。王安石问到新法在江南推行的具体情况，陆佃说："新法没有什么不善之处，只是推行起来不如初意，有些地方确实有扰民的现象。"

　　王安石听后有些惊愕，说："怎么会这样？怎么会这样？我和吕惠卿再仔细商量商量，再派人到下边去调查调查，想办法解决这些问题。"

陆佃看着恩师为变法操劳过度那疲乏的眼神，见恩师对百姓关心的神情，不由自主地说道："恩公乐于听取意见，从善如流，古所未有，可外面却都说公拒绝批评，不肯听取别人的意见。"

王安石微笑着说："我哪里是拒绝批评意见的人。只是有些人一味反对变法，墨守成规，邪说营营，谤言四起，如果都听的话，什么事也干不成。"事后，王安石派李承之到淮南路去专门调查新法推行的情况。李承之回来汇报说新法运行比较顺利，百姓也很欢迎，并不像陆佃反映的那样。

推行青苗法的阻力最大，青苗法都冲破重重阻力贯彻下去。王安石开始考虑下一个新法了，这就是"市易法"。市易法的制定和推行，与几年前上《平戎策》的王韶有关，当然也是王安石一直在考虑的一项极其重要的经济政策。但王韶的一项建议是其制定颁布这项新法的契机。

王韶因为在神宗即位之初上《平戎策》而受到重视，被任命为管勾经略司机宜文字，实际上相当于朝廷派往西北边防地区的顾问和特派员。他提议，利用西北边陲大片空地发展经济，在陕西渭水沿岸筑内外两城，然后在此开设一个大规模的集贸市场，由朝廷出资平抑物价，以此来吸引百姓到这里来居住。若此，几年后就可以把这里的经济发展起来。经济发展了，对于开发西北威胁西夏都有重大意义。

王安石详细研究了王韶提出的方案后，觉得切实可行。在进行一些修改后就批复王韶主持此事。待两个城建完后，先在这一地区试行此法。待取得成功后再往全国推广。这一法规制度有现代商业银行的性质，可以极大地保护中小业主和手工业者的利益，促进工商业的发展。

其具体做法是：由朝廷提供一定数额的资金做周转，对一些常用消费品和生产资料的价格进行控制。防止大富户利用价格对中小业主的控制和盘剥。当某种产品供大于求，价格下降时，朝廷以最低限价进行收购，免去生产者产品卖不出去的后顾之忧。以前，每当出现这种情况时，那些资金雄厚的大富户就联合起来把物价压到最低点，有些中小业主常常因此而破产。王安石指示王韶，先做好前期准备工作，待时机成熟后再全面实施市易法。

在修建内外两城的时候，又遭到知永兴军的司马光的阻挠和反对。宋代的永兴军即唐代的京兆府，即以今日西安市为中心的很大一片地区。王韶计划要修的城池和集贸市场正在司马光直接统治的地方内。司马光命令属下不准出工出役。但王安石没有因此而动摇，继续按照计划实行。司马光见自己的意见又不被采纳，向神宗皇帝提出辞去知永兴军的职务，因为自己如果继续留在这个位置上，对朝廷、对王安石、对自己都不好，要求出任一个散职。神宗无奈，只好同意他的请求，让他做了东京留守。从此，在很长一段时间里，司马光再也不过问政事，专心撰述润色《资治通鉴》去了。

第五节　全面推行新法

尽管风大浪急，险象环生，但变法之航船依旧朝着既定方向艰难地行进。尽管有几百人闹事闹到王安石家里，但依旧不能改变其变法之决心。

前文提到过，变法前的差役制度给百姓带来极为深重的灾难，许多百姓因此而家破人亡。此次变更法度，目的就是减轻百姓的负担，发展生产，发展经济，富国强兵。所以当青苗法基本上得到推广以后，神宗和王安石又考虑如何改变差役制度了。王安石提出草案，经神宗皇帝同意后，命吕惠卿和曾布去具体起草，要针对社会现状，从实际出发，制定好详细的切实可行的条款，对本朝建国以来实行了一百多年的摊派差役的制度来一个彻底的改革。

经过一年多的反复酝酿和推敲，神宗和王安石又详细审查，批准了新的役法，叫做免役法，也叫募役法。其实，早在仁宗朝，一些地方官员，如两浙转运使李复圭、越州通判张诜等都曾在局部地区对旧的差役法有所改革，由应当出差役的人出钱雇人代充，这就是免役法的雏形。

新法规定，一切差役全部免除，一律由政府出钱雇佣，钱由百姓分担。按照百姓的财产把百姓分成五等户，每户按照等级出一定数量的钱，随夏秋两税一起交纳，称免役钱。乡村四等户以下不纳，城市中六等户以下不纳。各路、州、县根据当地差役事务的繁简，自定数额进行收缴，供当地使用。正额外，再增收百分之二十存留备用，称"免役宽剩钱"。原来不出差役的官户、女户、寺观等按照定额的一半交纳，叫作"助役钱"。其实，这种办法有后世向个人征收财产所得税的性质，这可以使随便役使百姓的弊端得到有效的控制。毫无疑问，如果此法得到认真贯彻执行的话，确实是个利国利民的好制度。

但是，新法的每一项政策条文出台，都要有很大的阻力。为了慎重起见，王安石决定，免役法先在京兆府试行，待试行成功后再同全国推广。

刚刚宣布不久，属于京兆府管辖的东明县就有几百人到开封府来闹事请愿，说给他们定的免役钱数额太高，要求降等。事情传到神宗耳朵里，询问王安石该怎么办。王安石认为，这是一些反对新法的人煽动百姓闹事，有人说只要人多上诉要求，就可减少免除役钱，如果朝廷退步，新法便没法推行。只要定的数额合理，就要坚持住。神宗这才没有动摇。

几天后，御史台和谏官也反复上奏章议论此事，神宗又问王安石是否稍微把原来的定额裁减一些。王安石认为定额是经过反复研究核算确定的，是合乎实际的，是可行的，应当在试行一段时间后再进行修订。有人反对是在意料之中的事，不能退让。神宗再次采纳王安石的意见。

斗争还在继续，又过一段时间，还是上次闹事的那些人，又到京师来请愿。不知是什么原因，一些人居然闯进了王安石的私宅，要求相国为他们做主，说他们户的等级定得不合理，请重新核定财产，重新定等级。王安石答复他们说，这些情况相府确实不知道。这是州县的事情，如果认为等级不合理，可以向当地政府提出诉讼，宰相不能管这些具体的事情。又问这些人来时县令知道不知道，答说不知道。王安石要求他们回去，等把事情调查清楚后再进行解决。

原来是东明县令贾蕃是保守派阵营里的人，对新法一直采取消极的态度，对新颁布的免役法更是如此，也不认真调查，随意定百姓民户的等级，硬性往下摊派免役钱的定额，促成这次影响较大的事件。贾蕃被罢官，事情才算了结。

经过半年多的试行后，免役法向全国正式推行。免役法的制定和推行，从根本上改变了从古以来的百姓服差役的制度，官府的差役完全用钱雇人来干，百姓只是出一部分钱就可以免去苦役和伴随而来的鞭笞，而且所承担的免役钱也比较合理，对于百姓来说，无疑是个好政策。免役法所收缴的钱一般都可超过实际雇佣役夫的需要，官府的各种差役又可随时雇人来干，此外还可增加一定的收入，对官府也很有利。可见免役法确实是个利国利民的好政策。

近代大学者梁启超在所著《王安石传》（第十章）中曾经深情地说："自此法（指免役法）既行，后此屡有变迁，而卒不能废。直至今日，而人民不复知有徭役之事，即语其名亦往往不能解，伊谁之赐？荆公之赐也。公之此举，取尧舜三代以来之弊政而一扫之，实国史上世界史上最有名誉之社会革命也。"梁启超因为积极投身于"戊戌变法"之中，故对王安石变法的艰辛和伟大历史作用有清醒的认识，所以才有如此深刻的论述。

在免役法正式推行之后，紧接着就是颁布实施保甲法。保甲法是为加强地方治安而建立的地主武装，用来保卫地方，纠察盗贼，与朝廷正规军相表里，共同来保卫国家的安全和维持整个社会的稳定。

其具体做法是：乡村民户以十户为一保，每保设置保长一人。每五保为一大保，设置大保长一人。每十大保即五百户为一都保，设置正副都保正各一人。民户有两丁以上者都要抽出一人为保丁，集中进行军事训练。每一大保轮流派五人执行巡逻任务，发现有盗贼即报告大保长追捕。同保中如果有窝藏盗贼匪徒的人，知而不告者连坐治罪。保正要由当地最有钱财的大富户，而且又有威望有心计的人担当。

实际上这是在国家法规规定下建立的地主武装。而那些所谓的"保长"、"保正"等也就成为掌握一定武装力量的地方上的实力派人物。《水浒传》中的晁盖在劫取生辰纲之前就是个"保正"，在他事发后登高一呼，就有那么多人跟着他上梁山泊，当雷横带兵来逮捕他的时候，有那么多人听他的指挥而与官兵对抗，都因为他是保正的缘故。如果他就是个普通百姓，这一切都是不可能的。

保甲法在开始推行的时候，也有很大的阻力。一些反对派煽动好吃懒做的懒汉或不明真相的百姓吵吵嚷嚷，有人砍断自己的手指或弄折手腕来躲避当保丁。开封府尹韩维将这种情况报告给神宗。神宗问王安石，是否真有这种事，对这种情况怎么办。王安石回答得很干脆，他说：

"天下之大，何事没有，什么样的人没有。即使真有这种事，也不足怪。为天下之主，如果只任民情，那么又何必设立国君建官置吏呢？实行保甲法，不但可以根除盗贼，而且也可以使百姓渐渐熟悉军事，又节省朝廷经费，一举三得。请陛下坚决果断，要不恤人言而推行之。"神宗点头称是。

变法事业仿佛是一条行驶在浩瀚海洋上的航船，顶着狂风恶浪前进着。虽然非常艰辛，但始终在前进着。神宗皇帝仿佛是这条航船上的船长，王安石则是船上的舵手，吕惠卿、韩维、曾布等人则仿佛是船上的水手，共同驾驶着这条航船，朝着既定的方向艰难地前进着。

在变法的整个过程中，王安石受到善意的劝谏和遭到恶意的攻击甚至诽谤太多了。但这丝毫也没有动摇他坚持变法的决心。正如他在《答司马谏议书》所说的那样："度义而后动，是而不见可悔故也。"认真思考，认为是符合道义的然后再采取行动，因为这是正义的行动，所以就不可能后悔。当听到一些意见或谤言后，他写《众人》一诗抒发自己决不为流言蜚语所动的决心：

众人纷纷何足竞，是非吾喜非吾病。颂声交作莽岂贤，四国流言旦犹圣。

唯圣人能轻重人，不能铢两为千钧。乃知轻重不在彼，要知美恶由吾身。

对于社会上关于新法的各种议论以及对自己的各种责难，王安石有非常清醒的认识。那些贵族和保守派对新法的攻击恰恰说明新法触犯了他们的既得利益，而这正是制定颁布新法的目的。这些人攻击责难新法倒是应该高兴的事。当年，王莽在开始执政时到处都是赞美歌颂之声，然而王莽恰恰是个特大奸恶之人，成为祸败家国的历史罪人。而西周初年的周公姬旦极为忠诚，尽心尽力辅佐年幼的成王，稳定天下，却招来很多流言蜚语。但这些流言蜚语并不能损害周公的威望和在历史上的地位，周公依旧是个千古传诵的圣人。只有本人是圣人，他的话才有分量，才能使被批评者受到轻视或受到重视。每个人历史地位的高低，分量的轻重，将要受到后人的赞美还是厌恶唾弃，这不取决于他人的评价，而在于他本人的行为到底如何。

毫无疑问，王安石的意见和观点是正确而深刻的，尽管当时和后来历史上有那么多人不满王安石甚至造谣诽谤他，但当我们仔细研究详细考察王安石变法的整个过程和他本人一生的所作所为时，我们就会对他的高风亮节油然而生敬意，对他变法所取得的业绩也将赞叹不已。

变法还在深入，最关键的问题马上就提到议事日程了，这就是西北边陲用兵的问题。这是对新法的一个重要考验，也是变法派和保守派都瞪大眼睛紧紧盯着的一个焦点。

［第八章］
辞去相位

谁是浮云知进退，才成霖雨便归山。

——王安石

第一节　省兵置将

西北边将王韶带兵深入敌境一千八百余里，浴血奋战五十四天，一直与朝廷失去联系。结果将怎样呢？神宗和王安石一直在焦急地盼望着消息。

熙宁六年（1073）八九月间，神宗和王安石都有度日如年的感觉。他们在共同盼望着西北边陲的消息。

从八月初开始，熙河路经略安抚使王韶率领军队与吐蕃首领木征率领的军队进行殊死的战斗。这是变法以来发生的最大规模的边境战争，如果失利，不但会给朝廷带来很大负担，而且会成为保守派进攻新法的口实。

一个多月过去了，可前敌的情况还不清楚。只知道王韶率领军队追击敌兵进入敌境腹地一千余里，但前敌的战况却一无所知。有人传说王韶正在率领军队继续深入，封锁消息，要直捣敌人腹心。有人传说宋军惨败，已经全军覆没。议论纷纷，谣言四起。因为一个多月接不到王韶送来的正式报告，所以究竟如何谁也不敢说。但这么长时间没有信息，毕竟是不多见的情况，神宗又怎能不担心呢？

九月戊午日（十八），神宗正在升朝议事，文武百官都在。忽有紧急边报六百里军书送到。神宗忙命内侍递上来，急忙打开观瞧。神宗心跳加速，手都多少有点哆嗦，因为这个边报太重要了。他急于知道详细的内容。待从头到尾看完，不由得龙心大悦，喜笑颜开地让内侍把边报传给王安石看。待王安石看后，神宗向满朝文武正式公布这个振奋人心的特大喜讯。

原来边报的内容是：王韶率领军队经过五十四天艰苦卓绝的浴血奋战，长途奔袭，深入一千八百余里，终于彻底打败木征等率领的敌军，一举收复河（今甘肃临夏西南）、洮（今甘肃临潭）、岷（今甘肃岷县）、宕（今甘肃宕昌）、亹（今青海门源）五州领土。这次战争，是以岷州首领摩琳沁在兵临城下的强大军事压力下，举城投降结束的。连同熙宁五年收复的领土计算在内的话，西北边陲已经收复三千多里沦陷一百多年的失地。

这是宋朝建国以来取得的最辉煌、最伟大的军事方面的胜利，也可以说是变法取得的最具体的成果之一。正因为几年来新法已经深入人心，并且取得很大的成功，国家的经济实力迅速增强，省兵、选将置将、保甲等一系列与军事有关的新法得到实施，使国家的军事力量得到加强，军队的战斗力得到极大的提高，才取得如此辉煌的伟大业绩。积弱积贫的局面将要成为历史，一个强大的赵宋王朝即将屹立在世界的中心。那些逞强争霸的夷狄小国即将再次臣服在华夏大国的脚下。这次辉煌的胜利使神宗龙心大悦，使王安石相心大悦，使满朝文武官心大悦，使全国百姓民心大悦。

二十多天后，十月辛巳日（十二）辰时。

在大内最豪华宽敞的紫宸殿中，充满了喜气洋洋的气氛。大殿中金碧辉煌，装饰一新。御用的玛瑙香的香烟氤氲缭绕，文武百官官服整齐，按班鹄立，一个个腰板挺得倍直，等待着举行盛大的典礼。原来是为了庆祝收复熙、河、洮、岷、亹、宕等州的伟大胜利，神宗在这里接受文武百官的朝贺。山呼万岁以毕，群臣归班站好，等着皇帝开龙口说话。

神宗这年才二十六岁，年轻英武，精力充沛。他解下自己身上的玉带交给伺候在身边的一名内侍，命他送给站在百官最前面的首席宰相王安石。并说道：

"同平章事王安石自从执政以来，忠心朝廷，勤勉职事，与朕勤力同心，变法图强，宵衣旰食，十分劳苦。今收复诸州，振兴我大宋国威，功高日月。特赐玉带一条，以示褒奖。"

王安石出班跪下，诚恳地说道："陛下圣明。亲自选拔王韶于疏远卑贱之中，委以重任。如今能够收复一方，均出自陛下宸衷，微臣与二三执政，只是奉职办事而已。臣不敢贪天之功为己有，独当此荣。"

神宗见王安石推辞，接着劝说道："王爱卿不必推辞。当初王韶献策之时，诸多大臣持怀疑态度。只有爱卿支持朕。后来兵兴，群臣疑虑犹多，多劝朕割地求和，委曲求全。朕亦曾犹豫彷徨，想要中止。如果不是爱卿陈述利害，坚决支持朕，支持王韶，决不会成此大功。爱卿受赐，当之无愧，不要推辞。"

神宗的话等于向文武百官充分肯定了王安石在这次收复失地中的重要作用和功绩，也确实是神宗的肺腑之言。因为如果没有王安石的坚决支持和缜密的筹划，这次胜利是绝对不可能的。在王韶经营西北并取得如此辉煌胜利的整个过程中，王安石消耗了大量心血。确如神宗所云，如果不是王安石当宰相，这次胜利是绝对不可能的。王安石享受赐一条玉带的殊荣，确是当之无愧的。

在变法的过程中，王安石对兵制也进行了大胆的改革，以精兵简政为主要手段，进行减兵并营和置将练兵。这是非常高明的一项措施。在此以前，兵多而不精，战斗力很差。即所谓的"冗兵"，由此而造成了"冗费"，一直是困扰朝廷的无法解决的老大难问题。

韩琦、富弼、司马光等朝廷重臣都曾经想要解决这一难题，可谁也没有能解决得了。当年，韩琦、富弼曾进行过一次裁减军队的举动，但当时只是减少兵员的数量，而没有置将练兵这一配套的措施，故不能从根本上解决问题。王安石当时曾经作《省兵》一诗议论此事，可以看出王安石在当时就高瞻远瞩，对变法后所采取的军事方面的措施当时心中就有了雏形。

在军事问题上，神宗和王安石的具体做法可分为两项，一是减兵并营，即在数量和编制上进行一番整顿。把五十岁以上的老兵全部裁减下去。把禁军和各地的马步军营重新调整合并，禁军由原来的五百四十五营合并为三百五十五营，减少一百九十营的编制。马军每营三百人，步兵每营四百人。又把原来集聚在京师的禁军大部分拨到各路去驻扎，一下子就极大地减轻了朝廷用于军队的开支。接着，在全国范围内进行全面的减兵并营，各州有定额。裁减后，全国的禁兵、厢兵（相当于后世的地方军）总额不到八十万，比英宗时就少了三十六万，裁减几乎三分之一。

裁减军队，合并兵营后，朝廷又经过严格的选拔，挑选出一批有相当武功而又精明强干的军官，配置到各个新定的兵营去，进行严格的军事训练，这就是第二项措施，即置将练兵。

经过多年的苦心经营，全国共设置九十二将。其中拱卫京畿之兵共三十七将，这些部队的任务主要是保卫京师安全，同时又负责防御北面的辽国。河北四路共设置十七将，可见放在北方的军事力量是很强大的。西北边防之兵共四十二将，投入兵力最多。中部和东南地区十一路一共才十三将。

这样的军事力量分布，可以看出当时的形势以及神宗和王安石的意图。辽国当时比较强大和稳定，难以图谋，但辽国对宋用兵的可能性也不大，所以在京师一带尤其是北面部署相当数量的军队，主要是战略防御。西夏国当时内乱频仍，幼主登基，国力衰微，可以图谋，故把主要军队都放在西北边陲。这就有经营西北，伺机消灭西夏收复故土的打算了。如此多的军队，绝不是单纯的防御。如果能够消灭西夏，实际上也就等于削弱了辽国。而中部和东南地区统治比较稳固，所以军队数量很少，几乎是每一路才有一将。

还有一点需说明，这就是当时的将，并不是一位将军或将领的意思，而是一个军事编制，多少有后世的集团军的性质。每将下边还有指挥，指挥下还有校、尉之类的军官，如此看来，当时的军事编制大约也相当于今日的军、师、旅、团、营的意思，只不过是名称不同罢了。各将还有一定的编号，如第一将、第二将、第三十九将等。这也大体上相当于后世所谓的多少"军"的性质。

这是具有非常久远的战略眼光的措施。如果神宗和王安石的意图能够被后来的执政者领会继承的话，赵宋王朝的再度强大是毋庸置疑的。可惜的是神宗英年早逝，哲宗继位时年幼，未能亲自执掌政权，使变法大业付诸东流。其后又出现徽宗和蔡京这对昏君佞臣，以恢复新法为名，对百姓残酷剥削，政治黑暗窳败，弄得天怒人怨，才出现了靖康之耻。不但未能强大起来，反而丢失了半壁江山。惜乎悲哉。

由于置将练兵，加强了对士兵的军事训练，克服了以前兵不识将，将不识兵的弊端，极大地提高了部队的战斗力。军队的数量虽然大幅度地减少，但实际的作战能力却大大加强了。所以神宗皇帝非常高兴地对王安石说，这样做的结果"不惟胜敌，兼可省财"。

熙宁六年春天，王安石之子王雱建议，把天下制造弓弩甲胄的作坊合并起来，统一设置几家大的制造工场，极大地提高弓弩甲胄的质量，改变以前这些兵器质量低劣，影响军队作战能力的问题。这项建议得到批准，朝廷设置"军器监"，向各大兵工场派遣经过严格选拔和培训，有很高水平的军械制造工程师去具体负责质量问题，统一生产军用器械。这一措施，极大地提高了武器的质量，也增强了军队的战斗力。

这些措施，对王韶在西北收复大片失地起了相当大的作用，但最关键的还是王韶在几年的苦心经营中一直得到王安石的支持，否则，他再有本事，也不会取得如此辉煌的功绩。

第二节　河湟大捷

国家之间，利益所在，战争难免。是软弱苟安，委曲媚敌，以牺牲百姓血汗奉献金银玉帛来求和，还是严阵以待，主动备边，对一切敌人采取强硬手段，这是检验执政者是否真正爱国的一块试金石。

王安石在出任参知政事之前，王韶就曾经到京师上三道《平戎策》，那还是熙宁元年的事，当时即得到神宗的重视，但多数大臣不同意，反对用兵。富弼劝神宗"二十年口不言兵"。司马光、文彦博、曾公亮等大臣对用兵也是讳莫如深。王安石执政后，态度非常鲜明地支持神宗经营西北边陲的策略，支持王韶对西北边陲的开发。

王韶字子纯，江州德安人。进士及第后参加制科考试不中，便到今陕西甘肃一带进行实地考察和社会调查，所上三篇《平戎策》确实是有的放矢的高见。其主要意图是建议朝廷首先要占领巩固河湟地区，这样便取得了对西夏的主动权。进可攻，退可守。当时这一地区处在几个少数民族首领的控制之下，既不是宋朝的领土，也不是西夏的领土。有点像局部的军阀割据的性质，如果西夏先下手占领这一地区，宋朝就完全被动了。如果宋朝先占领这一地区，那么就完全掌握了主动权，阻断了西夏政权南侵的道路。

所谓的河湟即指发源于青海流经青海甘肃大部分地区的湟水流域及湟水与黄河合流的一带地区。大约相当于今兰州至西宁中南北几百里的地带。这一地区自古为兵家必争之地。秦朝修筑万里长城，起点就在临洮，汉朝在这一地区设置武威、张掖、酒泉、敦煌郡，目的就是要断匈奴右臂。从此，汉民族政权与西北地区的少数民族政权发生战争，没有不注重这一地区的。

唐朝中叶后，河湟沦陷，被吐蕃占领。后来宪宗皇帝虽然打算要收复河湟，但未能成功。深知兵法军机的晚唐诗人杜牧曾写过一首《河湟》诗，专门咏叹河湟地区长期沦陷不得恢复之遗憾。诗曰："元载相公曾借箸，宪宗皇帝亦留神。旋见衣冠就东市，忽遗弓剑不西巡。牧羊驱马虽戎服，白发丹心尽汉臣。唯有凉州歌舞曲，流传天下乐闲人。"

经过五代时期一直到宋朝建国一百多年，从来也没有人提出恢复河湟的建议。北宋前期的几代皇帝对外一直采取软弱退让的政策，宁可花费大量的钱财给辽国和西夏国进贡以求苟安。正因如此，才造成积弱积贫的局面。神宗想要振兴国威，有所作为，所以见到王韶的《平戎策》后便怦然心动。

王韶观点的大略在《宋史》本传和毕沅的《续资治通鉴》中都有记载，两者之间有一些出入，今转引本传中的部分语言，可见其策略的主要内容：

西夏可取。欲取西夏，当先复河湟，则夏人有腹背受敌之忧。夏人比年攻青唐不能克，万一克之，必并兵南向大掠秦渭之间，牧马于兰会，断古渭境，尽服南山生羌，西筑武胜，遣兵时掠洮河，则陇蜀诸郡当尽惊扰，瞎征兄弟其能自保耶？今唃氏子孙惟董毡粗能自立。瞎征欺巴温之徒。又法所及，各不过一二百里，其势岂能与西人抗哉？武威之南，至于洮河兰鄯，皆故汉郡县，所谓湟中浩亹，大小榆袍罕。土地肥美，宜五种者在焉。幸今诸羌瓜分，莫相统一。此正可并合而兼抚之时也。

通过这段文字，我们可以了解当时河湟地区的大体情况。这里一直是几个比较大的羌族部落割据的局面，大的部落所占领的面积也不过是一二百里。西夏也正在争夺这里，派兵攻打青唐的目的就是控制这一地区。宋朝不出兵占领，西夏也要占领，王韶的见解是很深刻的。

由于王安石坚决支持了王韶，使他的谋略和才能得以发挥。同时也是由于采取了省兵并营，加强军事训练的有力措施，才使军队整体作战能力大幅度提高。熙宁五年（1072）八月，王韶收复武胜军。捷报到达朝廷，举朝欢欣，于是改武胜军为镇洮军，并决定在此处新筑城池，作为控制西北的军事重镇。王安石亲笔给王韶写了一封信道：

某启：得书承动止万福，良以为慰。洮河东西，蕃汉附集，即武胜必为帅府。今日筑城，恐不当小。若以目前功多难成，城大难守，且以一切为计，亦宜勿隳旧城，审处地势，以待异时增广。城成之后，想当分置市易，务为蕃巡检作大廨宇，募蕃汉有力人假以官本，置坊列肆，使蕃汉官私两利。则其守必易，其集附必速矣。因书希详喻经画次第。

秋凉自爱不宣。

在王韶刚刚打败木征收复武胜军后，即把情况报告给朝廷。在朝廷正式发文褒奖之外，王安石又写了这封具体指导的信。洮河即洮州和河州的简称，在今兰州至西宁中间略偏西南的地区，"洮河东西"就是今日兰州和西宁地区，当时已经"蕃汉附集"，即汉族和少数民族聚集的地方，可知当时已经是人口密集，相当繁荣了。王安石要在这里建设"帅府"，成为镇守西北的军事总指挥所。

为做久远之计，王安石还要在这里"分置市易"、"置坊列肆，使蕃汉官私两利"，即在这里开办大型的集贸市场，进行公平的经济贸易活动，使汉族百姓和少数民族百姓都得到利益，使公家和私人两方面都得到利益。用现代观点来理解的话，王安石的这种举措，有把这里建设成边境通商口岸的意思。如果大市场建成，经济实力发展了，再保卫守护这个地区就是轻而易举的事了。可见王安石是非常有远见的。他又进一步指出，如果筑城工程浩大，暂时可不毁旧城，选好地势，先做好准备工作，待时机成熟再动工。

在武胜新城筑成之后，王韶又讨伐收复大片生羌占领区，许多生羌内附，接受朝廷的管辖。所谓的生羌就是一直生活在边远地区而没有接受汉文化没有开化的羌族百姓。后文出现的熟羌则是指受汉族文化影响较大，已经基本汉化的羌族百姓。王安石再次写信给王韶，信中写道：

某启：承已筑武胜，又讨定生羌，甚善。闻郢成珂等诸酋皆聚所部防拓。恩威所加，于此可见矣。然久使暴露，能无劳费？恐非所以慰悦众心。今见内附之利，谓宜喻成珂等放散其众，量领精壮人马防拓。随宜犒劳，使悉怀惠。城成之后，更加厚赏。人少则赏不废财，赐厚则众乐为用。不知果当如此否，请更详酌。

可知在新城筑成后，又有大批生羌内附，郢成珂等一些生羌的部落首领主动带领他们的部队为朝廷戍边。王安石建议王韶，要使这些内附的少数民族得到实惠，要对这些军队加以犒劳。而且这些人久在外驻扎，多所劳苦，应当把他们中的大部分人解散回家，与家人团圆，留下少数的精锐防边。对留下的人要随时进行犒劳，使他们感念朝廷的恩德。人少则赏赐不废钱财，赏赐丰厚则被赏之人愿意为朝廷效力。筹措具体，符合实际情况。不但考虑朝廷的利益，而且也关心新近内附生羌的生活。可见其既有深谋远虑，又有仁者之心。

王韶在给朝廷上的奏疏中，还有这样的内容，即新城建成后，按照王安石的意见设置一个规模极大的贸易市场，已经收到效果。措置洮河之役需要动用的只是通过推行市易法在市场上收回的利息钱，不必动用官家的本钱。

进行如此规模的战役，不消耗国家的钱财，这本身确实是很了不起的。神宗和王安石当然非常高兴。可文彦博却有另外的看法，当时只有文彦博和神宗、王安石三个人在场。文彦博见到王韶的奏疏后用鼻孔哼了一声说道："这好比是工匠造屋，在开始设计的时候，一定要往小了设计，往省钱方面设计，这是希望主人容易接受，易于动工。等到工程开始以后，知道不可能停下来，才开始逐渐增多费用。"神宗一听，马上反驳说："这不是造屋，是屋坏。屋坏岂可不修？"王安石马上接过神宗的话茬说："主人也很精明，善于计算，心中自然有数，岂是工匠所能随便欺骗的吗？"文彦博闭口不语，无话可说。

熙宁六年的春天，王安石在接到王韶的报告后，又给王韶写了第三封信。当时，西夏国幼主秉常和地方割据势力首领董毡不甘心领土被宋朝占领，于是经常派军队对新收复地区进行骚扰。为稳定局面，王韶制定一个比较大胆的作战计划，上报朝廷。神宗有些担心，下诏旨命王韶要特别慎重。王安石又给王韶写了第三封信，信中谋划说：

得书喻以御寇之方。上固欲公毋涉难冒险，以百全取胜。如所喻甚善甚善。方今熙河所急在修守备。严戒诸将勿轻举动。武人多欲以讨杀取功为事。诚如此而不禁，则一方忧未艾也。窃谓公厚以恩信抚属羌，察其材者收之为用。今多以钱粟养戍卒，乃适足备属羌为变。而未有以事秉常董毡也。诚能使属羌为我用，则非特无内患，亦宜赖其力以乘外寇矣。自古以好坑杀人致衅，以能抚养收为用，皆公所览见。且王师以仁义为本，岂肯以多杀敛怨耶？

信中提醒王韶要以修守备为主。但对王韶的作战方案还是给以充分肯定的。并一再主张以抚养为主，千万不要多杀敛怨。对秉常和董毡也要采取恩威并用的策略。到这年的九月，就取得了上述所说的一次收复三千里失地的重大胜利。

从王韶开始经营洮河开始，就一直得到王安石的坚决支持和具体的指导，神宗都几次犹豫想要停止经营西北的措施和工作。没有王安石的坚持，这次重大胜利是绝对不可能取得的。神宗说当时的情况是"群疑方作，朕亦欲中止。非卿助朕，此功不成。"倒完全是实话实说，可以显示出神宗的英明，也可看出王安石在经营西北边陲方面的决定性的地位和作用。

这次军事上的重大胜利，是变法派的伟大胜利。但这也没能够阻止保守派对新法和王安石的攻击，王安石本人始终有非常清醒的头脑。

第三节　清醒的头脑

无论在取得重大胜利之时，还是在遇到重大挫折之时，保持清醒头脑都是最重要的。当变法达到高潮，河湟大捷喜讯传来，神宗之宠眷达到顶峰时，王安石的头脑依然非常清醒。他说……

河湟大捷，是王安石执政以来取得的最伟大而无可争议的实绩。青苗法的实行也收到了预想中的理想的效果。紫宸殿受赐，是大臣所受到的最高的荣誉，变法事业达到了顶峰，王安石受皇帝的恩宠也到了极点。但王安石是个非常冷静的人，他始终保持着极其清醒的头脑。

当天晚上，王安石在朝中受到赏赐的情况家中自然也知道了。合家欢乐，自有一番喜庆气氛。欢乐过后，王安石回到书房，冷静地思考起变法的全部经过和当今朝廷的现状来。

变法图强，重振国威是自己多年来的愿望。但仁宗皇帝缺乏魄力，遇事专门搞折衷，不思振作，只求维持。自从神宗登基以来，励精图治，为人节俭有德，精明强干，是个千古难逢的有为的君主，这才使衰微的国势得到振兴，使腐败压抑的世风得到一些改变。但一切也仅仅是开头而已，新法要真正得到全面贯彻和真正取得预期的效果，还要付出相当大的努力。

在变法之初，自己就和交往多年关系密切而学识渊博的老朋友司马光产生了分歧，直到最后的分裂。被那么多老上司、老朋友所疏远，如富弼、韩琦、欧阳修、苏轼兄弟等。但为了朝廷的大业，为了百姓能够过上丰衣足食的好生活，一切误会、埋怨乃至于诽谤谩骂都在所不惜，自己付出的代价太大了。王安石心情一阵阵地有些酸楚和苦涩。

在制定和推行青苗法的过程中，遇到的阻力最大。除反对派从中作梗外，各级地方官吏的素质太低也是一个重要原因。所以会出现这种局面，与当时实行多年的教育制度和科举制度也大有关系。于是，王安石又考虑从教育和科举两个方面进行改革。

早在仁宗朝，王安石在所上万言书中，对当时教育制度的弊端就进行了深刻的分析和批判，提出改革教育制度的要求。执政后，首先把精力集中到变法方面。在均输法、青苗法等开始推行后，王安石便开始考虑教育和科举方面的改革了。熙宁元年，王安石刚刚出任参知政事，就增加太学生的名额。熙宁四年，以锡庆院、朝集院为太学讲舍，扩大学校规模。其后，又设置京东、京西、河东、河北、陕西五路学，实际等于是这五路的地方性大学。以陆佃为诸州路学官。以后在各路均设置学校。

为统一思想，朝廷向各学校颁发统一的教材，这就是由王安石亲自主编的《三经新义》。由于变法的具体事务特别繁忙，王安石抽不出太多的时间注释三经。所谓的三经是指《周礼》、《诗经》、《尚书》。其主要部分是由王安石的儿子王雱和吕惠卿起草，由王安石审查定稿的。在《三经新义》中体现了王安石的变法思想，是对以前汉唐诸注家的修订。但这部书后来被毁，无法看到全貌了。王安石的这一做法，后来遭到许多学者的攻击，说王安石的儒家思想不纯正。并以此攻击变法是商鞅、桑弘羊那一套。

在教育方面，还有一点仍特别提出，这就是王安石是个非常注重实际的人。在熙宁六年，在太学中增设律学教授四名，学生们可以自愿申请学习某一专业，并把一些案件拿到课堂上让学生们分析判断，提高学生的实践能力。实际这是当时最高的法律专业课，主要目的就是培养法律人才。另外，在太学中还增设医学教授，以翰林医官及天下名医充当教授，每年招生三百名。又分方脉科、针科、疡科等不同的专业。这对于提高整个天下的医学水平无疑是大有益处的。

在科举方面，王安石提出的改革方案是取消诗赋而加强策论的内容。当时科举考试主要是两项，即进士和明经。进士科以诗赋为主，以声病对偶定优劣，只能培养人的文学才能，而对社会实际工作帮助不大。明经科所考的基本上是死记硬背的功夫，什么贴经、墨义、填写某一经句的注疏等，对实际的社会工作确实没有多大的用处。

王安石提出要废除诗赋的内容，废除明经科，专以经义、策、论来选拔进士。这项建议遭到一些大臣的坚决反对，其中态度最鲜明的是当时已经名满天下的大学士苏轼。苏轼上奏章表示反对，奏章中说：

> 至于贡举，或曰乡举德行而略文章，或曰专取策论而罢诗赋。或欲举唐故事，兼采誉望而罢弥封，或欲变经生朴学，不用贴墨而考大义，此皆知其一未知其二者也。夫欲兴德行，在于君人者修身以格物，审好恶以表俗。若欲设科立名以取之，则是教天下相率而为伪也。上以孝取人，则勇者割股，怯者庐墓；上以廉取人，则敝车羸马，恶衣菲食。凡可以中上意者，无所不至。德行之弊，一致于此。自文章言之，则策论为有用，诗赋为无益。自政事言之，则诗赋策论均为无用矣。然自祖宗以来，莫之废者，以为设法取士，不过如此也。近世文章华丽，无如杨亿，使亿尚在，则忠清鲠亮之士也。通经学古，无如孙复石介，使复介尚在，则迂阔诞慢之士也。则自唐至今，以诗赋为名臣者，不可胜数，何负于天下而必废之？

苏轼学问渊博，这篇奏疏写的有理有据。尤其是"自唐至今，以诗赋为名臣者不可胜数"一句，更有相当大的说服力。奏疏中还提出，"贡举之法，行之百年"不必改变。而且不以诗赋取士，只以经义策论考试的话，"无规矩准绳""无声病对偶""学之易成""考之难精"，弊病将会更大。后几条理由也有很大的说服力。因为经义策论之类的文章比较容易写，没有诗赋要求那么严格，没有一个比较客观的统一的标准，在评卷与录取方面有比较大的主观随意性，将会出现更大的弊端。这确实是很实际也很深刻的见解。

神宗看了这篇奏疏后，也被苏轼的说法所动，觉得有道理，就问王安石能否考虑不改变科举制度。王安石态度很鲜明也很坚决，坚持"贡举法不可不变"的主张，向神宗解释道：旧贡举法使士人用大量的时间闭门读书，学作诗赋，社会上的事均不接触，不熟悉，其实是摧残人才。苏轼所云"自唐至今，以诗赋为名臣者不可胜数"之语，乍听有理，细思乃是理之必然。因为自唐以来，只以诗赋取士，朝廷大臣多数出身于诗赋，当然要出现许多名臣了。但诗赋入仕而成迂腐无用之徒者更多。不改变科举制度和内容，对于培养有用的人才不利。王安石的话再次说服了神宗，神宗又支持王安石了。

这样，科举考试内容的改革经过一番曲折和斗争才得以实施。熙宁四年二月，中书省正式颁布科举新法：废除明经科，废除考诗赋和贴经、墨义。进士科的考生在《诗》《书》《易》《周礼》《礼记》中选治一经，兼治《论语》《孟子》。考试时，主要考这些经书的"微言大义"和殿试策。殿试策论的内容都紧密结合当时的国家大事，结合现实出题。

从这些内容中，有一点值得注意，就是在以前并列"五经"中的《春秋》在这里不见了。也就是在当时的学校里不开设《春秋》课程，科举考试也不设这一专业。王安石对前人注释的《春秋》不满意，所以他把这一内容删去了。这遭到很多学者的反对，几年后在学校中又增加了这门课程。

尽管有许多曲折，但教育和科举制度还是按照自己的设想改革了，而且正在朝着健康的方向发展。想到这里，王安石的心情很舒畅，长长出了一口气。他的思绪又飘向几年来的农业生产和农民的生活。这是他变法当中最用力的一个方面。青苗法的推行和实施，解决了农民受大地主大富户高利贷盘剥的问题。农民的生产积极性十分高涨，农业形势相当不错。

农业的另一个方面投入的精力也不少，这就是兴修农田水利。王安石在任鄞县县令时就有过这方面的尝试和经验。他执政后，大力提倡兴修农田水利，调动社会上一切可以调动的力量，只要确实有这方面经验和本事的人，不论其社会地位高低，都可以直接到京师来，到司农寺或中书省献策。其设计和策略如果被采纳，就有一定的奖赏。经过实施取得实绩的，还要授官嘉奖。一两年后，全国形成了"四方争言水利"的热潮。

多年来，黄河的水位不断上升，黄河两岸的堤坝就不断增高，结果是有的地段黄河的水位比堤坝外面的地面还高。所以疏浚黄河水道是当时水利工程的一大难题，也是重要项目之一。有位叫李公义的人，发明一种"铁龙爪扬泥车法"，献上朝廷，建议用此法来疏浚黄河。

其具体方法是用数斤铁造成爪形，用绳索沉下水底，然后用快船牵引，船公快速划船，顺流而下。同时多用一些船只，几次之后，水便可深数尺。到一定的位置再把堆成的泥沙打捞出来。后来，有人提出这种铁龙爪有些轻，王安石又亲自参与对其进行改造，制造出一种叫做"浚川耙"的新型工具，又专门成立"疏浚黄河司"，直接领导疏浚黄河的工作，使黄河流速加快，流量加大，减轻了灾害的程度。

变法以来的几年里，农田水利事业迅速发展，京畿及各路兴修水利一万七百九十三处，灌溉田地三十六万一千多顷。其中两浙路农田水利事业最发达，共完成水利工程一千九百八十处，灌溉田地十万四千多顷。发展农田水利之外，还制定一定的优惠政策鼓励百姓开淤垦荒，开垦出大面积的荒芜淤积多年的闲散土地，极大地提高了农业生产水平。王安石夫人吴氏的堂妹，好友王令的遗孀吴靓影就是在开垦荒田中有杰出表现而受到朝廷的嘉奖，留下千古芳名的。前文曾经提到过。

几年的努力，确实实现了"因天下之力，以生天下之财"的目的。国家的财政实力也有很大幅度的提高，实现了"民不加赋而国用足"的设想。

从现在的情况看来，新法已经得到广大市民阶层和许多士人、绝大多数百姓的普遍认同，比刚开始变法时的形势有利多了。但新法在具体推行的过程中，还有许多问题需要解决，否则，也可能会给国家和百姓带来意想不到的灾难。为了向神宗皇帝说明现在的形势，保持清醒的头脑，已经躺下休息的王安石披衣而起，来到书案前，展纸研墨，写成一篇笔墨简练，见解深刻的札子，即《上五事书》，保存在《王文公文集》第一卷中，全文是：

今陛下即位五年，更张改造者数百千事，而为书具，为法立，而为利者何其多也。就其多而求其法最大、其效最晚、其议论最多者，五事也：一曰和戎，二曰青苗，三曰免役，四曰保甲，五曰市易。

今青唐、洮、河，幅员三千余里，举戎羌之众二十万献其地，因为熟户，则和戎之策已效矣。昔之贫者，举息之于豪民；今之贫者，举息之于官，官薄其息，而民救其乏，则青苗之令已行矣。

惟免役也、保甲也、市易也，此三者有大利害焉。得其人而行之，则为大利；非其人而行之，则为大害。缓而图之，则为大利；急而成之，则为大害。传曰："事不师古，以克永世，匪说攸闻。"若三法者，可谓师古矣。然而知古之道，然后能行古之法，此臣所谓大利害者也。

盖免役之法，出于《周官》所谓府、史、胥、徒，《王制》所谓"庶人在官"者也。然而九州之民，贫富不均，风俗不齐，版籍之高下不足据。今一旦变之，举天下之役，人人用募，释天下之农，归于畎亩，苟不得其人而行，则五等必不平，而募役必不均矣。

保甲之法，起于三代丘甲，管仲用之齐，子产用之郑，商君用之秦，仲长统言之汉，而非今日之立异也。然而天下之人，兔居雁聚，散而之四方而无禁也者，数千百年矣。今一旦变之，使行什伍相维，邻里相属，察奸而显诸仁，宿兵而藏诸用。苟不得其人而行之，则搔之以追呼，骇之以调发，而民心摇矣。

市易之法起于周之市司，汉之平准。今以百万缗之钱，权物价之轻重，以通商而货之，令民以岁入数万缗息。然甚知天下之货贿未甚行，窃恐希功幸赏之人，速求成效于年岁之间，则吾法隳矣。

臣故曰：三法者，得其人缓而谋之，则为大利；非其人急而成之，则为大害。故免役之法成，则农时不夺而民力均矣；保甲之法成，则寇乱息而威势强矣；市易之法成，则货赂通流而国用饶矣。

可见王安石对新法和当时形势认识得非常清楚，并没有被河湟大捷和新法取得的成就冲昏头脑。他认为，在变更的多种法度中，有五种是最重要的。即和戎、青苗法、免役法、保甲法和市易法。而前两项已经取得实效，没有什么可争论的了，是切实可行的良法。而免役法、保甲法和市易法这三项新法还需要进行非常慎重的考虑。要注意得人和缓行，不要急躁。这是非常精当的见解，为后世的实践所证明。

在王安石去世十多年以后，所谓的变法派重新上台，重新打起恢复神宗和王安石新法的幌子，对旧党进行清算和打击。但这时所谓的新党都是些投机分子，又变回去的新法也都是挂羊头卖狗肉的伎俩，而为害最酷烈的确实就是免役法、保甲法和市易法，王安石的预见一点也没有错。所以，王安石在当时特别注意和担心的就是这三法。而围绕市易法真的出现了尖锐激烈的斗争，斗争的激烈程度比刚推行青苗法时有过之而无不及。斗争的结果直接威胁到了王安石的宰相地位。

第四节　内外夹击

　　堡垒容易从内部攻破，航船容易触暗礁而翻。变法的航船闯过许多大风大浪，却险些被一股潜藏的逆流掀翻。

　　变法派和保守派的斗争围绕"免行钱"的设置达到了高潮。所谓的免行钱实际是综合免役法和市易法的条例而在京师实行的一套工商税法。在实行免行钱制度之前，京师开封府以及皇宫中的一切杂货用度都由开封的商行直接供应实物，主管此项工作的官员便可以任意进行敲诈勒索。一般来说，向商行索要的各项货物起码也在规定例额的十倍以上。稍不如意，主管官员就百般刁难，滥用职权对工商业户随意罚款惩治。如三使副司因有关商行供应的靴子皮革的质量不高，即处理惩治皮革行的商人二十人。有不少小商贩因此而失业。弊端百出。

　　免役法实行后，全国所有的人都可通过交纳一定数量的钱而免去苦役的催逼。市易法的实行使整个社会中的各行各业都可以有个基本的价格，漫天要价的情况有所改变，这就为开封府城里深受敲诈勒索之苦的那些商人们提供了借鉴的经验。他们也想要沐浴变法的春风了。

　　开始时，是开封肉行的徐中正等人向有关部门提出请求，请允许他们也能享受新法的好处，他们宁愿交纳一定数量的钱，请求免去直接供应肉的做法。因为被主管部门百般挑剔，百般揩油，他们实在有些难以承受，请上司给他们做主。

　　王安石征求神宗同意后，命市易司与开封府司录司根据诸行的实际情况详细制定条例，在开封府商行中实行。各行按照经营规模大小以及收入的多少交纳免行钱，不再向官府及皇宫内苑供应实物。官府和皇宫内苑所需一切杂物，一律制定出指标来。按照规定的数额派人到市场上按照市场价格公平买卖。一切物价由市易司估定，不准压价强买。

这项法令的出台，得到广大商人的拥护，却限制了原主管官员以及内苑中的皇族、后族、主管采办务的宦官的权力。他们再也没有权力直接到各商行去敲诈勒索了，堵住了一些人的来钱道。于是，当这项法令出台后，京师中很快掀起一场轩然大波，这是王安石没有估计得到的。实际上，与免役法、保甲法和市易法相比，免行钱法所涉及的社会层面最小，只不过是京师里的官府和皇宫内苑主管后勤供应部门与京师里的商人商行家们而已。所涉及的范围也最窄，充其量不过是开封府一府之内的事，对全国其他行业都不涉及。

但是，能量的大小从来就不是以人之多寡来计算的。因为这次直接涉及皇宫内苑之事，直接触犯了一些皇亲国戚和宦官的利益，堵住一些人非法所得的道路，触及了国家政权最为敏感的神经地带，所以这次对新法的攻击来得最猛烈，最迅速，攻击的力度也最大。

其实，国家好比是人的身体，在四肢上即使是拉了几道大口子也不会有大的妨碍，身体素质好的人洒上点消炎粉，包扎一下几天就好了。如果碰到内脏那可不得了，弄不好就会死人的。免行钱的设置虽然没有这么严重，但因为涉及了皇亲国戚，也就等于触了内脏器官，使这些对新法、对王安石早就怀恨在心耿耿于怀的宗室外戚集团找到了借口，开始要对新法和王安石进行全面的反攻和清算了。

当时，主管市易司的官员是坚决拥护新法支持王安石的吕嘉问。前文曾经提到过，吕嘉问因为支持王安石，曾偷出他叔祖吕公弼要弹劾王安石的奏章而得罪了吕公弼一家及保守派，被保守派的人骂为"吕氏家贼"。这样，吕嘉问就彻底成为保守势力打击的对象了。

保守派曾经对吕嘉问进行过诬陷，由于王安石的全力保护和支持才能够继续开展工作。保守派见没有扳倒吕嘉问，知道其后台是王安石。这次，见王安石和吕嘉问因为颁布免行钱法又得罪了皇亲国戚和宦官，见有机可乘，于是朝野中的保守势力又和宗室皇亲宦官势力联合起来，内外夹击，对新法和王安石展开一次大规模的全面进攻。

那是熙宁七年（1074）三月间的一天。神宗留下王安石询问免行钱的事说：

"为什么士大夫不满意免行钱的人也那么多？"

王安石马上回答说："一些士大夫本来就不满朝廷政事，与近习宦官相互勾结。宦官们对免行钱不满意，煽动士大夫们也跟着制造舆论。陛下只看朝廷中的大小官员不避宦官的能有几个人，就可以知道宦官害政的程度了。"

"有人反映吕嘉问以聚敛为能，招致民怨沸腾，这是怎么回事？"神宗又问。

"吕嘉问是个干练之材，市易司处置得宜，全国的市易务才会取得如此大的业绩。因为制定免行钱吕嘉问才得罪了那些宦官和皇亲国戚。如果不是吕嘉问，谁敢坚守法规不避宦官和皇亲国戚？如果不是我，谁敢为吕嘉问辩明是非，谁敢不怕宦官和皇亲国戚而为吕嘉问撑腰？"神宗默默无言。

几天后，神宗再次用怀疑的态度问王安石："王爱卿，取免行钱是不是不合理不方便，听说外面人情咨怨。"王安石低头沉思，没有马上回答。神宗接着又说："近臣以至后族，没有不说不便的。两宫乃至泣下。"

近臣指的就是宦官，后族指的就是外戚集团。两宫是指太皇太后和皇太后。太皇太后是指仁宗的皇后曹氏，皇太后是英宗的皇后高氏。神宗这里只说两宫太后，还省略了自己的皇后向氏。其实，如果从个人感情来说，最能打动神宗之心的当然应该是向皇后，因为那是神宗的大老婆。其次是高太后，因为那是神宗的亲生母亲。而曹太皇太后已经不起什么作用了，她是仁宗的皇后。仁宗本来就不是神宗的亲爷爷，曹太皇太后当然也就不是神宗的亲祖母了。神宗的祖母、母亲和媳妇这三辈皇后的外戚一开始就和变法派站在对立的立场上，这是可以想象出来的。

一听神宗皇帝说近臣和后族都不满意，王安石憋在肚子里很久的话如同打开闸门的水一下子涌了出来，语速加快，感情有些激动地说：

"微臣奉陛下之命推行新法，后族一直非常不满，因为这直接触犯了他们的利益。如皇后父亲向经从来就是'影占行人'。因为推行新的免行钱，有司依照条例到他的商行收钱。向经想不交纳，曾给微臣来文交涉，微臣没有理睬，结果是照章办事，收缴了他应当交纳的钱。他怎能不反对呢？再如，曹太皇太后的弟弟曹佾，赊买百姓家的树木不但不给钱，反而指派内臣用假姓名告状，诬告市易司。结果被察出，遭到驳斥。陛下试想，从这两件事上看，后族怎能不反对新法和微臣呢？"

敢于当着神宗的面，直接揭露后族的劣迹。尤其是向经，正是神宗的岳父，王安石毫不留情指出其是个"影占行人"，是个贪婪卑鄙的小人，表现出无所畏惧的大无畏精神，确实非常有气魄，值得敬仰。"影占"是隐瞒、隐蔽的意思，"行人"在此处当是商行之人的意思。"影占行人"可能是隐瞒自己经营所得的财产数额或物品以逃避官府征收的实物或要交纳的免行钱。

因为他是皇帝的岳父，以前的人谁也不敢得罪他，都睁一只眼闭一只眼。而吕嘉问主管市易司以来，则坚决执行新法，按章办事，依照条例向他征收免行钱。向经当然不满，倚仗自己的特殊身份专门给中书省递上文章进行交涉，结果碰了软钉子，没有得到答复。所以向经对新法、对吕嘉问、对王安石都恨之入骨，这是可以想象出来的。但王安石的直言可能也使神宗感到有些尴尬，他虽然没有直接表示不满，但几天后就命人检查行人，征求对免行钱利害得失的意见。

神宗受到奶奶、妈妈、皇后的影响，对免行钱及一些新法也开始有些怀疑。正在这时候，外面的保守势力知道了神宗的态度，马上联合起来全面攻击新法和王安石。

长期退居洛阳行韬晦之计的司马光见有了机会，给神宗上长篇奏疏，列举朝廷政事的阙失，主要内容是六条：一是青苗法使百姓负债而官无所得；二是免役法养些浮浪之人；三是市易法与民争利；四是经营西北侵扰四夷得少失多，五是保甲法滋扰百姓；六是兴修水利劳民废财。这不但涉及王安石在《上五事书》中所提到的新法的最重要的五项内容，而且连兴修农田水利都否定了。对新法及几年来的工作全面否定。

朝廷内部，富弼的女婿冯京也成为推行新法的一大阻力。当准备在成都设立市易司分司，推行市易法的时候，冯京举出当年的"王小波之乱"就是因为榷卖货物引起的。冯京又与宗室皇亲以及在外的司马光等人遥相呼应，多次造谣破坏免行钱的实施。因为他是参知政事，是执政者之一，故他所起的作用就比别人的要大一些。他的这些做法也加重了神宗对免行钱乃至于对新法的怀疑和动摇。

冯京和文彦博虽然都是参政执政的人，但他们的立场从来就不坚定，首鼠两端，故对神宗的影响也还有限。对神宗影响最大的则是王安石最亲信的曾布对免行钱及市易法也发出许多责难。而在这个最关键的时刻，以一个小人物的一张图画为契机，宫廷内外，朝野上下，再次掀起攻击王安石的一个特大浪潮。

第五节　急流勇退

女人的眼泪很有力量，祖母的眼泪、母亲的眼泪、妻子的眼泪尤其有力量。这三个人同时流的眼泪，不就更有力量了吗？

曾布是曾巩的堂弟，是王安石一手提拔起来的人，是坚决贯彻执行新法的骨干人物。他和吕惠卿仿佛是王安石的左右手一样，许多新法的具体条文就是由他和吕惠卿起草的。但曾布发现王安石对吕惠卿信任和重用的程度一直在自己以上，而市易法和免行钱的条例都由吕惠卿亲手制定，又统归吕惠卿管辖，心中有些不服。他知道神宗曾就免行钱之事责问过王安石，也知道太皇太后等人都在为她们的亲属而劝神宗停止市易法和免行钱，神宗的态度有所动摇。

于是，曾布也一改初衷，联合市易法的倡议人魏继宗反对市易法和免行钱，攻击吕嘉问，想通过扳倒吕嘉问打击吕惠卿，通过打击吕惠卿使神宗疏远王安石。这就叫釜底抽薪，一石三鸟。曾布对神宗说，他召问行人时，行人"往往涕咽"。曾布是王安石的心腹，他的话当然更有分量。于是神宗命曾布和吕惠卿彻底检查纠正市易务的问题。

吕惠卿坚持新法，认为主流是好的，应当充分肯定，问题是次要的，只要注意纠正解决就可以，不必大惊小怪。曾布的意见与吕惠卿相反，他又向神宗攻击吕惠卿，变法派内部彻底分裂，王安石的左右手开始自己和自己打架。这对已经处在困境的王安石更加不利。

老天也不作美，这一年河北地区冬春大旱，旱得寸草不生，确是百年不遇的特大灾害。在那个年代，人们抵御自然灾害的能力极为有限，每遇大灾，就会出现大量的流民。这　年也不例外，许多流民到京师来逃亡，流进东京。这给保守派攻击新法又提供了借口。保守派纷纷上书指责新法，说是变更祖宗法度触怒了上天，上天才降此大灾以示儆戒。要求停止新法，上天就会降雨。

神宗这次确实有些动摇了。见到这些奏章，他问王安石："这些奏章所言，不无道理。如此严重的天灾，实属罕见。"王安石反驳说："自然灾害，何时没有？是正常之事。尧、汤时代也不可避免。只应更修人事，以应天灾。"

王安石的话充满了唯物主义思想，是他"天变不足惧"思想的具体表现。但此次神宗的态度与往常不同，神宗马上就反驳王安石说："天灾严重，流民困苦，这不是个小事。朕所以如此忧虑恐惧，正是感到人事有未修之处。"显然，神宗这里的"人事未修"是指变法中出现的问题。

神宗的态度有些出乎王安石的意料。王安石虽然已经发觉神宗对新法的态度有所改变，但想不到变的这样快。王安石感到有些心灰意冷，他本来对错综复杂的朝廷政务早就有厌烦情绪，产生过退隐的思想。

几年来，由于政务太忙，几乎每天都要忙到半夜三更，还要应付各种责难，答对来自各方面的对新法的攻击，而且随时随地还会受到各种造谣中伤，防备各种冷枪暗箭。王安石感到身心交瘁，太累了，太疲乏了。他早就想清静几天，好好休息一下，但始终也没有机会。这时，他觉得机会来了，他退隐的念头更坚定。

回到家中，王安石怀着复杂的心情，写下第一道请求辞去政务的札子。他下决心要辞去宰相之职，过几天清静的生活了。他写道：

臣以羁旅之孤，蒙恩收录。待罪动府，于今四年。方陛下有所变更之初，内外大小纷然。臣实任其罪戾。非赖至命辨察，臣宜诛斥久矣。在臣所当图报，岂敢复有二心。徒以今年以来，疾病浸加，不任劳剧。比尝粗陈恳款，未蒙陛下矜从。故复黾勉至今。而所苦日甚一日。方陛下励精众治，事事皆欲尽理之时，乃以昏疲，久尸宰事。虽圣恩贷善，而罪衅日滋。至于不可复容，则终累陛下知人之明。非特害臣私义而已。

臣所以冒昧有今日之乞也。伏奉宣谕，未赐哀矜，彷徨屏营，不知所措。然臣所乞固以深虑熟计而后敢言。与其废职而至诛，则宁违命而获谴？且大臣出入以均劳逸，乃祖宗成宪。盖国论所属怨恶所归，自昔以善其事，鲜有不遭罪黜也。然则祖宗所以处大臣，不为无意也。臣备位亦已久矣，幸蒙全度，偶免谴呵。实望陛下深念祖宗所以处大臣之宜，使臣获粗安便。累时复赐驱策，臣愚不敢辞。

言辞恳切，王安石是真心想要退下来，故反复陈述道理，最后一句又许诺说，等自己休息一段时间后，如果圣上再起用他的话，他还会再出来为皇帝驱遣的。

当王安石在家写《乞解机务札子》的时候，后宫中的几名皇后也正在为把王安石赶下台与神宗进行斗争。

神宗是个很有主见的君主，也是个非常孝顺的人。这天晚上，向皇后随着神宗到高太后宫中请安。碰巧仁宗的皇后曹太皇太后也在高太后的宫中。也就是神宗的祖母、母亲、皇后三辈皇后碰到一起了。神宗跪下请安后，只见太皇太后和太后的老脸上都阴云密布，高太后的手中还拿着一个卷轴，不知是书法还是绘画，满面戚容。神宗忙问：“不知二位太后何故如此忧愁？”

高太后是母亲，既是长辈又是神宗最亲近的人，她最先开口说话：“是王安石随意更张，破坏祖宗法度，变乱天下。搞得天怒人怨，流民遍地。陛下何不罢免王安石，以缓解一下人们对他的怨恨情绪。如果要用他，等过一段时间再起用也不迟。”

神宗见母亲真的动了气，就解释道：“虽然有些天灾，但也不像外人传说的那样流民遍地。”太皇太后曹氏已经快到花甲之岁，可听神宗这么一说，也沉不住气了，忙接过话头颤颤巍巍地说：“陛下是受了王安石的蒙蔽，还说没有流民遍地，你看这图上画的是什么？你仔细看看就明白了。”说着，把高太后刚刚放在几案上的那个卷轴展开。

神宗这才发现那是一张图画。

那确是一张图画，待神宗把图接到手中仔细观瞧，才看清画面上的内容，原来这是一张《流民图》，画面上的背景是神宗皇帝所熟悉的东京城的安上门。只见城门内外，有许多衣衫褴褛的穷苦百姓，男女老少都有。一个个骨瘦如柴，有的提篮，有的背筐，有的仰头望爹，有的回首呼娘。个个满面土色，人人步履踉跄。漫天乌云，不见太阳。远处是西风古道，枯柳衰杨。满图是衰颓之色，令人感慨悲伤。

神宗看完，忙问："这是谁画的图？图上画的仿佛是安上门，这是怎么回事？这是什么时候的事？"曹太皇太后回答道："这是光州司法参军监安上门郑侠画的《流民图》，他天天监守城门，这都是他亲眼所见。这还有什么可怀疑的吗！百姓们都困苦成这个样子了，你还无动于衷，还用那个王安石败坏祖宗法度。老身陪伴先帝多年。先帝仁爱慈祥，以百姓为本。每有天灾，必返躬问己，为政是否有不当之处。哎，真想不到百姓竟苦成这个样子。"说着，流下几滴老泪来。

高太后见婆婆哭了，鼻子一酸，也挤出一串眼泪来，说道："政事不修，才有天谴。你就让王安石先避一避位吧。"神宗刚要说话，向皇后又接过去说了几句，无非是劝丈夫应当认真考虑两位太后的话。说到伤心处，一双秀目中也流出几滴粉泪来。神宗想要解释，见此情景，知道在这个时候说什么也无济于事，就告辞出来。

《流民图》是郑侠画的，一点也不假。郑侠是监安上门的官员，所画的情景也当是实情。几个月大旱无雨，又当春天青黄不接之时，有许多灾民流进京师也在情理之中。这幅画敢送进宫中呈交两宫太后凤览，并能感动得两位太后哭鼻子，一定非常精彩。可惜的是这幅意义深刻的画没有流传下来，如果能流传下来，我敢说，它的文物价值和历史价值一定可以和张择端的《清明上河图》相媲美，成为价值连城的国宝。《流民图》表现的是北宋王朝上升时期百姓的困苦情景的，而《清明上河图》表现的则是北宋衰微之末世东京汴梁之虚假繁荣的。

都可以从反面见义，看出社会问题的复杂性，能够启发我们更深刻的思考。

郑侠只是个监守城门的下级官员，他画的图画是谁送到两宫太后之手的，是通过什么途径送进去的。而当神宗和向后到高太后宫中去请安时，曹太皇太后为何恰巧在里。难道这一切都是偶合，显然不是。神宗是个聪明过顶之人，这些疑点他不会看不出来。但考虑到奶奶和妈妈流眼泪的情景，想到《流民图》上所画的百姓困苦流亡的情景，想到朝廷内外的压力，他也感到自己的肩上如同有万斤重担一般，有些承受不住了。

女人的眼泪是很有力量的，尤其是母亲或妻子或情人的眼泪更有力量。祖母、母亲、妻子三个女人同时流泪，其感染的力量不就更大了吗。

翌日早朝后，王安石亲手把辞呈交给神宗。神宗览后，心情也很沉重，一再挽留。王安石决意要辞职休息一段时间，并向神宗推荐韩绛和吕惠卿，说这二人对圣上忠心，对变法很坚决，也都精干明敏。

韩绛本来是神宗老师韩维的亲弟弟，神宗当然了解其为人，吕惠卿在整个变法过程中，一直立场坚定，始终坚决支持王安石的工作。王安石还对神宗说，许多人从一开始变法就坚决反对，但新法现在已经开始深入人心，只要继续贯彻执行，注意纠正出现的一些问题，朝廷政事不会有什么大的麻烦。宗室皇亲国戚及保守派所掀起的这场风波主要是针对他王安石来的，只要他退出相位，就可使目前的事态平稳一些。

神宗三次挽留王安石，王安石都没有动心，去意坚决，三次上《乞解机务札子》，坚决要求辞去相位，回家隐居，而且以有病为由不再上朝理事。最后，在四月中旬，神宗终于批准了王安石的请求，下诏书：王安石以使相的身份出知江宁府，安心休息。

［第九章］
东山再起

春风又绿江南岸，明月何时照我还？

——王安石

第一节　君子之交

君子失交，不出恶声；政见不同，何关人格。对事不对人，政见虽尖锐对立，而人却依然可成好友。说起来容易，做起来实难，非大君子不能如此。

两条大官船在从东京通往江宁的水道上缓缓航行。天色将要黎明，东方已经出现曙光。

王安石从深深的睡眠中醒来，他微微动了一下头，觉得头脑非常轻松，这是几年来也没有的感觉了。昨天傍晚饭后，他习惯性地在船舱外的甲板上散了一会儿步，觉得浑身疲惫，脑袋有些发胀，就回到船舱里睡觉。

由于心里没有杂事，朝廷里的一切政事都不必再考虑，所以躺下马上就睡着了。夜间仿佛醒过一两次，当时觉得脑袋有些疼，嗡嗡的，可一翻身又睡着了。

这一大觉睡得太香甜了，连梦都没做，或者是虽然做过梦可醒时又忘记了。王安石使劲地伸了伸懒腰，整个身体感到一阵轻松。睡在身边的夫人吴氏早就醒了，可怕惊动丈夫，便没有做声，而是静静地端详着丈夫略带憔悴的面庞。

"哎，这六年多时间，丈夫没白天没黑夜的忙，几乎天天忙到半夜三更，就是铁打的人也受不了。这六年，足足等于十年啊，眼看着丈夫苍老了许多，丰满润泽的前额上出现了几道清晰的皱纹，两鬓也出现了丝丝白发。"想到这里，吴氏感到一阵酸楚。看着丈夫憔悴的样子，吴氏不免有些心疼。她很怕惊醒酣睡中的丈夫，把夹被往上提了提，盖上露出的双肩。

这是熙宁七年（1074）的夏天，王安石已经五十四岁了。从熙宁二年出任参知政事开始变法算起，已经是六个年头。六年时间里，王安石和神宗皇帝共同谋划军国大政，宵衣旰食，日夜操劳，要承受来自各个方面的攻击和压力，他感到传统的保守势力太顽固，力量太强，无谓的争论太多，自己太累了。

这次来自朝廷内外的攻击力度很大，这倒帮了自己的大忙，因为如果不是这种形势，自己还无法从繁忙的政务和无休止的争论中解脱出来。看来一切事情都有正反两面，如果换个角度想一想，一切烦恼和郁闷或许就都消解了。

想到神宗皇帝对自己一再挽留的盛情，王安石从内心里涌动起一阵感激。再想到神宗对变法大业始终抱有坚定的信心，从自己辞相后的人事安排上也可看出其要坚持变法的决心。只要新法能够继续执行，只要对朝廷对百姓有利，我王安石的名位和去留倒是无足轻重的。想到这里，王安石的内心又是一阵轻松。

见妻子正斜倚着身子在看自己，王安石微微一笑，说道："看什么？这么多年还没看够？你醒多长时间了？"吴氏的脸微微一红，说道："我醒好一会儿了。很久也没看官人睡得这么香了。我看你这几年都累瘦了，也老多了，两边都有这么多白头发了。"说着，吴氏用她那细长纤瘦的玉指从王安石左边鬓角上轻轻一顿，揿下一根白头发。

"嗨。"王安石习惯性地把双手上下一叠，枕在脑后，长长叹了一口气，说道："人生短暂，曹孟德诗云'譬如朝露，去日苦多。慨当以慷，忧思难忘'，现在仔细体味一下，真是非常深刻的人生感慨啊。他写这首诗的时候，五十多岁，已经统一了北方，算是干成了一番事业。我如今也五十多岁了，头发白一点不是正常的嘛！变法虽然已见成效，但距离真正意义的成功还相差很远。我现在最担心的是圣上顶不住来自各方面的压力，使变法大业中途夭折，我的心血岂不就等于白费了吗？朝廷和百姓将会受到更大的损失。如果变法能够成功，就会造福于千秋万代，我就是少活十年二十年也在所不惜啊！"说到此，王安石似乎动了感情，又长长地叹了一口气。

"你就是什么时候也忘不了变法。做梦说胡话都是变法。想一想这些年吧，因为变法你得罪了多少人，那么多皇亲国戚恨你，那么多大臣恨你。这还不算，那么多朋友也都疏远你，就连两个叔叔有时也对你有意见。真不知道你是图个啥？"吴氏有些嗔怪地说。

王安石瞥了夫人一眼，略带伤感地叹了一口气，什么也没说。

王安石起来，独自来到船头，望着东方的满天朝霞，他贪婪地吮吸着清新的空气，眺望着时隐时现的钟山，心中立即产生一种莫名其妙的轻松愉快的感觉。他不禁想起陶渊明《归园田居》中"羁鸟恋旧林，池鱼思故渊"的诗句来，不由得暗暗赞叹诗句的高明。自己现在确实有鸟返旧林，鱼归故渊的感觉。

忽然，他的思绪又飘回了这几年中所发生的一些往事上。他最先想到的是自己一直非常尊敬的老前辈欧阳修，内心不禁有些酸楚。

王安石一直非常钦佩欧阳修的学识和人品，只是在变法方面二人出现了分歧。当青苗法刚刚出台的时候，身为地方官的欧阳修竟置朝廷法令于不顾，在本州不执行，而且还一再上书对青苗法进行责难，给王安石出了一道很大的难题，使王安石极其被动。

正是欧阳修和韩琦的两封奏章，使皇宫中的皇后太后们有了口实，使神宗皇帝对新法产生了怀疑。但尽管如此，在其他不执行新法的地方官员都受到处分或罢免的情况下，王安石征得神宗的同意，专门为欧阳修发一道诏旨，免于对欧阳修的一切处分。这对于其他大臣来说，是难以想象的。可以说，从这件事看，王安石是很重情义的人。

二人之间虽然出现严重分歧，但也只是就事论事，从没有对人有过什么不满和攻击。在产生如此大的分歧后，自己出任同平章事时，老前辈欧阳修还写来了热情洋溢的贺启，其中说："伏审荣膺帝制，显正台司，伏惟庆慰。伏以史馆相公，诚明禀粹；精覈穷微，高步儒林，著三朝甚重之望；晚登文陛，当万乘非常之知。"

当自己捧读这封宝贵的贺启时，心情很是激动。因为欧阳修轻易是不赞美人的，更从不谀人。一个忠正博学的君子的赞美要比一百个庸人的吹捧更有价值，更令人感到鼓舞。对自己颁布的青苗法是那样的反对，而对自己出任宰相之职又如此的欢欣，这是何等宽广的胸怀啊！这更表明老前辈对自己学识和才能的高度信任。

想到这里，王安石对这位文坛泰斗油然而生怀念之情。欧阳修辞世已将近二年。王安石又想起当欧阳修去世的消息传来时，自己那种悲伤的情景来。

那是两年前（熙宁五年，1072）秋天的一个傍晚，欧阳修的长子欧阳发派人给自己送来丧信，说他父亲欧阳修已经在闰七月二十三（公历9月8日）去世。听到这一噩耗，不知是怎么回事，自己的眼泪马上就下来了。欧阳老前辈不遗余力地奖掖和推荐自己的情景一幕幕出现在脑海中。自己实在抑制不住内心的悲痛，当即伏案展纸，奋笔疾书，一气呵成，几乎是用眼泪写成一篇感情充沛的祭文，这才稍微减轻一点悲伤。祭文是这样的：

夫事有人力之可致，犹不可期；况乎天理之溟漠，又安可得而推！惟公生有闻于当时，死有传于后世，苟能如此足矣，而亦又何悲！

如公器质之深厚，智识之高远，而辅学术之精微，故充于文章，见于议论，豪健俊伟，怪巧瑰琦。其积于中者，浩如江河之停蓄，其发于外者，烂如日星之光辉；其清音幽韵，凄如飘风急雨之骤至；其雄辞闳辩，快如轻车骏马之奔驰。世之学者，无问乎识与不识，而读其文，则其人可知。

呜呼！自公仕宦四十年，上下往复，感世路之崎岖。虽屯邅困踬，窜斥流离，而终不可掩者，以其公议之是非。既压复起，遂显于世。果敢之气，刚正之节，至晚而不衰。方仁宗皇帝临朝之末年，顾念后事，谓如公者，可寄以社稷之安危。及夫发谋决策，从容指顾，立定大计，谓千载而一时。功名成就，不居而去，其出处进退，又庶乎英魄灵气，不随异物腐散，而长在乎箕山之侧与颍水之湄。然天下之无贤不肖，且犹为涕泣而歔欷。而况朝士大夫，平昔游从，又予心之所向慕而瞻依。

呜呼！盛衰兴废之理，自古如此。而临风想望，不能忘情者，念公之不可复见，而其谁与归！

——《祭欧阳文忠公文》

文笔简洁，气势豪迈，韵律优美和谐，高度赞美了欧阳修在文学上的光辉成就和在政治方面所表现的高风亮节，在当时诸文学家所作的祭文中，这是对欧阳修评价最高，水平也最高的一篇。

仅此一点，就足以证明王安石和欧阳修都是光明磊落的大君子，有人说什么王安石如何排挤欧阳修，如何讥刺欧阳修云云，甚至将其写进了《宋史》本传，《续资治通鉴》也采用其说，流毒甚广。这纯粹是无稽之谈，不值一驳。

六月十五，王安石回到江宁府南郊牛首山下的家中。他来到前几年自己在宅院中精心设置的花圃前，看到牡丹、芍药等各种花儿都已经枯萎飘零，心情有些黯淡。

几年来，日夜操劳，连赏花的时间都没有，今天有这种闲情逸致，可花儿又都凋谢了。他酝酿成一首七言绝句《初到金陵》以抒写自己的心境：

江湖归不及花时，空绕扶疏绿玉枝。夜直去年看蓓蕾，昼眠今日对纷披。

去年想看花儿，可白天没有时间，晚上值班时才抽出点空去看一看，结果花儿还没有开，只能是欣赏一下花儿的蓓蕾罢了。今年有时间，白天也有时间可以出去看花儿，可花儿又都凋谢了。王安石轻轻地叹了一口气。

第二节　金陵晚秋

> 凤凰不生鸡蛋，麒麟不生犬崽。从血管流出的一定是血，道德学养丰厚之人出手便是华章。韩文公云："气盛则言之短长与声之高下者皆宜。"

王安石的家在江宁城南郊的牛首山下。自从王益葬在这里后，王安石一家就居住在此地。这里山清水秀，景色优美，距江宁县城40里，过了江宁县城就是江宁府所在地，千古帝王之州——繁华的金陵了。

金陵从三国时期的东吴开始，直到陈朝的灭亡，先后是东吴、东晋、南朝宋、齐、梁、陈的首都，故通常称之为"六朝古都"。

五代时的南唐也把首都建在这里，李后主在《虞美人》词中"雕栏玉砌应犹在，只是朱颜改"所怀念的"雕栏玉砌"指的就是南唐故国的宫殿。而南唐故国的宫殿真的直到此时还在，只是主人已改，做了北宋江宁府的衙门。所以在当时州府一级的衙门中，江宁府的衙门建筑规模最大，金碧辉煌，颇有气势。

王安石虽然曾经出任过江宁知府，但因为政务繁忙并没有闲情逸致去游览这里的名胜古迹。这次不同了，虽然还有一些职衔，但都是虚的，没有任何实际的工作，真正闲了下来，他要好好游逛一番。

金陵是六朝故都，曾经几度繁华。它位于长江下游的东南岸，东距长江入海口的直线距离大约三百多千米，西有辽阔平坦的江淮平原，东连富饶美丽的江南鱼米之乡，周围有群山环绕，地势险要，自古就有"虎踞龙蟠"之称。

金陵的西面是气势磅礴的长江，东、南、北三面有起伏不平的山岭。浩瀚的长江从西北方向流经这座历史悠久的古城西侧后折而向东，奔流入海，著名的秦淮河如同一条银色的玉带由东南方向向西北方向斜穿过市区,汇入滔滔东流的长江。玄武湖和莫愁湖仿佛两颗璀璨的明珠,镶嵌在秦淮河的两边。

从金陵到京口(今江苏镇江)之间有所谓的宁镇山脉,宁镇山脉西部的边缘分成三个小支脉,环绕在金陵的东南北三个方向。王安石家所在的牛首山属于南面的支脉。

牛首山也叫牛头山,山顶上有两峰,遥遥相对,如同古代都城建筑的双阙,山上还有一座唐代建造的砖塔。紧连牛首山的南边是祖堂山,山下有五代时期南唐小皇朝的两个皇帝的陵墓。南唐一共有三代皇帝,后主就是有名的词人李煜,因为亡国成为囚徒,当然也就没有建造陵园的资格。而他的爷爷烈祖李昪和爸爸中祖李憬则被埋在祖堂山脚下。

到家后,免不了许多亲朋前来慰问,每日送往迎来,也挺忙碌的。数日后才得清闲。好朋友王微之来访,邀请王安石出去溜达溜达,散散心,王安石自然应允。二人不骑马,也不带随从,出了大门信步向南走去。

初秋时节,酷暑早已消退,正是游山玩水的最好季节。和煦的清风徐徐吹来,不凉也不热。漫不经心地走在林间小路上,心中毫无挂碍,那种境界真是舒服极了。二人边走边聊,不知不觉间来到祖堂山脚下南唐李氏二祖的古墓旁。

荒冢古墓,断碑残垣,散漫无序的牛羊在陵园里吃草啃树,闲散无拘的樵夫牧童在荒坟边砍柴吹笛。一派荒凉的景象。二人触景生情,话题不知不觉间便转到了南唐故国的往事上。

南唐的建立者李昪确实是个不可多得的英雄人物。他从小受到过无数的人生磨难,为人养子,经过难以想象的艰苦努力才创立南唐。

南唐因为姓李,据李昪自己说他又是地地道道的李唐王朝的宗室,是李渊的后代,所以在政治方面有很大的优越性,周边各国与南唐建立外交关系的就有30多个国家。当时国势强盛,地域广大,在同时诸国中是个泱泱大国，其实力不亚于占据中原的所谓正统国家。

可是，烈祖李昪死后，中祖李璟和后祖李煜都是昏庸不明之辈，一味追求享乐，不思振作，更主要的是没有治国安邦的政治才能。不到20年时间，就把一个繁荣强大的国家弄得贫穷落后，终于被后起的北宋王朝灭掉。正因如此，他们的坟墓才会如此荒凉。

朝代的兴衰更替，是不以人的意志为转移的必然规律，但那些昏庸腐败的亡国之君依然会成为人们议论的话题。王微之就此事作了一首诗，王安石读后，怅然有感，也和作一首曰《和微之重感南唐事》：

叔宝倾陈衍弊梁，可嗟曾不见兴亡。斋祠父子终身费，酣咏君臣举国荒。南狩皖山非故地，北师淮水失名王。天移四海归真主，谁诱昏童肯用良？

王安石以辛辣的笔法讽刺了那些昏庸失国的君主。其大意是说，陈后主陈叔宝荒淫误国，丢掉了万里江山；梁武帝萧衍迷信于旁门左道而使社稷倾颓。可惜的是同样在金陵建立王朝的李璟李煜父子好像没有看到这些亡国之君的前车之鉴，未能吸取他们的教训，君臣酣饮，举国荒淫，终于蹈其覆辙，国破家亡，这才使李昪、李璟父子二人的庙前断了香火。最后一句把其亡国的原因归结到不能任用良臣贤才的方面，可以说是大有深意的。

深秋的一天，王安石身穿便服，也不带随从，一个人独自到金陵城里游览，他登上秦淮河和长江交汇处岸边高地的一个酒楼，凭栏极目远眺。

只见满目秋色，江水滔滔，江面上烟雨蒙蒙，一只鸟从远处飞来，几只小船正顺江而下，景色凄凉黯淡。天地广阔，江水悠悠，王安石顿时产生一种莫名其妙的惆怅，他吟成一诗道：

怀乡访古事悠悠，独上江城满目秋。一鸟带烟来别渚，数帆和雨下归舟。萧萧暮吹惊红叶，惨惨寒云压旧楼。故国凄凉谁与问，人心无复更风流。

心情不太好，王安石随便走进这座酒楼的一个雅间，点了几样可口的炒菜，要一壶上等好酒，自斟自饮起来。几杯酒下肚，王安石想起自己这几年刻意变法的经过来。

在这几年里，各种人物纷纷登台亮相。官场中，如果从对待事业的态度方面来进行考察的话，大体上可分为三种类型，一种是干事的，一种是整事的，一种是混事的。

干事的人一心扑在事业上，只想把事业干好，其出发点是对整个天下负责，对百姓负责，对历史负责。但干事就要接触具体问题，就要得罪一些人，天下大治，部门大治，邪人不利，所以干事业的人常常遭受挫折，这也是理之必然。

商鞅变法，秦国大治，本人却被车裂；吴起相楚，国富民强，拓疆展土，自身偏被乱箭射死。桑弘羊提倡盐铁官营，本来是利国利民之举，可后世却一直遭到非议。实在是太不公平了。自己变法以来，就曾多次被人含沙射影地指责为是商鞅和桑弘羊之流。干事难啊！

整事的人则专门好无中生有，唯恐天下不乱，他们好浑水摸鱼，捞取好处。这类人往往专门会看风使舵，精于谄媚之术，经常出入于权贵之家，胁肩谄笑，阴阳人，两面脸，虽然没有什么真本事，但因为会溜须拍马而得势。别看官家的事一样也干不好，可自己家的事却经营得条条是道，安排得井井有条。

与干事的人比起来，这种人因为付出的极少而得到的极多，反而容易受到世俗绝大多数人的羡慕。但是，一万个庸人俗子的羡慕，也不如几位高尚的深知事理的人的崇敬更有价值。媚世取容，这本身就是很庸俗的。

混事的人则浑浑噩噩，做一天和尚撞一天钟，响不响也不管。此类人虽然不会有什么政绩，但也不会有什么罪过。而这种人在官场中始终是大多数。

天色渐晚，夕阳只剩下一抹血红色的余晖，映照在楼头之上。王安石付过饭钱，再次来到刚才凭栏的地方。雨过天晴，天色如洗，晴空万里。举目远眺，长江从遥远的西南方向流来，朝遥远的东方流去，水面澄净明澈，不远处青翠的山峰如同刚刚洗过一般。残阳中来往船只在江面上缓缓行驶，一家家酒馆的门口都斜挂着幌子，在秋风的吹拂下轻轻飘摆。江面上还有一艘艘彩绘精美的游船，云淡星稀，河的对面飞起一群白鹭，那景致真是太美了，任何高明的画师也难以画出这种神韵。王安石被眼前的美景陶醉了，惆怅顿消，不由自主地来了兴致，高吟出一曲《桂枝香》来：

登临送目，正故国晚秋，天气初肃。千里澄江似练，翠峰如簇。征帆去棹残阳里，背西风、酒旗斜矗。彩舟云淡，星河鹭起，画图难足。念往昔，繁华竞逐。叹门外楼头，悲恨相续。千古凭高，对此漫嗟荣辱。六朝旧事随流水，但寒烟衰草凝绿。至今商女，时时犹唱，《后庭》遗曲。

本词题为《金陵怀古》，在当代就成为众口流传的名篇。据说当时以此为题并都用《桂枝香》为词牌作词的有30多人，而这首词在这30多首词作中独领风骚。

王安石并不以作词名世，但这首词作却是难得的精品。韩文公云："气盛而言之短长与声之高下者皆宜。"是说人的道德学术修养如果到了一定的程度，那么他所写的文章一定是合于圣人之道的，也一定是精美的，真是千古不替的真理。后来苏轼见到本词后，叹息道："此老乃野狐精也。"

这一天，王安石还算很开心。

王安石本想彻底地休息一下，完全不过问朝廷之事。可他却无法做到这一点，从金陵游览回来后，他又有些忧心忡忡了。新法到底推行得怎么样呢？西北形势又如何呢？可千万不要因为我离开相位而影响了国家大事啊！

第三节 将才与帅才

> 鸡就是鸡，不能成为凤凰；将才就是将才，不能成为统帅。鸡若充凤，百鸟不服；将要充帅，阵脚必乱。

王安石最关心也最担心的是西北前线的情况。他非常清楚地知道，自己从相位上退下来，保守派的一些人一定会千方百计地破坏西北边事和阻挠新法。王韶面临的压力更大。而富国强兵正是这次变法的主要目的和成功与否的关键。他怕王韶由于自己的离位而动摇，便首先给远在西北的王韶写了一封信。信中说：

> 某启：久不得来问，思仰可知。木征内附，熙河无复可虞矣！唯当省冗费，理财谷，为经久之计而已。上以公功信积著，虚怀委任，疆场之事，非复异论所能摇沮。公当展意，思有以报上。余无可疑者也。某久旷职事，加以疲病，不能自支。幸蒙恩怜，得释重负。然相去弥远，不胜拳拳。惟为国自爱。幸甚不宣。

这是王安石给王韶写的第四封信，鼓励王韶要以国家为重，为朝廷和圣上分忧。虽然自己离开了相位，但边陲疆场的事，功绩是明摆着的，不是反对派舆论所能动摇和改变的。劝他不要有顾虑。

朝廷中的情况又怎样呢？王安石辞相后，一段时间里风平浪静。保守派的攻击力度减缓了，两宫太后的脸上有了笑容，再也不向神宗流泪了。曹太皇太后得寸进尺，向神宗提出要求，要全面废除青苗法、市易法、免行钱等一系列新法，神宗没有答应。

太皇太后曹氏之所以敢如此干预政事，除了她是仁宗皇帝的皇后，名分上是神宗的祖母外，还有两个原因。一个原因是她是英宗皇后即高太后的亲姨娘，而高太后当初能够被立为皇后，与这位老妇人有关，英宗以旁支而入继大统，也与她有关。所以，高太后对她一直特别尊敬，而神宗对这位奶奶也很敬重。

再一个原因就是她手中还有一把杀手锏，这就是她始终珍藏着一个精美的宝匣，从来也没打开过，也不让旁人看，谁也不知道里面装的是什么宝贝。因为高太后和神宗对她一直特别好，故她也就一直没有打开过。

后来一直到元丰年间，她在病重时才把这个宝贝匣子交到神宗手里，临死前嘱咐说：等她死后，才可以打开匣子观看，但千万不要为此而对任何大臣治罪，一切都要像未打开匣子以前那样。让神宗看匣子里面的东西，主要是希望神宗能够理解今天皇位得之不易，要加倍珍惜，要善待祖宗，善待百姓，千万把天下治理好。

待她死后丧事办完，神宗打开匣子一看，里面保存都是当年仁宗在选择接班人时，许多大臣坚决反对选择英宗入继大统的奏章。可见仁宗最后确定英宗为嗣子是做了很大努力的。而如果不是皇考英宗继位，自己今天又怎能成为天子呢？饮水思源，神宗不由自主地流下几行热泪。他暗暗下定决心，一定要把变法进行到底，把天下治理好，这才能对得起祖宗，对得起先人。当然，这些都是几年后的事，此处顺便带过。

保守派及皇亲国戚等以为王安石一离开朝廷，新法很快就会被废止。他们也有些太乐观，以为新法的制定与推行就是王安石一手搞成的。其实，变法之所以能够进行，关键人物是神宗而不是王安石，所以，当他们要全面否定新法废止新法时，神宗当然不能答应。

在王安石离开政坛之前，神宗采纳王安石的意见，对执政人员进行了重新安排。坚决支持新法而又很有社会名望，在保守派阵营中也很有威望的韩绛被任命为同平章事，是正宰相之职，接替王安石的位置。

变法的中坚力量，王安石左膀右臂之一的吕惠卿被提拔到参知政事即副宰相的职位上。这样，执政大臣依然以变法派为主体。所以，新法依旧在运行中，只不过做了一些局部的修订而已。

宗室内的保守势力和对新法恨之入骨的皇亲国戚及保守派大臣想要动摇新法的企图没有成功，就开始攻击韩绛和吕惠卿。称韩绛为"传法沙门"，称吕惠卿为"护法善神"。这样的称呼倒恰恰说明二人在维护新法方面的立场和功绩。

王安石离开政坛后，保守派把主要精力用在企图停止废除新法方面，而放松了对变法派人员的进攻。他们以为，变法派中只有王安石学识渊博，能力最强，只要把王安石攻下台，就可以把新法再变过来。

过一段时间，他们发现并不是那么回事，只要是变法派执政，新法就不可动摇，于是又转变方向，对变法派的骨干人物开始攻击。

在王安石离去前，变法派内部已经产生分裂，这就是曾布和吕惠卿争权夺势。曾布见当时保守派势力太强，立场便产生动摇，联合保守派攻击王安石重用的吕嘉问，企图通过整治吕嘉问来扳倒吕嘉问的直接上司吕惠卿，这样就可以取代吕惠卿的地位而成为变法派的第二号人物。

他把问题看得太简单了，吕惠卿是王安石最信任的人，当时主管市易司，如果全面否定市易司的工作则正好中了保守派的圈套，则将动摇整个新法。更主要的是保守派对吕嘉问的攻击全是望风捕影之事，神宗和王安石当然不能上这个当。结果是吕惠卿不但未能扳倒，反而又提拔为参知政事了，曾布如何能咽下这口气？

曹太皇太后和高太后还都很健康，这两位老妇人见王安石虽然离去，可新法依旧在实行，不断地向神宗施加压力。变法派内部的曾布对吕惠卿更是耿耿于怀，恨不得尽快把他赶出朝廷，保守派势力见有机可乘，便加强进行夺取执政大权的活动。变法派面临着新的威胁。

曾布在吕嘉问一案时已经很被动，他的奏章在排挤王安石出朝廷方面是起了一定作用的，但他的人品马上就被人们所鄙视。而且，他弹劾吕嘉问的证据也不充足。神宗命章惇和曾孝宽调查处理此案，彻底根究市易司事，详细核查市易务与曾布的奏文。八月间结案，原来曾布所奏之事全是望风捕影，与事实不符，曾布以"不应奏而奏，奏事诈不实"的罪名出知饶州，离开了政治中心，对吕惠卿已经构不成威胁，真正的威胁还是来自保守派。

毫无疑问，吕惠卿确实不是执政大臣的材料，他只能做具体工作而缺乏统筹全局的能力，只是个将才而不是帅才，也正因如此，自从王安石罢相后，变法派就缺少一个核心人物。这就使许多政客跃跃欲试，都想要一试身手，尝试一下当宰相的滋味。而争夺最激烈的当然是最有希望的几个人。

开始时，保守派见王安石离去，都把希望寄托在吕嘉问一案上，以为通过此案可以打倒吕惠卿，只剩一个曾布就好对付了。没想到会出现那种结果，所以他们不得不赤膊上阵。

公开跳出来打前阵的还是郑侠，他又上了一书，说吕嘉问一案问案不公，吕惠卿"朋党奸邪"，请求罢免吕惠卿，起用冯京为相。郑侠的做法是聪明反被聪明误，本来想把冯京推到宰相的位置上，结果却恰恰露出了这个一直隐藏在幕后的人。

神宗见到郑侠的奏章，勃然大怒，龙脸都气红了。对于郑侠把《流民图》交到深居宫中的两宫太后手里，增加两宫太后对自己施加压力的砝码，神宗本来已经大为不满。但考虑王安石也该休息一下，而且如果深究此事的话，可能要牵涉到两宫太后，所以就把气忍住了。今天见郑侠公开提出要罢免吕惠卿而重用冯京，大有向变法派下战书的性质，怎能不十分生气？于是免去郑侠的一切官职，编管汀州，把郑侠监视起来。

神宗的内心深处对变法一直是非常坚定的，对王安石也非常信任和敬重。神宗知道郑侠的奏章不是孤立的，一定有很深的背景，后面还有人。

这时，吕惠卿又提出要对郑侠进行彻底追究，要追出后面的黑手。神宗批准，对郑侠攻击免行钱事，献《流民图》事以及这次上奏章之事数案并办，同时调查。调查的结果果然像预料的那样，郑侠的行动不是孤立的，而是有组织有预谋的，其后台便是参知政事冯京。

冯京是三朝元老富弼的女婿，他的立场基本上是站在保守派方面的，只不过是态度不像司马光和苏轼那样明确坚决罢了。因为有富弼的关系，而冯京本人也很有才能，所以在王安石执政时把他提拔为枢密副使，后来又晋升为参知政事。

他见变法派内部产生分裂，有机可乘，就想浑水摸鱼，弄个宰相当当，于是指使郑侠献图上书，来个各个击破的战术，把变法派一个一个地挤出朝廷，没想到弄巧成拙，不但未当成宰相，反而把参知政事这个副宰相的头衔也弄丢了。神宗一怒之下，把他参知政事的桂冠摘了下来，让他到亳州去当知州。

郑侠被编管，冯京被出外任，保守派的进攻又一次失败。这时，因为当年阻挠王韶经营西北而受到贬谪的李师中见王安石离开朝廷，也试探着对变法派进行攻击，以天旱为由，说只要神宗皇帝能重用有威望的大臣，如司马光和苏轼、苏辙兄弟等，老天爷马上就会下雨，遭到神宗的严厉批评。

新法还在继续推行，韩绛和吕惠卿还在继续执政。保守派的进攻已经不见效果，神宗坚持变法的决心没有动摇。然而，吕惠卿本人的一个做法却又引起了一场风波，使得天下骚然，朝野震动，又出现一场社会大地震。

吕惠卿见保守派的进攻没有奏效，曾布又远离朝廷，便想要干出点样子来给世人看看，我吕惠卿也是个人材，离开王安石照样可以出台新法。这时，下边有人报告说免役法在实行过程中出现了新问题，即有人隐瞒自己家的财产情况，逃避或少交免役钱。吕惠卿便利用这种情况大做文章，要出一出风头，采纳他弟弟吕升卿的意见，新创造一种办法，起名叫做"手实法"，以此作为免役法的补充。

所谓的"手实法"实际上类似后世的私人财产登记，即把天下百姓按照居住区进行财产登记，由户主向当地政府申报。各类物品，由国家制定参照价格，再由各地方政府掌握一定程度的地方差价。凡是固定的财产，每户都要如实申报，不得隐匿。如有隐匿者，一旦查明，隐匿的财产就没收充公。因为你自己没有如实申报，没办法认定到底是不是你的财产。

又规定相应的鼓励措施，鼓励知情者对隐匿财产的人家进行举报。凡举报属实者，用查没财产的1/3奖励举报人。这可是个不小的数目，有很大的吸引力。

手实法出台后，扰得天下纷然。官吏们趁机大捞外快，对百姓们挨家挨户进行财产估算，一条地垄一根椽子都要登记上册。有的无赖之徒专门到处去探访谁家隐匿了什么，然后便进行敲诈勒索。

一时间里把个太太平平的天下弄得乌烟瘴气，到处是鸡飞狗跳，百姓们怨声载道。吕惠卿一下子成了众矢之的，反对手实法的奏章不断地上交到神宗皇帝的手中。

神宗皇帝对吕惠卿的一些做法早就有些不满。一个是吕惠卿执政不久，就把他自己的两个弟弟提拔起来，这令神宗有些瞧不起。再就是吕惠卿在处理追究郑侠和冯京之事时，千方百计也要牵进王安石的弟弟王安国，从而达到牵连王安石的目的。这样就可以抑制王安石，避免王安石东山再起，他便可以长时间执政，显出其心胸十分狭窄，权势欲太重，缺乏应有的厚道，不是君子之所为。

手实法的事件一发生，神宗对吕惠卿的信任更加动摇，他又想起王安石了。觉得王安石无论从学识还是从人品才干上，吕惠卿与之都无法相提并论。于是，神宗下决心要请王安石再度出来执政。可王安石已经有些伤心，能接受任命再度出山吗？

第四节　明月何时照我还

退隐刚半年，又起复为相。王安石矛盾重重，欲出不愿，欲留不忍。天下纷然待理，神宗望眼欲穿，自己怎能独享清闲？高度的责任感促使他出山，但刚离开家门就想着要回来。

来年（熙宁八年，1075）正月末，王安石接到朝廷发来的诏书，请他马上返回京师出任同平章事之职，继续执政。圣旨上语气坚定诚恳，似乎没有推辞的余地。

王安石一下子陷入深深的矛盾之中。回去继续执政，对官场中的那些琐事应酬、明争暗斗、相互倾轧实在有些厌腻了，他从内心里不愿意再去。但高度的社会责任感和神宗皇帝的知遇之恩又使他无法坚决推辞。

从神宗皇帝对王安石的信任和尊重程度来说，在古代帝王中也是不多见的。神宗经过慎重选择，力排众议起用王安石为参知政事，一年后拜相，其后一直信任有加，尽管有那么多人攻击诽谤，可神宗皇帝始终信任不疑。

去年春夏之际，由于免行钱风波，在自己受到几面夹击的时候，神宗的压力也不小。在这种十分艰苦复杂的情况下，神宗并没有对自己产生怀疑，对变法也没有从根本上动摇。这是十分难能可贵的。

当时，是自己审时度势，为了缓和一下紧张的局势，减少一下神宗的压力，而且自己也感觉太累了，几次上札子，恳请辞去相位休息一段时间，神宗这才勉强有条件地批准了。

当然，王安石一再要求离任，还有一个重要原因，这就是长子王雱当时患有重病，在京师中环境不好，不适于疗养，回到故乡，也便于给儿子治病。

离开京师的时候，神宗一再嘱咐王安石要安心休息，好好养病，对儿子王雱的病情也很关心。虽然解除同平章事的宰相之任，可神宗又任命自己为"观文殿学士吏部尚书知江宁军府事"，品级并没有什么变化。可见圣宠不衰。

回到江宁后，不到一个月，神宗就派中使即内侍专程前来看望自己，并送来一些保健营养药品。关切之情，令人感激。

大约一个多月后，弟弟王安国在郑侠和冯京一案中被吕惠卿所整治，说他和冯京同是后台，共同要赶王安石下台，反对新法。一口气窝在心中，病重不起，在八月十七日郁闷而终。

王安石极其悲痛，这时，神宗皇帝再次派人专程前来慰问，王安石又是一番感动。神宗皇帝对于自己可谓天高地厚，恩德无边，这样的君主需要自己再出山执政，即使是累死，也不应该推辞。

此处顺便交代一下王安国在郑侠一案中到底是怎么回事。王安国和郑侠属实认识，以前关系也很不错。在郑侠献《流民图》对新法发动进攻后，有一次在途中遇到了王安国，二人打过招呼后，谈起了新法之事。郑侠说："尊兄学识渊博，为人正派，是个君子。只是被小人所误，才变乱法度，把事情弄到这种地步。"

王安国马上接过去说："不能这样说，我兄长是为天下苍生社稷着想，才挺身而出，改革图新，承担一切重任的。兄长是个有主见之人，非小人所能蒙蔽。"吕惠卿便说他们俩在一起共同图谋，反对新法。

后来又有人说，王安国参加了郑侠和冯京攻击王安石的活动，其目的是要诬蔑王安石太不近人情，连他的同胞弟弟都反对他。把王安国之死安在郑侠被编管之后。这是颠倒事实真相的胡说八道，王安国之死是在王安石罢相回江宁之时，时间是八月。而郑侠之编管是在第二年的正月。这年的二月，王安石则又回京师执政了。

又过不久，儿子王雱的病情时好时坏，医疗效果不佳。不知道消息怎么传到京师，神宗特派中使专程前来慰问，并派医术高明的冲静处士张谔来为其治病，这更令王安石感动不已，不断地用袖口擦拭溢出的泪花。

另外，朝廷中的情况也确实堪忧，韩绛被称作是"传法沙门"，也只是继续执行新法而已。吕惠卿虽然被称作"护法善神"，但由于本人总想要搞名堂，有急功近利之心，社会声望欠佳，故大失民心。而他一手搞起的"手实法"更是害民扰民的弊政，弄得民怨沸腾，如果不赶快想办法纠正的话，会给新法抹黑，再严重些或许会成为保守派反击新法的突破口。这些情况，都迫使王安石不得不违心地再度出山执政。

儿子王雱的病情经过几个月的调养也有很大的起色，在神宗的一再督促下，王安石于二月中旬的一天起身，依依不舍地离开依恋的故居，乘坐官船北上。

一天的水路，王安石的心情一直郁闷不开，仿佛是轻阴天，始终露不出日头来。傍晚，船停靠在金陵以东第一水路军事重镇京口对面的瓜洲渡口。

由于心绪不宁，故王安石很长时间不能入睡。可能是快到望日了，银盘般的月亮从东方的江面上冉冉升起，皎洁的月光洒满寰宇，整个天下成为银色的世界。江面上一片寂静，水波粼粼，仿佛是神话般的境界。王安石不由得想起唐代诗人张若虚《春江花月夜》开头那段描写来，竟不由自主地朗声吟了起来：

春江潮水连海平，海上明月共潮生。滟滟随波千万里，何处春江无月明？江流婉转绕芳甸，月照花林皆似霰。空中流霜不觉飞，汀上白沙看不见。江天一色无纤尘，皎皎空中孤月轮。江畔何人初见月，江月何年初照人？

这自然的美景与诗中梦幻般的境界重合为一，真是太美了，太迷人了。王安石此时此刻才进一步领略到这首诗的妙处，赞叹不已。

想到江南如今已是一片绿茵，一年一度的春风再次吹遍大地，新的一年又开始了。宇宙无穷无尽，无始无终，而人生则太短暂了。正因为太短暂，所以人生就更宝贵。然而，什么才是人生的最大乐趣呢？就像今天晚上，就像现在，心中没有任何负担，没有任何挂碍，尽情地欣赏享受着清风与明月，心凝形释，与万化冥合，这才是人生的真谛。他的心中产生一种难以形容的娱悦之感。

忽然，他的心绪又回到现实。几天后又要回到朝廷，又要陷入永无休止的繁琐的政务中，他真感到有些厌倦，但又无可奈何，他盼望着能尽快把新法推行的形势稳定下来，一旦可以脱身，自己要尽快退出名利场，再过这种无拘无束的隐居生活。什么时候能再回来呢？他写下一首脍炙人口的《泊船瓜洲》，抒发自己的心情道：

京口瓜洲一水间，钟山只隔数重山。春风又绿江南岸，明月何时照我还？

刚刚离开家，才走到半路就想着要回来，可见王安石确实是太厌倦官场了。

经过七天的颠簸，王安石一家到达京师。王安石马上去觐见神宗，神宗非常高兴，慰问一番。并让王安石稍事休息后立即到中书省主持工作。

王安石离任不到一年，大的政策方针都没有变化，一切新法都在执行。存在的问题只是需要调整一些具体条文，最突出的问题是手实法，民怨太大，也确实需要进行大的变动。

但此法是吕惠卿一手炮制的，而且在王安石离相后他所独自制定的只有这么一项附属性的法规。如果一上任就罢除，实际上几乎等于否定了吕惠卿一年的工作。所以，王安石有一定顾虑。而且，在当初内外夹击进攻新法攻击王安石的时候，变法派的骨干曾布都站在保守派一边，上奏章要求查办吕嘉问，情况十分复杂。在这个关键时刻，吕惠卿始终坚定地站在新法一边，才使形势没有发生大的变化。这一点，王安石还是很感激和赞佩吕惠卿的。

但不管王安石如何努力，他和吕惠卿的矛盾还是不可避免地发生了。王安石一回到京师任职，就决定了他和吕惠卿之间必然产生矛盾。因为吕惠卿早就想要坐宰相的交椅，曾布离开朝廷，如果王安石不回来，再提拔宰相就非他莫属了。所以，他最害怕的就是王安石东山再起。吕惠卿追治郑侠一案，千方百计牵进王安国，其真正的目的也是为了遏止王安石复出。王安石此次一回来，吕惠卿怎么能不如芒刺在背呢？

王安石很谨慎，对手实法所造成的不良后果采取一些补救措施，整个形势又稳定下来。六月，神宗又加任王安石为尚书左仆射兼门下侍郎之职。王安石的实际权力和待遇再次提高。王安石连上三个札子推辞，神宗不允，只好接受。

数日后，神宗又授王雱为龙图阁直学士。王安石见到圣旨，感激之余又感到十分不安，因为儿子王雱一直在自己身边看病，没有做什么实际工作。

神宗这样做，是表示对自己的恩宠。但这样做恰恰对自己不利，对朝廷也不利。自己接受尚书左仆射兼门下侍郎的任命，虽然也有些过誉，但毕竟自己做了许多工作，于道理上也说得过去。可儿子纯粹是无功受禄，寝食不安，于是便决心推辞这一任命。连上三道札子，其中第三道札子说：

自尔以来，雱以疾病随臣，不复与闻经义职事。今兹罢局，在雱更无尺寸可纪之劳。不知何名，更受褒赏。非特于臣父子私义所不敢安，窃恐朝廷赏罚之公，如此极为有累。伏望圣慈，察臣恳恫，追寝误恩。非特臣父子曲蒙保全，亦免众人于圣政有所讥议。

言辞恳切，出于至诚，一片忠正爱国爱君之心，道理说得清清楚楚。神宗见到这封札子，也没有再坚持。

决不用自己手中的权力为自己或家人谋一丝一毫的名声和利益，皇帝主动给的都一推再推，而无功受禄的事更坚决不做，不但自己如此，要求自己的家人也是如此，这才是一个正直有德之人所应有的品德。仅此一点，王安石就值得我们永远的尊敬与怀念。与那些拼命钻营，没有什么德能却什么名利都要的庸俗势利小人相比，真不只是天壤之别了。呜呼！凡名高于实者，都可鄙视。韩文公曰："内不足者，急于人知；霈焉有余，厥闻四驰。"妙哉。

六月戊午日，三朝元老韩琦去世。由于他在英宗得立和神宗继位时的突出表现，神宗和王安石决定以他配享英宗庙庭。即在英宗庙的侧位，给他设个牌位，也分享祭祀的香火。这在古代大臣中是极高的殊荣。

韩琦虽然反对新法，但政治上光明磊落，有大臣之体，王安石参加工作的第一个直接上级就是此人。王安石对他一直是很钦佩的。在为韩琦送葬之后，王安石写两首七律来抒发怀念之情，这就是《韩忠献挽词二首》：

心期自与众人殊，骨相知非浅丈夫。独幹斗杓环帝座，亲扶日毂上天衢。锄耰万里山无盗，衮绣三朝国有儒。爽气忽随秋露尽，谩凭陈迹在龟趺。

两朝身与国安危，典策哀荣此一时。木稼曾闻达官怕，山颓果见哲人萎。英姿爽气归图画，茂德元勋在鼎彝。幕府少年今白发，伤心无路送灵辁。

全诗对韩琦的人品和伟大贡献给予高度的评价，最后两句写出自己与韩琦的关系，表现出深深的悼念之情。

九月、十月间，吕惠卿因为他弟弟的事又遭到人们的弹劾。他用弟弟吕升卿主持国子监选拔贡生的考试，吕升卿以权谋私，将其才质平庸的内弟方通录取为高等。这本来一直是个非常敏感的地带，因为这直接涉及科举考试的前途。舆论界大哗，吕惠卿兄弟的名声本来不佳，这件事如雪上加霜，使其名声更受损害。

吕惠卿也是个非常精明的人，他知道自己当宰相的企图已经彻底没有希望。王安石重出后，很明显在培养重用王珪和吴充，而自己又不断遭到舆论界的攻击。于是吕惠卿几次要求出外任，离开朝廷。

神宗进行挽留，王安石也到他家中去进行劝说，但吕惠卿坚决要离开，最后得到批准，以本官出为陈州知州。吕惠卿临走时，向神宗建议一切采纳王安石的意见，变法大业定能成功。

吕惠卿走后，王安石很快就废除了手实法，民怨渐渐平稳下来。

新法在健康地运作，朝廷各项工作开始走上正常发展的轨道。王安石有意地把主要工作交给王珪和吴充去做。他发现王珪为人忠诚谨慎，虽无创业的能力，但守业还是绰绰有余的。

王珪人品好，与自己是同年进士，名次还在自己的前面，社会名声也不错。于是便把许多需要决策的大事交他去办，为自己早日退隐做好人事上的准备。

来年春，王安石见朝廷的一切已经走上正轨，就试探着提出要退出政坛，可神宗能同意吗？

第五节　再度辞相

"谁似浮云知进退，才成霖雨便归山。"像一片云，飘然出山，为苦旱之大地酝酿一场及时春雨。待久旱之禾苗普受雨露后，云朵便飘然归山。

熙宁九年春夏之交，王安石见许多关系已经理顺，朝廷政事平稳，只要有人能够守成即可，便连续上三道札子请求辞相归隐。但神宗坚决不应。

儿子王雱的病又出现反复，而且每次犯病都比上次重。王安石心情焦灼，身体状况也渐渐不佳，其主要表现是气短心慌，睡眠也不好，常常一两个时辰不能入睡。精力明显不如以前，政务稍微繁忙一点就有力不从心的感觉，而这是几年前从未有过的。

王安石实在是想要退出政坛休息休息了，可神宗皇帝始终不允，倚重如初，朝廷中无论大事小事，基本上是取决于王安石。越是这样，王安石越不好脱身，也不好意思再向神宗提出。他便采取一个迂回的办法，写信给参知政事王珪，请他在适当的时机为自己疏通疏通。信是这样写的：

某启：越宿伏惟台侯万福。某久尸宰事，每念无以塞责，而比者忧患之余，衰疢浸加。自惟身事，漫不省察。持此谋国，其能无所旷费以称主上任用之意乎？况自春以来，求解职事，至于四五。今则疾病日甚，必无复任事之理。仰慕契眷，谓宜少敦僚友之义。曲为开陈，使得早遂所欲，而不宜迪上见留，以重某逋慢之罪也。区区之怀，言不能尽，惟望深赐矜怜而已。不宣。

可见王安石是真的急于归隐了，竟请同僚为自己向皇帝说情。可能是王珪也不太好说话，故这封信似乎没起什么作用。

七月里的一天，王雱在家中死去。这对王安石是个难以忍受的沉重的打击。人对人的真正理解是心灵深处的高度和谐与默契，故在对待人生与宇宙等诸多问题上有高度的认同感，这样相互理解的人才可以称得起知音，而这样的知音实在是太难以遇到了。

其实，王雱不仅是王安石的儿子，也是王安石的一个知音。常言说："知子莫如父。"王安石对自己的这个儿子是从内心里喜欢的，而且也寄以极大的希望。

王雱绝顶聪明，又非常刻苦用功，学识渊博，悟性极高，是王安石变法的得力助手之一。如果从相应年龄所掌握的学识及对社会的认识程度来看，王雱的才能不在王安石之下。

由于变法的政务繁忙，而要想使变法真正深入人心，成为整个社会的普遍共识，就必须进行思想文化教育方面的建设。要对儒家经典进行一番新的解释，这就是要用新的眼光和观点重新注释《诗经》《周礼》《尚书》，即《三经新义》，为所制定的新法寻找理论上的依据，以此作为太学及各州府学校的教材。

这无疑是一件影响极为深远的建设，也是一项极为艰苦繁重的工作，王安石当时无暇顾及，其主要部分都是王雱和吕惠卿承担的。吕惠卿的具体工作也很繁忙，而全身心投入的只是王雱一人而已。

后来攻击王安石的人说，王安石所变的法危害还不算深，只要再变回来很快就可以消除影响。但王安石的思想影响更深，危害更大，即所谓的"坏人心术"。这也可从反面看出《三经新义》在当时社会上尤其是思想界影响之大。而这一点，很大一部分工作是由王雱完成的。

王安石有两个儿子，另一个叫王旁，天赋资质均不如王雱，故王安石把一切希望都寄托在王雱身上，万万没有想到王雱却先自己而去。这一年，王雱才三十三岁啊！正是人生的锦绣年华，可却英年早逝，怎能不令王安石极度悲痛呢。白头人送黑头人就已经是令人难以忍受的事了，何况所送的黑头人又是这样的一个人呢！王安石当时的痛苦心境是不难想象的。

王安石是个事业型的人，他把事业看得最重。他一生以天下为己任，无时无刻不在寻找培养自己事业的接班人。他所选中的有二人，一个是王令，一个是儿子王雱。王令也是英年早逝，以二十八岁的锦绣年华过早地离开人间。当时，王安石也极端悲痛，对王安石是一个很大的打击和刺激。

王雱之死，其打击和刺激的程度当然要比上次大得多，强烈得多。这既有亲情血缘的关系，也有现实处境的关系。此时王安石已经深得君心，执政多年，变法大业正在健康发展，如果王雱不死，过一段时间继承王安石的事业还是大有希望的。王雱之死，其意义不单单是死了儿子，而是直接影响着变法大业之接班人的问题，王安石怎能不痛心疾首呢？

还要附带一笔，这就是宋代的一些笔记小说对王雱极尽诽谤诬蔑之能事，而一些正史也采用其说，故王雱所受的冤屈最多，仿佛他是个阴险狠毒的狡诈之人。

其实，很多说法都是诬蔑不实之词，蔡上翔和梁启超早已为之进行了有力的辩白，此处不赘。

王雱之死，对王安石的刺激和打击实在太大，他心灰意冷，决心要退隐田园了。神宗几次亲自到宰相府中前来慰问，王安石一再提出辞相的请求。神宗坚决不答应，劝他好好休息一段时间，暂时可以不操心朝廷之事，由王珪主持一切军政要务，有大事让王珪到宰相府来与他商量。王安石无法推托，只好勉强应允。

数日后，王安石又给代替自己执政的王珪写第二封信，请他在神宗面前帮助自己说几句话，早日答应他归隐田园的请求。即《与参政王禹玉书》其二：

某启：继蒙赐临，传谕圣训。彷徨跼蹐，无所容措。某羁孤无助，遭此大圣，独排众毁，付以宰事。苟利于国，岂辞糜殒。顾自念行不足以悦众，而怨怒实积于亲贵之尤；智不足以知人，而险诐常出于交游之厚。且据势重而任事久，有盈满之忧，意气衰而精力弊，有旷失之惧。历观前世大臣如此而不知自弛，乃能终不累国者，盖未有也。此某所以不敢逃逋慢之诛，欲及罪戾未积，得优游里间。为圣时知止不殆之臣，庶几天下后世，于上拔擢任使，无所讥议。伏惟明公方佐佑大政，上为朝廷公论，下及僚友私计，谓宜少垂念虑，特赐敷陈，某既不获通章表，所恃在明公一言而已。心之精微，书不能传，惟加悯察幸甚。不宣。

王珪字禹玉，故称王禹玉。通过此书可知，这一阶段，王安石曾上札子请求退休，但神宗不接受，把札子原封不动地退回来。王安石无奈，才再写此书，从公私两个方面来请王珪为自己向皇帝说情。主要理由是自己精力不足，容易耽误朝廷政事。不能占据着重要位置而影响提拔新的人才。

古今中外，挖空心思，到处钻营以谋求官位的人可谓是汗牛充栋，俯拾即是。而千方百计要求辞官，尤其是辞去当政宰相之官者实不多见。不贪恋高位，不贪恋富贵，不贪恋虚名，只求真实充实的人生，这是多么值得敬佩的美好品质，与那些贪位恋栈，明明应该退出政坛而偏偏赖着不退，占着茅坑不拉屎的俗辈比起来，真不只是天壤之别了。

神宗见王安石决意离去，与王安石做了一次深刻的长谈，王安石提出自己回去休息一段时间后，集中精力把《三经新义》中一些不十分稳妥的地方再加以修改润色，使之更加完善，对朝廷也是有益处的。自己还要把这些年注释经义的一些体会写成《字说》，使许慎的《说文解字》一书更加普及。

关于王安石退隐后的人事安排，神宗也征求了王安石的意见，对以后几年的大政方针，王安石也毫不保留地谈了自己的看法。君臣相得，心心相印。神宗勉强同意王安石辞去相位，但还挽留他在京师居住，以备随时顾问。王安石上表婉言谢绝。

十月，王安石急于退隐的愿望终于成为现实。神宗批准，王安石以本官即以使相的身份判江宁府。王珪和吴充同时拜相，代替王安石执政。

王珪是王安石的同年和朋友，而吴充是王安石的儿女亲家，王安石的大女儿嫁给吴充的儿子吴安持。这二人与王安石的关系也都很好。

在离开京师的前一天夜晚，王安石安排家人和仆人把官府中的一切东西全部留下，一根草棍也不能带走，公私分明。夫人吴氏喜欢他们夫妻所住的那张二人床。那是一张楠木制造的工艺水平很高的家具，造型古朴大方，睡着很舒服，看着也很美观，故有点舍不得，就商量王安石是否把这张床带回去，哪怕是给一些钱也可。

王安石不同意，觉得这样做有损清德，何况给钱也容易贻人口实，多了少了说不清楚。还是干净利落，寸草不带为好，这样心中才会感到坦然。并答应夫人回到家中后，仿造此床再打造一个，何必为此一床而心中有愧呢。吴氏夫人本是深明大义的女性，当然同意。

"永忆江湖归白发，欲回天地入扁舟。"这是李商隐终身追求的人生理想，李商隐本人并没有实现，他是"虚负凌云万丈才，一生襟抱未曾开"。王安石很喜欢这两句诗，经常自言自语地念诵，而他真正做到了。

他真的扭转了天地，扭转了乾坤，使天下的政治、经济、文化、军事、社会生活都发生了重大的变化，使北宋王朝积弱积贫的状况从根本上得到改变，使天下百姓都享受着新法带来的雨露春风。

他正受君主的宠眷，事业正隆之时，就毅然决然地坚决归隐。正如他在诗中所说的那样："谁似浮云知进退，才成霖雨便归山。"他真的做到了，他如同一片云，从深山中飘出来，向久旱的人间洒下甘霖，润泽万物，然后便悄悄地飘然而去。

［第十章］
悠游岁月

尔曹身与名俱灭，不废江河万古流。

——杜甫

第一节　喜歌元丰年

对于大国，一项政治改革措施要见成效，需要七八年之周期。到元丰年间，周期已到，可变法之社会效果到底如何呢？

熙宁十年的春天，王安石回到故宅已一个多月，心情渐渐平静下来。

正月上旬，有中使来传达圣旨，对他在原有官职的基础上又特授"检校太傅"之衔，并且还有"依前尚书左仆射同中书门下平章事。使持节都督洪州诸军事。充镇南节度管内观察处置使，判江宁府。加食邑一千户。食实封四百户。仍改赐推诚保德崇仁翊戴功臣"等一大堆称呼和封赏。加了一大堆职衔，有实的，也有虚的。

总之，神宗对王安石一直非常敬重恩宠，这使王安石很感激，他先后写两封《辞免使相判江宁府表》，以有病不能胜任工作为由，坚决要求辞去一切实际工作，辞去使相的虚名。

三月二日，神宗又派太常丞朱炎来传达圣旨，令王安石到江宁府视事，即前去办公。王安石再次上书请求免去一切实职和虚衔，要在家中专心致志增补修订《三经新义》。神宗批准，再任命王安石以使相的身份除集禧观使。

"集禧观使"则基本是一个虚衔，没有什么实际工作，只是一种名誉，有此名誉还可领取数量相当可观的朝廷俸禄。一般官员是享受不到这种待遇的。

王安石则再度上书，表示接受集禧观使的任命，但请求辞去"使相"的名分。终于得到了批准，王安石除了集禧观使的虚衔外一点官职也没有了。但因有食实封四百户和朝廷其他的俸禄，而且所享受的还一直是朝廷一品大员的俸禄和一切待遇。收入还非常丰厚，生活更是绝对没有问题。

神宗对王安石的尊敬和恩宠一直未衰，时常派专人前来探望慰问，并经常送来一些医药用品等。每逢年节大典，凡有赏赐的举动，也从来不忘这位曾有大功于国，功成身退的老宰相。

元丰元年（1078）正月，以王安石为尚书左仆射舒国公集禧观使，晋封舒国公，并加节钺。节钺是符节和斧钺，是加重权力的一种象征，也是礼仪方面的一种待遇。并继续为观文殿大学士。

王安石再次上表坚决辞去使相和节钺。一个月后，江东转运使孙琏到王安石家传达圣旨，答应其请求。同时任命王安石的次子王旁"句当江宁府粮料院"。安排王旁做了朝廷命官。

可能是因为王安石辞使相和节钺的札子中"诚情甚确，志不可夺"，所以神宗才如此安排，以表示对功臣的恩宠。当然，从王安石谢表中"伏念臣汗马之劳，初无可纪；舐犊之爱，乃敢有言"的话来体会，王安石或口头或书面曾和神宗提过这件事。这大概是王安石一生中唯一向神宗提出的一个要求。

王旁资质不如王雱，这是毫无疑问的。但王旁也很有学识和文才，据王安石的《题旁诗》一文可知王旁曾作过一首梅花诗曰："杜家园上梅花时，尚有梅花三两枝。日暮欲归岩下住，为贪香雪故来迟。"得到俞秀老的激赏。

元丰三年（1080）九月，晋封王安石为"荆国公"，这便是后世称王安石为"王荆公"的来历。

由于没有政事缠身，王安石得以静下心来钻研学问，他先后完成了《三经新义》的修改工作，著成《字说》一书，又撰写《洪范传》一卷。前两种书的主要部分后来被元祐党人所毁坏，只有《周礼新义》流传下来，使我们今天已经无法看到全貌，这是非常遗憾的一件事，也是中国文化史上的一个损失。

仅此一点，就可看出元祐党人心胸之狭窄。《洪范传》则因为被收入百卷本的《临川集》中而被保存下来。他把这三种书都上交朝廷，得以刊布。

王安石真想在青山白水之间尽情徜徉留连以尽天年了。可是他毕竟是当过多年宰相的人，虽然有很强的自制能力，在无法避免的许多来往信件中尽量保持心态的平衡，但还是有一封来信打破了心情的平静，搅起他感情的波澜，他不能不进行答复了。

信是吕惠卿写来的。吕惠卿在离开朝廷之后，不断受到一些官员的弹劾和攻击。他在风言风语中又听说王安石也对他不满，说过一些对他不利的话。觉得有些冤屈，就写信来询问到底是怎么回事。

吕惠卿的为人，王安石还是比较了解的。此人绝顶聪明，办事干练。但心胸狭窄，好图小利。在王安石执政时，吕惠卿多次劝王安石对那些反对阻挠新法的人要狠狠整治，王安石没有听他的意见，而是采取宽容的政策。故对司马光、苏轼、范纯仁等坚决反对新法之大臣，王安石一个也没有进行打击。包括吕诲和郑侠，虽然对王安石是毫不留情，甚至用了许多过头的语言进行攻击和诬蔑，但王安石也未对其进行整治，更没有任何人身攻击的做法，充分表现出一种雍容大度的君子风范。故保守派中的主要成员对王安石也始终没有过分的举动。

王安石辞相的一年多时间里，变法派和保守派的矛盾集中到吕惠卿身上，他当然没有王安石的度量，对反对新法的人出手较狠，如对郑侠一案的处理。再加上他本人有私心，确实有许多不加检点的地方，被政敌抓住口实，就成了保守派对变法派进行攻击的主要靶子，成了政敌的出气筒。甚至在以后的宋史本传中，他都被列入《奸臣传》，可见政敌对他痛恨的程度。

平心而论，吕惠卿还不能算是奸臣，顶多算是一般的小人。他对于变法还是有贡献的。在王安石执政时，他的表现很好，对变法非常坚决，工作起来也很有能力。但在王安石辞相的一年时间里，他的阴暗狭窄的内心世界暴露出来，主要表现就是利用郑侠一案整治王安国

270

和冯京，千方百计阻止王安石复相。这一点，王安石心里是非常清楚的。

吕惠卿是欧阳修最先推荐的，但他真正登上历史舞台，还是王安石一手提拔的。王安石在重用他的时候，就与神宗皇帝谈论过能人和贤人的问题，当时也只是把他作为能人起用的。

王安石是他的老领导、老上级，又是一手提拔他的恩人，他尚且做一些小动作，防止王安石东山再起，可见其心术属实不正。

一般的政界人物在政坛上都有黜陟沉浮的过程。可吕惠卿是个特例。他自从熙宁八年离开朝廷以后，沉下去就再也没有浮上来，只有黜而没有陟。像曾布、冯京等人后来都曾经再度受到重用而风云一时。而他却不同，即使是后来所谓的新党执政，也没有人主张再起用他。可见此人的人缘实在太差，人缘差的根本还是人品差。他和王安石产生矛盾也是毋庸讳言的。

吕惠卿或许认为从自己对变法的贡献来看，在王安石退出政坛后，他应当再回朝廷执政。可是王安石退隐后，他的官运不但没有好转，反而越来越坏。再加上听到的一些谣传，他对王安石产生了强烈的不满，便写了这封信。

读了此信，王安石感到有些伤心，其实自己和吕惠卿没有任何的私人成见，更谈不上什么怨恨，完全是由于工作当中有一些政见不同，尤其是对一些问题的处理方法不同才产生了一些矛盾。可是别人无论怎样议论吕惠卿，自己从未说过一句对他不利的话。吕惠卿对自己却产生如此深的误会，真令人悲哀。

事情已过去，自己亦已退出政坛，不再过问任何政事，吕惠卿何必听信一些谣传而对往事耿耿于怀呢？何况，就往事来说，我王安石也没有一点对不起你吕惠卿的地方啊。想到此，王安石马上给吕惠卿写了一封回信，即《答吕吉甫书》：

某启：与公同心，以致异意，皆缘国事，岂有他哉？同朝纷纷，公独助我，则我何憾于公？人或言公，我无与焉，则公何尤于我？趣时便事，吾不知其说焉。考实论情，则公宜昭其如此。开喻重悉，览之怅然。昔之在我者，诚无细故之可疑；则今之在公者，尚何旧恶之足念？然公以壮烈，方进于圣世；而某茶然衰疢，特待尽于山林。趣舍异路，则相呴以湿，不如相忘之愈也。想趣召在朝夕，惟良食为时自爱。

吕惠卿字吉甫，故称吕吉甫。通过这封信可以体会出来，可能有人说吕惠卿"趣时便事"，并说这是王安石对吕惠卿的评价。此信开宗明义，直接进行陈诉剖白：我和你同心变法，最后产生不同意见，全都是由于国家之事，哪里有什么别的因素？当时，同朝执政的人都纷纷反对新法，只有你独自帮助我，那么我对你又有什么可憾恨的呢？人们或者有议论你的，我并没有参与，你又有什么可怨恨我的呢？至于"趣时便事"的话，我实在不知道这种说法。考察实际情况，根据人情分析，你应该理解这一点。从前在我这一方来说，实在没有任何细小的事可让你怀疑，而今天从你一方面来说，又有什么旧恶可念？你正在年富力强之时，而我已经老迈年衰，我们进退的情况不一样，追求的人生目标也不同，相互之间互相猜疑互相攻击没有任何益处，不如忘掉那些不愉快的事为好。想必朝廷早晚要起用你，希望你为了国家为了时代保重身体。言辞简洁明快，抒情委婉真挚。

这是元丰三年（1080）的事，王安石归隐已经四年多了。回书送走之后，王安石的心情也有那么三两天不太舒畅。

这一年王安石已六十岁，但身体和精力比刚退下来的时候还要好。王安石离开京师后，执政的第一宰相就是王珪。王珪比王安石还大两岁，但为人忠厚沉稳，在执政前声望甚佳。当上宰相后，有几人试探着提出要停止或改变新法，他都用"萧规曹随"的说法拒绝了。所以新法一直推行，天下已经认可。王珪虽然遭到一些人的攻击，但他也毫不在乎。当然，新法得以顺利实行，关键还是神宗皇帝的作用，但执政宰相的作用也不可忽视。

元丰二年五月，蔡确出任参知政事。元丰三年二月，章惇出任参知政事，这二人也都是坚持新法的人物。所以，朝廷的大权一直在变法派手里。

由于新法的顺利实行，在整个国家的各个方面都见到了实效。国家的财政情况大为好转，百姓尤其是农民的生活有了很大的改善。对于这种状况，王安石当然从内心里高兴。

一天，他到附近的郊区去游览，看到田野里一派丰收景象和农民们欢天喜地的生活图景，十分兴奋。这正是他当初变法所希望达到的效果，自己的心血没有白费，他怎能不兴奋？他在诗中尽情地讴歌了当时的太平景象：

后元丰行

歌元丰，十日五日一雨风。麦行千里不见土，连山没云皆种黍。水秧绵绵复多稌，龙骨长干挂梁梠。鲥鱼出网蔽洲渚，荻笋肥甘胜牛乳。百钱可得酒斗许，虽非社日长闻鼓。吴儿踏歌女起舞，但道快乐无所苦。老翁堑水西南流，杨柳中间杙小舟。乘兴欹眠过白下，逢人欢笑得无愁。

元丰行示德逢

四山翛翛映赤日，田背坼如龟兆出。湖阴先生坐草堂，看踏沟车望秋实。雷蟠电掣云滔滔，夜半载雨输亭皋。旱禾秀发埋牛尻，豆死更苏肥荚毛。倒持龙骨挂屋敖，买酒浇客追前劳。三年五谷贱如水，今见西成复如此。元丰圣人与天通，千秋万岁与此同。先生在野固不穷，击壤至老歌元丰。

前一首写风调雨顺的丰收景象，麦浪滚滚，山坡上田野里到处是长势茂盛的庄稼。水田里的稻苗根根透肉，雨水充足，用来抽水的农具龙骨经常是干的，徒自挂在房梁头，派不上用场。出网的鲥鱼遮蔽了洲渚，荻芽竹笋也都生长得非常肥美硕大。一百个大钱就可买到一斗多酒，虽然不是什么社日，也可经常听到丰收的锣鼓之声。青年男女们蹦踏踏地唱起来，跳起来，非常快乐。一个老翁乘坐一条小船，在杨柳掩映的渠水中缓缓而行，他斜着身子，半眯着眼睛愉快地欣赏着这政通人和的桃源美景。很明显，这位老翁就是诗人自己。

后一首写大旱之后普降一场及时雨的喜人景象。开头几句描写大旱的苦况，田地都旱得裂了璺，竟如同占卜时出现的裂纹一般，可见旱得确实不轻。人们脚踏龙骨类的水车抽水抗旱。可当夜就雷电交加，接着下了一场透雨。旱得像头发似的禾苗很快就蹿了起来，已经可以遮挡住耕牛的屁股，而眼看着要旱死的大豆也缓过苗来，那肥大的豆荚上已经开始长毛，眼看又是个丰收年。

湖阴先生虽然一直在野闲居，却从来没有出现过生活上的困难，他也像黄帝时的老人一样击壤而歌，任性自然，无忧无虑。杨德逢是王安石新结识的一位朋友，住在从江宁府去钟山的途中。从"三年五谷贱如水"两句来看，这首诗当作于元丰四年。

王安石还有一首脍炙人口的吟咏新春的诗，当也是这一时期的作品。诗道：

爆竹声中一岁除，春风送暖入屠苏。千门万户曈曈日，总把新桃换旧符。

全诗格调明快，充满了喜庆气氛，具有浓郁的生活气息。

或云：王安石的诗中是否有美化元丰政治的倾向，以此来肯定自己变法的正确和功绩，是否在为自己涂脂抹粉？因为苏轼曾经做过一首《吴中田妇叹》的诗，也是描写农村生活的，可没有王安石诗中这么好，而是一幅很凄凉的社会生活图景。那么，到底哪一个是社会真实呢？我们先来看一下苏轼的这首诗再作评价：

今年粳稻熟苦迟，庶见霜风来几时。霜风来时雨如泻，杷头出菌镰生衣。眼枯泪尽雨不尽，忍见黄穗卧青泥。茅苫一月垄上宿，天晴获稻随车归。汗流肩赪载入市，贱价乞与如糠粞。卖牛纳税拆屋炊，虑浅不及明年饥。官今要钱不要米，西北万里招羌儿。龚黄满朝人更苦，不如却作河伯妇。

苏轼的这首诗作于熙宁五年，那是全面变法刚刚开始不久的时候，由于整个社会还没有完全适应新法，百姓对新法还没有充分的认识。而且新法在推行的初级阶段也确实存在不少具体问题，诗中田妇所反映的问题并不是新法某一方面的单一问题，而是涉及了几个方面。"要钱不要米"是"均输法"的内容，而"西北招羌儿"则是对朝廷在西北用兵的不满。而王安石的这两首诗均是元丰年间所作，时代背景完全不同。故二人的诗作均可看作是符合历史的实际情况的。

为了生活方便和到钟山集禧观去能近一些，王安石决定要在江宁府和钟山之间修建一所新的住宅。他在考虑，新的宅院选在何处呢？

第二节　建造半山园

苏轼因在东面之坡地建房而喜得"苏东坡"之雅号，王安石也是由于所建住宅之处而得名"半山老人"。可"半山"之名又因何而生呢？

经过一段时间的考察和选择，王安石在从江宁府衙门去钟山的半路相中了一块低平的空荒地。地势虽有些低洼，但地理位置很好。从江宁府衙门出来往东南方向走，出东城门，过白下桥，再走不远就是这里。

从这里往南，再走七里地左右就是名闻遐迩的钟山，也叫紫金山。因此地正在江宁府衙门到钟山路途的一半，所以王安石便称自己这所未来的宅院庄园为"半山园"，自称为"半山老人"。从此，王安石晚年就有了"半山老人"的称谓，乃至于后来人们称他诗作的风格都叫做"半山体"。

半山园的故址据说在今日江苏南京市中山门以内。王安石选中这里，还有一个原因，这就是新结识的好朋友杨德逢就在附近，在这里建造家园，可以和其结为邻居。

经过一段时间的营建，新居落成。王安石命人从周围的洼地取土往中间堆，中间就成了一个高平的台地。住宅建在这块高平处，显得非常敞亮，视野开阔。挖出土的洼地按照原来的设计是围着宅院的一圈水渠，水渠两边栽上杨柳树。庄园的周围也不起院墙，只是凭借那条水渠自然形成一个小型的园林。

房屋建造极其简单朴素，还有一些茅屋竹舍，大有返璞归真的神韵。附近还稀稀落落地住着几户庄院人家，鸡犬之声相闻。

既然已经辞去那么多名誉、官职和待遇，王安石决心干脆就彻底过平民式的田园生活，平平淡淡才是真。于是，他把朝廷给自己的许多生活待遇都辞去，连车也不坐，更不用大轿肩舆之类东西，而是和普通百姓一样。

如果进城，就划一条小船，在水面上慢慢悠悠；如果是去钟山，就骑一头精精神神的小毛驴，在山路上溜溜达达，煞是清闲自在。不认识他的人，谁也看不出这就是在朝廷中执政多年，改变整个天下的许多法度而显赫一时的大宰相王安石。

从此，王安石真正闲了下来。如闲云野鹤，过起了优哉游哉的隐士生活。也有闲情逸致来写作诗词了。更让王安石感到惬意的是，他还有一个志趣相投的邻居。此人就是杨德逢。

杨德逢为人随和，淡泊名利，是个儒雅君子，世称"湖阴先生"。小宅院修建得也很清幽别致。王安石第一次应邀到他家做客就被那种世外桃源般的优美环境所陶醉，提笔挥毫写下《书湖阴先生壁》二诗道：

茅檐长扫净无苔，花木成畦手自栽。一水护田将绿绕，两山排闼送青来。

桑条索漠楝花繁，风敛余香暗度垣。黄鸟数声残午梦，尚疑身属半山园。

小诗写出了杨德逢生活环境的清幽高雅，衬托出主人精神境界的超凡脱俗。前首诗的后两句以古语写新意，对仗巧妙，是古今盛传的名句。

从王安石的住宅往杨德逢家去，途中有一座石头桥。有时，王安石闲暇无聊，就到杨德逢家中去谈天，二人关系甚是融洽。

春末夏初的一天，天气晴朗，和风习习。午饭时王安石喝了几盅好酒。酒后便躺下午睡。俗语说："春困秋乏夏打盹。"春天的午睡是最香甜的。当年刘备第三次去访求诸葛亮时，也是在春天，诸葛亮也正在睡午觉，由于睡得太香，害得刘备带着两个结义的兄弟等了好长时间，张飞耐不住性子，险些去放火烧房子。诸葛亮醒来，还即兴作了一首草堂春睡足的诗，留下千古佳话。

王安石的这一觉睡得也特别香甜，不次于当年诸葛亮睡的那一觉。待醒来一看，太阳转过正南方，开始向西偏斜。王安石忽有所感，想去和杨德逢交流一下，即马上起床，穿好单布衫，戴上矮檐短帽，独自一人信步走出院来，溜溜达达，走过石头桥，兴趣盎然。

忽然，不知不觉间，先前的那个想法不知怎么忽然又不见了，想要说什么也记不起来，觉得与杨德逢似乎又没有什么可谈的了。便转过身，再溜溜达达地走回来。

这时，王安石自己也不禁哑然失笑，自言自语道："乘兴出院过石桥，兴尽即返何寂寥。当年子猷大雪夜，小舟独访戴安道。我今天不也和当年的王子猷一样吗？人之相逢相识相知，真是不可捉摸。一半由于人缘，一半由于天缘。有缘即来，无缘即去。有兴辄往，无兴即返。任性自然，才是大自在。"

正在想着，忽然从深绿的树叶中传来两三声黄鹂鸟的清脆婉转的叫声，打破了王安石的沉思。他又哑然一笑，举头一看，一个弯弯的小月牙开始出现在晴朗的东方，好像挂在树梢上。

这情境太令人心旷神怡了，恐怕这才是人生的真谛。王安石的脑中忽然出现几个美妙的词句，他又稍加润色和斟酌，作成了一首《菩萨蛮》词，词曰：

数家茅屋闲临水，单衫短帽垂杨里。今日是何朝，看予度石桥。梢梢新月偃，午醉醒来晚。何物最关情，黄鹂两三声。

作完，自己默诵两遍，觉得很满意，微笑着轻轻地点了几下头。

初夏季节，王安石随意走过石桥，来到庄外。丽日下，徐徐的南风中带着麦子秀花时的芬芳清新的淡淡的香气，浸入到人的五脏六腑之中，王安石贪婪地深深地吮吸品尝着这自然的芬芳之气，惬意与舒畅的感觉实在难以表达。尧舜时代的所谓的"熏风"，也不过如此吧！王安石这样想到。即景生情，他写了一首七绝，诗题就叫《初夏即事》：

石梁茅屋有弯奇，流水溅溅度两陂。晴日暖风生麦气，绿阴幽草胜花时。

有时，王安石和友人一起游山玩水，到处登临览胜，真如闲云野鹤一般，他有五首《诉衷情》词，就是这种生活的写照，其中有两首很精彩。今录下以供读者诸君共享。

诉衷情（五之一）
和俞秀老鹤词

常时黄色见眉间，松桂我同攀。每言天上辛苦，不肯饵金丹。怜水静，爱云闲，便忘还。高歌一曲，岩谷迤逦，宛如商山。

诉衷情（五之二）

练巾藜杖白云间，有兴即跻攀。追思往昔如梦，华毂也曾丹。尘自扰，性长闲，更无还。达如周召，穷似丘轲，只个山川。

王安石所作和词的这位俞秀老，也是当时的一位奇人，对王安石晚年的生活影响甚大。此人名叫俞紫芝，号秀老，以俞秀老名世，是金华（今浙江金华）人，笃好佛学，终身不娶，逍遥自在。为人放荡不羁，诙谐幽默。

他的弟弟叫俞紫琳，号清老，与著名诗人书画家黄庭坚是同窗好友，也是笃好佛学，诙谐幽默之人，也终身不娶。

俞秀老志趣高洁，在与王安石相识之前，虽然已经写作许多诗篇，但在社会上知名度并不高。王安石很喜欢他的诗，曾经把他的诗句"有时俗事不称意，无数好山都上心"亲笔写在自己的手扇上。从此，名声鹊起。俞秀老的词写的也非常清秀，充满了清机野趣，仿佛没有人间烟火味，曾作《阮郎归》一词，在江湖上广泛流传。全词是这样的：

钓鱼船上谢三郎，双鬓已苍苍。蓑衣未必清贵，不肯换金章。汀草畔，浦花旁，静鸣榔。自来好个，渔父家风，一片潇湘。

后来，黄庭坚因酷爱此词，亲笔书写，刻石在金山寺中，使之名扬天下。从内容和形式两个方面来考察分析的话，王安石的那首《诉衷情》词好像是俞秀老此词的和作。从此，俞秀老和俞清老兄弟成为王安石家中的常客。

在半山园隐居的这段时间里，著名书法家黄庭坚和米芾也来拜访过王安石，还有许多高人雅士也来这里留连。黄庭坚说，王荆公晚年交往多为雅士，所言不谬。

在王安石半山园的附近，有一个名胜古迹，这就是以当年东晋大名士谢安命名的一个大土墩，当地人都称之为"谢安墩"。王安石坐在书房里，打开窗户就可以看到这个墩子。对于谢安的人品和所建立的丰功伟绩，王安石是很钦佩的。兴致一来，他写二首《谢安墩》诗道：

我名公字偶相同，我屋公墩在眼中。公去我来墩属我，不应墩姓尚随公。

谢公陈迹自难追，山月淮云只往时。一去可怜终不返，暮年垂泪对桓伊。

后来有人攻击王安石，说王安石一生就好争，在朝廷里跟活人争，隐居时还跟死人谢安争一个土墩。这真与痴人说梦一样，真不知道这些人是读不懂这两首诗，还是别有居心。若如此解诗解人，天下哪还会有好人啦！真是不可思议。

元丰七年（1084），王安石已经六十四岁。清静无为的生活使他对佛学产生了浓厚的兴趣。七月里的一天，天气有些热。王安石把所有的窗户全都大打开，仆人又把地上都洒了水，屋子里才感觉凉快一点。

王安石坐在北窗下的书案前，一边用蒲扇扇风，一边读佛经的经文，猛然间抬头向窗外一看，只见一个人带着一名书童进了院门。刚开始还未看清，只觉得是个老熟人。他不由得一愣怔，怎么的，难道是他？他只以为是自己看花了眼，忙揉了揉眼睛再仔细辨认一下，果然是他。王安石大喜过望，如同是董勇看见了七仙女，连鞋子也顾不上提，趿拉着便鞋急急忙忙迎了出去。

第三节 意外来客

在政治主张方面有严重分歧的一对政敌，晚年却坐到一起，彻夜长谈，心心相印，相互敬重，实为大君子之所为，亦为后人留下一段发人深省的文坛佳话。

来人五十上下的年纪，中等偏高的身材。神清目秀，胡须疏朗，气宇轩昂，一看就知不是凡夫俗子，是个道高学博的大学者。来人见王安石小跑着迎出书房的大门，也极为兴奋，赶紧快步迎上去，两个人谁也没打招呼，一下子拥抱在一起，都高兴地流出泪来。

来人不是别人，正是名闻遐迩的大学士苏东坡。这是王安石非常器重的一个人。王安石执政锐意变法的时候，曾经想要起用苏轼和苏辙兄弟，但苏轼始终对变法也不理解，总是提出一些完全相反的意见，其观点与司马光基本一致。故王安石当然没有办法提拔他，而当时苏东坡也真的不适合在朝廷工作。

于是，王安石便把苏东坡派到地方上出任知州之职。知州是一地的行政长官，在不违背朝廷大政方针的情况下，可以按照自己的意志来管理一个地方，是个颇有实权，也能施展才能的职务。王安石的本意也有让苏东坡到社会实践中去锻炼一下的意思。

苏东坡在地方官职的任上，虽然对新法有许多不理解，但他是个正人君子，出于对朝廷对百姓负责的心理，不但认真贯彻推行新法，而且还在具体执行过程中纠正新法的一些弊端。凡是他执政的地方，新法推行的都非常成功。

但苏东坡是个直性子人，肚子里装不下事，有意见就想说，该干就干，该说就说，而且他的文才又如此大，所以在一些诗文里就对新法发了一些牢骚。

王安石学问大，器量大，当然也就不在乎。故王安石在位的时候，苏东坡虽然一边干一边发牢骚，但还没有什么事。可王安石退隐后，那些执政者的水平没有一个能赶得上苏轼的，所以就特别怕他，忌妒他，打击迫害他。

忌妒是水平低劣与心胸狭窄杂交而生出的怪胎。水平高的人不忌妒，器量大的人不忌妒。所以，在某种意义上说，忌妒是人之品性中很阴暗的一面，也是无能的一种表现。

在元丰二年七月二十八，那些忌妒苏东坡的人把他抓起来，说他利用诗歌反对新法，诽谤圣上。住了四个多月的监狱。当年除夕晚上才被释放，被贬为黄州团练副使。在黄州度过了五个春秋。

在黄州的五年里，苏东坡具体工作不多，有闲暇时间，心情压抑，故写了大量的诗词文赋作品抒发郁闷的情怀，创作出许多传世的名篇。如前后《赤壁赋》《卜算子·阙月挂疏桐》《念奴娇·大江东去》等都是在黄州时的作品。而苏东坡的大号，也是在黄州时的副产品。如果没有黄州之贬，苏东坡的文学成就将会受到一定的影响。看来，打击和挫折对于意志坚强而又有才华的人未必完全是坏事。

苏轼在刚到黄州的时候，孤身一人，借宿在定惠院里。后来家属来了，无法再在寺庙里安身，就在朋友的帮助下，弄了一块地皮，即在黄州东郊的一块坡地。苏轼把这块坡地开发出来，盖了房子，开垦出菜地，又掘井汲水，俨然是个老农，农活虽然有时很累，但心情倒也清闲。因为这是东郊的坡地，于是他干脆就自称为"东坡居士"，从此苏东坡的大号就正式出现了。

对于苏东坡的情况，王安石一直很关心。二人在变法方面尽管存在很大的分歧，但都有很高的政治品格，相互之间的个人交往并未中断。这时，苏东坡是接到朝廷的旨意，将他改授汝州团练副使，他在赴调的途中经过金陵，特意来拜访退隐林下的老宰相。

二人拥抱后，苏东坡指指自己的袍服说："我这是身穿野服来见大宰相啊！"王安石摆摆手说："那些俗礼难道是为我辈设的吗？我现在不也是一身野服吗！"说着，把苏东坡请到屋里，下人上茶，二人一边品茶一边谈唠起来。

苏东坡仔细端详王安石，见其须发皆白，已现老态，不无感触地说："国公见老了，近来身体可好？""谢谢子瞻的关心，已经六十四岁的人啦，怎能不见老呢。你也不像当年那样风华正茂，神采飞扬了。'纵使相逢应不识，尘满面，鬓如霜。'不过，我还是能把你认出来嘛！你的鬓角虽然还未如霜，可也见星星白发了。你这是到哪里去？"王安石关切地问。

苏东坡把自己到汝州赴任的情况告诉王安石。苏东坡是在熙宁五年离开朝廷的，此后二人就未见过面。如今已是一纪，自古传下来的十二生肖已经轮流出来转了一圈，人如何能没有变化。二人各自谈了别后的情况，又谈到初次见面时的情景，也谈到与欧阳修老前辈的交往，感慨颇多，不胜嘘唏。

"我在前来的一路上，听到好几位渔父唱歌。曲调悠扬，歌词都深契佛理，且浅显易懂，皆是没有听过的，大有唐代寒山诗的韵味。我一打听，渔父说均是国公大人和俞秀老所作，怎么，您现在也向往佛门啦？"

"退下来后，只想修身养性，俞秀老天天来给我讲论佛经。我觉得有道理，就修身养性来说，佛经确是一本好书，这样也就渐渐悟出一些道理。也不怕你见笑，老夫还写了一些《拟寒山拾得》诗，你所听到的那些渔父们唱的大概都是这些诗吧？"说着，王安石把一卷诗稿递给了苏东坡。

苏东坡接过来展卷观看，一边默读一边微微颔首。只见有几首诗写道：

风吹瓦堕屋，正打破我头。瓦也自破碎，岂但我血流。我终不嗔渠，此瓦不自由。众生造众恶，亦有一机抽。渠不知此机，故自认愆尤。此但可哀怜，劝令真正修。岂可自迷闷，与渠作冤仇。

若言梦是空，觉后应无记；若言梦非空，应有真实事。燔烧阳自招，沉溺阴自致。令汝尝惊魇，岂知安稳睡？

傀儡只一机，种种没根栽。被我入棚中，昨日亲看来。方知棚外人，扰扰一场呆。终日受伊谩，更被索钱财。

众生若有我，我何能度脱？众生若无我，已死应不活。众生不了此，便听佛与夺。我无我不二，四天王献钵。

莫嫌张三恶，莫爱李四好。既往念即晚，未来思又早。见之亦何有，歘然如电扫。恶既是磨灭，好也难长保。若令好与恶，可积如财宝。自始而至今，有几许烦恼？

失志难作福，得势易造罪。苦即念快乐，乐即生贪爱。无苦亦无乐，无明亦无昧。不属三界中，亦非三界外。

打贼贼恐怖，看客客喜欢。亦有客是贼，切莫受伊谩。乐哉贫儿家，无事役心肝。既无贼可打，亦无客可看。

苏东坡看罢，连连赞叹，说想不到当年积极入世，勇于承担重任的国公大人修炼佛学也能得此三昧。

苏东坡近年来也颇喜佛学，对佛学有很深的造诣，当然能深刻理解王安石这些诗中所蕴含的哲理。二人谈兴越来越浓，直到晚饭已经备好，王安石请苏东坡共进晚餐。苏东坡也不推辞。

晚饭后，二人回到书房继续谈天。当然也不可避免地要谈论一些国家大事，但主要话题是围绕着宇宙人生及修身养性等。二人在这方面的见解完全一致，心灵相互默契，都格外的畅快。谈到高兴之处，王安石就让下人再弄几个可口的小菜，再喝上几盅。

王安石把自己这些年写的诗词作品再拿出几首让苏东坡看。苏东坡对其中的两首词作也颇感兴趣，这两首词是这样的：

浪淘沙令

伊吕两衰翁，历遍穷通。一为钓叟一耕佣。若使当时身不遇，老了英雄。汤武偶相逢，风虎云龙。兴王只在笑谈中。直至如今千载后，谁与争功？

南乡子

嗟见世间人，但有纤毫即是尘。不住旧时无相貌，沉沦。只为从来认识神。作么有疏亲，我自降魔转法轮。不是摄心除妄想，求真。幻化空身即法身。

前词用咏史的笔法抒发其对神宗知遇之恩的感激之情。如果没有神宗的信任和全力支持，他王安石是无法进行变法大业的。后词则是对佛学深刻领悟后的一种人生体会，精细入微。

次日，王安石又陪着苏东坡游览了著名的风景区钟山，并写诗唱和，甚是惬意。留连数日后，苏东坡依依不舍地告别王安石，继续北上赴任。

只过了一天，苏东坡就给王安石写了一封信，抒发此次相逢的体会说：

某启：某游门下久矣。然未尝得如此行，朝夕闻所未闻，慰幸之极。已别经宿，怅仰不可言。伏惟台侯康健，不敢重上谒。伏冀顺时为国自重。

不到一个月，王安石又收到苏东坡的第二封信，情意更为殷切，开头一段写道："某近者经由，屡获请见，存抚教诲，恩义甚厚。别来切计台侯万福。某始欲买田金陵，庶几得陪杖屦，老于钟山之下。既已不遂，今仪真一住又已二十日，日以求田为事，然成否未可知也。若幸而成，扁舟往来，见公不难矣。"

通过此信可知，为了能经常和王安石来往交流，苏东坡曾经想在金陵买地建房，可能是金陵的地皮太贵，还是别的什么原因，苏东坡的计划没有实现。于是他便求其次，在仪真又开始要买地建房，这样也可经常去见王安石。可见苏东坡对王安石仰慕钦佩的程度。苏东坡的愿望虽然没有实现，但这两位曾经因变法而产生很深隔阂的大文学家在晚年时关系至为融洽，这是毋庸置疑的。

在读过王安石的诗作之后，苏东坡还作了一些和诗以及次韵的诗，其中《次韵荆公四绝》中的第三首最为精彩，表现其要追随王安石的心情，这在苏东坡来说，也是非常难能可贵的。因为苏东坡本身是个学识渊博的大才子，他能钦佩到如此程度的人大概只有王安石一人。

王安石的原作诗题叫《北山》："北山输绿长横陂，直堑回塘滟滟时。细数落花因坐久，缓寻芳草得归迟。"小诗描写春天绿草成茵，春水满塘时一个人游春的悠闲情致，风神摇曳，颇有情趣。苏东坡的次韵诗：

骑驴渺渺入荒陂，想见先生未病时。劝我试求三亩宅，从公已觉十年迟。

前两句是概括原诗的情韵，后两句则抒发自己的感情。最后一句的意思是说，我现在认识到跟从国公，追随国公已经晚了十年，如果在十年前能够跟从您就好了。如果从写这首诗的时间往前追溯十年的话，则正是熙宁年间王安石变法最高潮的时候。

当然，我们不能通过这首诗就说苏东坡已经认识到当年反对变法的错误了。但苏东坡在晚年确实多次说过这样的话：当初自己以及其他一些人专门和王安石闹对立，攻击新法的许多做法过了头，对国家，对朝廷都不利。

可能是在神宗死后不久，苏东坡的一名朋友腾达道要进朝，苏东坡想见此人面谈而未果，即给其写一封信以说明自己的意见。信中说：

某欲面见一言者，盖谓吾侪新法之初，辄守偏见，至有同异之论。虽此心耿耿归于忧国，而所言差谬，少有中理者。今圣德日新，众化大成。回视向之所执，益觉疏矣。若变志易守以求进取，固所不敢。若哓哓不已，则忧患愈深。公此行尚深示知非静退意。但以老病衰晚，旧臣之心，欲一望清光而已。如此必获一对。公之至意，无乃出于此乎？

这段话说得很明白，变法当初，我们这些人守偏见，专门提出不同看法，虽然也是出于忧国忧民之心，但所提的意见多数是错误的，很少有合理的。如今新法的成果已经显示出来。故希望老朋友此次进朝，不要再对新法说什么了。

可以看出，苏东坡的确有些后悔当初的做法，他能够开诚布公地说出来，这种精神本身就令人佩服，是大君子之所为。这是后话，带过不提。

苏东坡走了，从此后两个人再也没有见面。我们可以用一些笔墨来交代一下荆公的家庭生活了。

王安石共有两个哥哥、四个弟弟和两个妹妹。兄弟的情况前文都曾提到过，两个妹妹一个嫁给张奎，一个嫁给朱沈君。两个妹妹都有一定的文化，都会写诗。嫁给张奎的妹妹写诗的水平相当不错，曾写出"草草杯盘供笑语，昏昏灯火话平生"这样的警句。

王安石诗集中有多首写给这两个妹妹的诗篇，感情真挚，可见兄妹之间的关系非常亲密融洽。如果妹妹没有文化，不能理解诗文，王安石也不会经常给她们寄赠诗篇，因为那样做太枉费徒劳了。

王安石共有五个儿女，两儿三女。大儿子王雱，在熙宁九年死去。小儿子即王旁，现在在江宁府里做官。大女儿夭折，仅出生十四个月就死了。当时王安石正在鄞县县令的职务上，大女儿也就埋在了鄞县。这个女儿很聪明，王安石非常喜欢，十四个月的孩子已经懂得和父母交流感情，故这个女儿的夭折对王安石的打击也是可以想象的。王安石专门为她写了一篇《鄞女墓志》。

在离开鄞县的时候，王安石还写下《别鄞女》一诗道："年登三十已衰翁，满眼离伤只自攻。今泛扁舟来别汝，此生踪迹各西东。"一个刚到中年的男子，孤零零独自一人驾一条小船，到已经死去的仅一岁多的小女孩儿的坟墓来告别，这是多么深沉的感情啊！这又是多么博大的父爱啊！那悲伤的面容和那复杂悲哀的表情我们似乎都可以感受出来。有人说王安石是个缺少人情味的人，只此一事，就可知道他内心的感情世界该是何等的丰富。

由于这个女儿夭折，所以一般的书都说王安石只有两个女儿。这就是通常说的长女和次女。长女嫁给吴安持，次女嫁给蔡卞。两个女儿都能写诗，王安石与这两个女儿的感情也非常深。晚年的时候，相互之间的想念更加强烈。长女曾给老父亲王安石写诗道："西风不入小窗纱，秋气应怜我忆家。极目江南千里恨，依前和泪看黄花。"

王安石读到此诗后，先后次韵作了两首和诗，可见其动了真感情。

孙陵西曲岸乌纱，知汝凄凉正忆家。人世岂能无聚散，亦逢佳节且吹花。

秋灯一点映笼纱，好读楞严莫忆家。能了诸缘如梦事，世间唯有妙莲花。

此后，王安石还觉得意犹未尽，又写作一首长诗《寄吴氏女子》，安慰女儿不要惦念自己，不要想家，人情味十足，全诗是：

伯姬不见我，乃今始七龄。家书无虚月，岂异常归宁。汝夫缀朝官，汝儿亦揩挺。儿已受师学，出蓝而更青。女复知女功，婉嫕有典刑。自吾舍汝东，中父继在廷。小父数往来，吉音汝每聆。既嫁汝所怀，孰知汝所丁。而吾与汝母，汤熨幸小停。丘园禄一品，吏卒给使令。

膏粱以晚食，安步而辎軿。山泉泉壤间，适志多所经。汝何思而忧，书每说涕零。吾庐所封殖，岁久愈华菁。岂特茂松竹，梧楸亦冥冥。芰荷美花实，弥漫争沟泾。诸孙肯来游，谁谓川无舲。姑示汝我诗，知嘉此林坰。末有拟寒山，觉汝耳目荧。因之授汝季，季也亦淑灵。

最后几句说在信的末尾把自己创作的拟寒山诗也授给两个女儿，以让她们保持心态的平静。从他和大女儿分别七年的话来看，此诗大约写在元丰六、七年之间。一个慈祥的老父亲的形象跃然纸上。

王安石和其他亲人的通信往来和所写的诗还有很多，都表现出他是一个感情非常丰富的人。其诗文集中还有一首《赠外孙》曰："南山新长凤凰雏，眉目分明画不如。年小从他爱梨栗，长成须读五车书。"表现对小外孙的喜欢和殷切的期望。

苏东坡走后不久，王安石就病了。神宗听说，特派医术高明的御医前来治疗。还特意批准王安石的门婿兼学生的蔡卞休息一个月，携带家属到江宁来探望病情。

蔡卞的妻子是王安石的次女。见二女儿一家人到来，王安石的精神状态立刻好多了。病中的老人见到思念的亲人是最大的精神安慰。又有御医的精心调理，王安石的病情很快就大有起色。

二女儿这次能够全家前来看望老父亲，当然是神宗皇帝考虑的周到，是对王安石的特殊恩宠。然而，与王安石寄给二女儿的两首诗也有关系，这两首诗是这样的：

建业东郭，望城西墟。千嶂承宇，百泉绕流。青遥遥兮缠属，绿宛宛兮横逗。积李兮缟夜，崇桃兮炫昼。兰馥兮众植，竹娟兮常茂。柳蔫绵兮含姿，松偃寒兮献秀。鸟跂兮上下，鱼跳兮左右。顾我兮适我，有斑兮伏兽。感时物兮念汝，迟汝归兮携幼。

我营兮北渚，有怀兮归女。石梁兮以苫盖，绿阴阴兮承宇。仰有桂兮俯有兰，嗟汝归兮路岂难？望超然之白云，临清流而长叹。

前诗主要部分描绘渲染自己居住环境的清静优美，是春末夏初之景象。最后两句抒发思念女儿的情怀，盼望女儿能够回来团聚一下，回来的时候不要忘了把小外孙也带回来。

后诗所写之景已是盛夏，思念女儿的感情更加强烈。多少有点埋怨的语气，女儿啊，你回来一趟真的就那么难嘛？最后两句写翘首企盼的情景，老人盼望儿女的殷切之情跃然纸上，十分感人。

二女儿读了这两首诗，怎能不思念这位慈祥的老父亲，怎能不商量她的丈夫想办法请假也要回金陵钟山来探亲呢。苏东坡看到这两首诗后，大为赞赏，说自从屈原宋玉死后，千余年来，再也没见过如此感人的离骚的句法。

王安石病愈后上表请求把自己所建造居住的半山园施舍为一所寺庙，并起名叫报宁寺，请神宗批准并御书寺庙的匾额。其目的是"永远祝延圣寿"。神宗批准，并亲笔御书寺庙匾额。

从此，王安石辛辛苦苦建造的这所住宅就成为一所寺庙，王安石则在江宁城中租了一所房宅居住。

王安石施舍半山园为寺庙的本义是为神宗祈福，求得长寿。但王安石这只是个美好的愿望而已。他的祈请并没有起什么作用，神宗皇帝并没有长寿。

第四节　天折梁栋

天意自古高难问，正在变法大业取得重大成功之时，年仅三十八岁的神宗皇帝却突然殡天。这使变法大业功亏一篑，使千古名相王安石憾恨而终。

元丰八年的春末，王安石一场病刚好，突然从朝廷传来噩耗，神宗皇帝在三月戊戌（初五）日崩于福年殿，享年仅三十八岁。皇太子于灵前即位，并由神宗的母亲高太后共同处理军国大政。

当然，高太后这时也长了一辈，升为太皇太后。多亏原来的曹太皇太后已于元丰年间死去，要不然的话，大概就轮不到高太后垂帘听政了。而且称呼也不好叫，大概就得称作太皇太太后了。

王安石听到这个不幸的消息，如五雷轰顶一般，脑袋"嗡"的一下子大了好几圈，立刻觉得天旋地转，热血上涌，眼前一阵金星冒后，便什么也看不见了。幸亏当时是坐在病榻之上，身子一晃悠，往后一仰，又躺在床上。

吴氏夫人见状，忙叫郎中来。服下一剂汤药，缓了一会儿，王安石才喘过这口气来。只见他老泪纵横，禁不住哭出声来。连叫："圣上啊！圣上啊！你为何这么年轻就驾崩了呢？天啊，你太不公平啦！太不公平啦！"

大哭一场后，王安石呼吸渐渐均匀下来，心情似乎也渐渐恢复一些。他马上命人到报宁寺里请全寺的僧人念经，做法事，为神宗祈祷，超度亡灵。王安石又怀着极其悲痛的心情写了两首《神宗皇帝挽词》道：

将圣由天纵，成能与鬼谋。聪明初四达，俊乂尽旁求。一变前无古，三登岁有秋。讴歌归子启，钦念禹功修。

城阙宫车转，山林隧路归。苍梧云未远，姑射露先晞。玉暗蛟龙蛰，金寒雁鹜飞。老臣他日泪，湖海想遗衣。

王安石和神宗皇帝的关系不仅仅是一般的君臣关系，而且还有心心相印的知己朋友关系。这对君臣在变法大业上配合得相当好，没有神宗的决心和无比的信赖，王安石变法是绝对不可能的，更不要说取得如此大的社会效果。没有王安石的魄力和杰出的政治才能、经济才能、军事才能、广博的学识和人格的感召力，变法大业也是不可想象的。神宗和王安石二人缺一不可。

终神宗之世，对王安石信任恩宠不衰，这也是很少见的。前文提到的王安石的《浪淘沙令》一词就是感念神宗的知遇之恩而写的。

神宗的存亡，与王安石的荣辱紧密联系着，这一点或许王安石还不会太在乎，因为王安石本来对自己的名誉地位就不太在意。何况他已经是六十五岁风烛残年的老人了。更深的意义则是神宗之死会影响到变法大业，这是王安石最关心也最担心的问题。为此，王安石时刻在关注着朝廷的消息。

其实，尽管是退休之后，王安石对国家和朝廷也不可能完全忘怀，只不过是因为当时一直在实行新法，而整个天下的形势也比较平稳，故他的心态比较平衡。但作为他那样性格的人，完全忘却天下大事是不可能的。

一次，他拄着藜杖到外面散步回来小憩时做了一个梦，梦中还要和人争论尧、桀的是与非。他在《杖藜》一诗中写道：

杖藜随水转东岗，兴罢还来赴一床。尧桀是非时入梦，因知余习未能忘。

神宗死后，王安石对朝廷的消息更关注了。他预计到，新法面临着严峻的考验。新君年龄太小,朝廷实权掌握在太皇太后高氏手里,而神宗在世的时候太皇太后对新法就不满,多次要求神宗废除新法。如今她亲自掌握了大权,又怎能不改动新法呢?新法将要受到冲击是一定的了,但冲击到什么程度还无法预测。因为这也是很复杂的问题,朝廷中的人事变动将会产生重要的作用。

神宗死时,王珪、蔡确为相,章惇为门下侍郎,共同扶立九岁的太子赵煦登基,军政大权都在变法派手里。也是老天不作美。神宗死后两个月,宰相王珪也跟着死去。这对变法派是个严重的损失。

五月,保守派领袖人物司马光进京入觐,被任命为门下侍郎,开始进入政坛。但此时蔡确为宰相,章惇为枢密使,军政大权主要还在变法派掌握中。七月,另一保守派的中坚分子吕公著进入朝廷,出任尚书左丞。保守派开始掌权。

七月,罢保甲法。

十一月,罢方田法。

十二月,罢保马法。

年后改年号为“元祐”。闰二月,先后罢免蔡确和章惇,起用吕大防、范纯仁等保守派大臣,变法派被全部赶出朝廷,保守派掌握了全部大权。

保守派一掌大权,马上就要对新法的最核心内容青苗法和免役法下手了。

王安石以为,前面的几个新法很可能被司马光等人再变回去,但青苗法和免役法利国便民,已经被几年的社会实践所证明,收到了非常理想的效果,将会成为流传千古的良法,无论谁当政也不能改变了。只要这两个新法能够继续实行,天下就不会出现大的骚动。

但王安石的想法错了,司马光一上台,就要尽废新法。三月,他提出先废除青苗法,但因故暂时未废,是在王安石死后的八月废除的。接着就提出废除免役法。保守派中一些尊重实际的官员如苏轼、范纯仁等都认为这两个法规已经为天下所认可,而且利国便民,不同意废除。

可司马光就是要一切恢复旧制，坚决要废除掉才肯罢休。

废除免役法恢复差役法的圣旨一下达，各级官员也都产生极为强烈的反应。很多地方官顶着不办。这时在京兆府任职的原属变法派成员的著名大奸臣变色龙蔡京最先响应号召，只用五天就把免役法全部变了回去。

司马光大喜，对其重用。苏轼当时就尖锐指出蔡京是个大奸人，将来必将败乱天下。司马光不听。

废除免役法的圣旨传到江宁府的时候，当然也传到了王安石的耳朵里。他听完后，连着说："此法亦能罢乎？此法亦能罢乎？此法我和先帝反复研讨一年多，考虑甚为周详，措置极其精当。此法一罢，天下事尚可为乎？尚可为乎？"说罢，眼睛一闭，往床上一躺，一句话也不再说，一口水也不想喝，一匙饭也不想吃，谁说什么也不听。

两天后，王安石在家中逝世。享年六十六岁。这一天是四月癸巳（初六）日。

第五节　身后荣辱

死后的王安石享受过极高的荣耀，也受到过猛烈的抨击。对他评价之关键是对于变法之评价。他是一本厚厚的书，值得我们认真阅读和思索。

荆国公王安石逝世的丧表上报到朝廷，举朝震惊。正在病中的司马光听到后非常悲痛。想到自己和王安石一生的交往，经历了那么多的风风雨雨。虽然政见是如此尖锐的对立，但对于王安石的学识人品道德文章，司马光还是十分倾服的。

如今，斯人已去，不可复见。由于他本人在病中，不能到朝廷理事，便写信给主事的人道："介甫文章节义，过人处甚多。但性不晓事而喜遂非，致忠直疏远，谗佞辅凑。败坏百度，以至于此。方今矫其失，革其弊。不幸介甫谢世，反覆之徒，必诋毁百端。光意以谓朝廷特宜优加厚礼，以振起浮薄之风。"

虽然对变法之举百般诋毁，但对王安石的学识人格依旧给予很高的评价，并提出对王安石要优加厚礼，这也可看出司马光的政治品格和君子风范。

司马光和王安石的关系举世尽知，他又是当时朝野向往的大名人，说话当然有分量，他的话起了一定的作用，朝廷对王安石之死所采用的礼仪和封赏是很优厚的。礼数周到，特赠太傅，而赠太傅的圣旨就是苏东坡执笔，对其评价很公允，非王荆公不足以当此文，非苏东坡难以成此文，这也是文坛一大幸事。全文曰：

敕：朕式观古初，灼见天意。将以非常之大事，必生希世之异人。使其名高一时，学贯千载。智足以达其道，辩足以行言。瑰玮之文，足以藻饰万物；卓绝之行，足以风动四方。用能于期岁之间，靡然变天下之俗。故观文殿大学士守司空集禧观使王安石，少学孔孟，晚师瞿聃，罔罗六艺之遗文，断以己意；糠秕百家之陈迹，作新斯人。属熙宁之有为，冠群贤而首用。信任之笃，古今所无。方需功业之成，遽起山林之兴。浮云何有，脱屣如遗。屡争席于渔樵，不乱群于麋鹿。进退之际，雍容可观。朕方临御之初，哀疚罔极。乃眷三朝之老，邈在大江之南。究观规模，想见风采。岂谅告终之闻，在予谅黯之中。胡不百年，为之一涕。於戏！死生用舍之际，孰能违天，赠赙哀荣之文，岂不在我。是用宠以师臣之位，蔚为儒者之光。庶几有知，服我休命。可特赠守太傅。

王安石的葬礼在家中隆重举行。京师的太学里，许多太学生自发组织起来，设立灵堂，对王安石举行悼念活动，恭执弟子之礼。国子司业黄隐对此不满，又提出要废除在太学中使用《三经新义》为教材，遭到许多太学生的抗议和吕陶的弹劾。

苏轼和黄庭坚等一些诗人都写诗悼念这位功高日月的荆国公。黄庭坚比王安石小二十多岁，只在王安石晚年时见过一面，而且他也属于所谓的元祐党人，但对王安石的学识人品佩服得五体投地，多次在诗文中抒发钦佩之情，于此可见王安石的人格魅力。

王安石死后，司马光继续废除新法，八月，罢青苗法恢复太平仓法。王安石和神宗辛辛苦苦经过近十年时间创立，在天下推行近十几年并取得极大成功的新法，在神宗死后不到一年半的时间，就被以司马光为首的保守派们全部葬送了。

王安石所建立的功绩在当时所存留的，只有恢复熙河几路，扩大国家版图这一点了。司马光对此也耿耿于怀，想要把王韶在王安石的坚决支持和指导下，苦心经营多年，用众多将士鲜血换来的河湟地区也放弃，拱手归还给西夏。

当他提出这一意向的时候，邢恕劝司马光说："这可不是小事，有关国家的安危，应当征求访问一下边人。孙路久在西北，在河湟地区四年，他很有见解，人品也好。应当去问一问他。"

司马光觉得有理，派人去请孙路。孙路一听这个消息，连忙抱着地图就来了。见面后，指着地图对司马光说："自通远至熙州才通一条小路，熙州之北已经和西夏接壤。今自北关开辟土地一百八十里，濒临大河，筑兰州城，然后可以捍卫庇护中原。如果将此地送给敌国，整个西北一道就都危险了。"

司马光看后，恍然大悟说："多亏征求您的意见了，不然的话，几乎误了国家大事。"从此，再也不提把河湟归还西夏的事。幸亏司马光采纳了孙路的意见，否则，仅此一点，他就会成为千古罪人。

稍有历史常识的人就知道，晚唐"牛李党争"中牛党的领袖人物牛僧孺，也是个朝野闻名的大人物。他在朝廷当政时，当时任西川节度使的李德裕接受吐蕃维州副使悉怛谋之降，一切处置都很妥当。

可牛僧孺闹意气，从中进行阻挠，说服文宗下圣旨令李德裕把维州和悉怛谋都交还给吐蕃。李德裕没有办法，只能遵旨，造成唐朝的极大被动和损失。这给牛僧孺留下一个永远洗刷不掉的污点，遭到后世许多人的批评。司马光要返还河湟的做法，比牛僧孺有过之而无不及。

同年九月，在王安石死后五个多月，司马光除了没把河湟地区还给西夏外，把整个新法和王安石执政时所建立的一切全都废除，尽行恢复旧制。他似乎也完成了一种夙愿，寿终正寝了。

呜呼！司马光无论个人品质多么高尚，在闹意气而处心积虑要把王安石执政时所实行的一切都废除掉，把王安石的历史作用都抹杀掉而不考虑当时的具体情况和朝廷百姓的利益这一点上，就犯了极大的错误，甚至可以说是历史的罪行。我想，如果把司马光和王安石换位的话，王安石是不会这样干的。而宋史和许多史书却都歌颂司马光而贬低甚至诬蔑中伤王安石，真是令人憾恨，难怪梁启超说："吾每读宋史，未尝不废书而恸也。"当然，这种现象的出现有极其深刻的社会历史原因。

司马光死后，保守派也发生了严重的分裂，派系斗争格外激烈，朝政日非。朝廷中分成三派，即所谓的"洛党""蜀党""朔党"。苏东坡等人对尽废新法和朝廷里的相互倾轧极为不满，主动要求到外任去了。执政的梁焘等人制定出两个名单，一个是"蔡确亲党"四十七人，一个是"王安石亲党"三十人，要进行狠狠地打击和整治。

范纯仁反对如此大规模地排斥异己，容易伤着正人君子。而且以后对方上台，恐怕也会如法炮制而进行报复的。但高太后坚持蔡确有党，吕大防和刘挚也支持太后的意见，于是对所谓的"蔡确亲党"便进行残酷打击，全部清理。打击面太宽，而且凡是政见稍有不同或与执政者有嫌隙者均被指为蔡确亲党。后来的新旧党争就是从这里开始激烈起来的。范纯仁因为反对这样做而被罢免宰相之职。

五年后，高太皇太后死，哲宗亲政。哲宗认为祖母执政这几年远远赶不上父亲神宗和王安石那时的情况，于是提出要继承先皇的遗志，重新恢复新法。朝廷又来个大换血，元祐年间被打击的所谓蔡确亲党等人又被重新起用。一些投机分子钻进朝廷，名义上虽然是恢复新法，但具体执行起来与当初已经大相径庭。

后来哲宗死，历史上著名的昏君徽宗赵佶当上皇帝，这是个极其荒淫昏庸腐败的帝王，重用变色龙大奸臣蔡京。这对君臣虽然仍旧打着新党的旗号，但已经是彻头彻尾的大腐败分子了。他们对元祐年间打击新党的大臣进行疯狂的报复，最后竟立什么"元祐党人碑"。

其实，"元祐党人碑"上的名字也不全是元祐年间执政的大臣，是蔡京任意确定的。他嫉恨谁就把谁的名字往上一写，就可以使此人及其子孙在当时都别指望翻身，恶毒残酷到了极点。

陆游的祖父陆佃本来是王安石的学生，其政治倾向是属于变法派一边的，当初王安石对他也很信任。可他却榜上有名。更令人不解的是王珪和章惇二人，本来都是变法派的中坚分子，王珪在世时一直是宰相，所接替的是王安石之位，王安石退隐后，王珪在协助神宗继续推行新法方面做出了极大的贡献。可他和章惇也被列入"元祐党人碑"的名单里。在绍圣五年九月的时候，朝廷还专门为他发了一道圣旨，把他的子侄们全部罢官。

王珪的子侄辈正是著名女词人李清照的舅父。舅父全部被罢官，在此事的前三个月，李清照的父亲李格非亦因为党争而被赶出朝廷。这对于年轻的李清照来说，不能不说是一个严重的打击。因此，她把这一年作为自己人生忧患的开始。这一年她正好十八岁。在《金石录后序》里，有"余自少陆机作赋之二年"一语，后人便将其作为李清照结婚的年龄，从而误定李清照的生年，留下了《后序》署年正误真伪的公案。当然，这是一个很复杂的学术问题，此处不多说。

徽宗和蔡京打着新党的旗号，肆无忌惮地对百姓进行盘剥。政治极度黑暗，天怒人怨，一些江湖好汉被逼上梁山，他们便"该出手时就出手，风风火火闹九州"了。国力大丧，不久就发生了"靖康"之耻，北宋灭亡。

正因为徽宗和蔡京打的是新党的旗帜，而后人又把王安石看成是建立新党的领袖，所以便把北宋灭亡的罪过推到了王安石的身上，甚至把他说成是集古今所有大奸之恶于一身的特大奸臣，真是荒唐到了极点，真是千古奇冤。有人说："由言利而变法，由变法而绍述，由绍述而招乱。则宋家南渡，荆公有以致之也。"乍看似乎逻辑谨严，实则不值一驳。天理昭彰，王荆公一生事业诗文尽在，只要能正视历史，功过自明。关于这一点，还是李来泰《荆公故宅》诗比较公允：

十年高卧此东峰，出处无端衅已丛。洛蜀党成终误国，熙丰法弊岂缘公。争墩已赋三山石，记里犹传九曜宫。漫向春风寻旧泽，生平功过史书中。

王安石变法是后世争议颇大的问题，本书不想在这里进行考证论析，这是历史学家们的任务。但有一点是非常肯定的，即在某种意义上说，王安石变法取得了成功。其主要表现可从两个方面来进行说明：一是当时的社会效果，一是以后的历史影响。

先说前者。两宋三百年间，只有在王安石变法的后期国力最强。整个国家经济繁荣，政治清平，文化教育事业昌盛，军队强大，对西北、东南、西南地区都有相当规模的开发。王安石退隐后，虽然在西北打了两次败仗，遭受很大损失，但并没有损伤国家的元气。整个朝廷的经济状况依然是非常良好的。

神宗和王安石死后，当司马光要被重用时，基本上属于保守派成员的毕仲游曾给司马光写信，劝司马光不要急于废除新法，而应该加强节省各项开支，把国家经济状况搞得更好一些。如果迫不及待地废除新法，弄不好会使国家财力大衰，新法还会重新推行，将要误国误民。

毕仲游在信中说："今诸路常平免役，坊场河渡，户绝庄产之钱粟，积于州县者，无虑数十百钜万。如一归地官，以为经费，可以支二十年之用。"可见当时的经济情况是非常好的，各种钱财统一收归地方财政的话，可以用二十年，这是多么可观的数字。

仅这几句话，就可以证明王安石变法在提高国家的整体经济实力方面获得的伟大成就。毕仲游是保守派阵营里的人，他的话不就更说明问题吗？熙宁元丰年间是北宋乃至于两宋最繁荣强盛的时期，这是毋庸置疑的，而这不正是王安石变法成功的标志嘛！

再说后者，王安石变法的历史影响是非常深远的。他所制定的一些新法虽然被司马光所废除，但几年后就被全部恢复。而有一些新法则一直为后世所沿用，免役法就是如此。

至于北宋由于新党执政而灭亡，那是因为徽宗和蔡京这对昏君奸臣执政的缘故，与新法没有什么直接的关系，与王安石更没有丝毫的关系。中国的封建社会制度是人制而不是法制，所以任何一个朝代的灭亡都是人的关系而不是法的关系。

王安石是中国历史乃至世界历史上少见的杰出人物，他不但有杰出的政治才能和组织能力，而且有极高的艺术天赋，除其诗文被后世所公认外，他的词和书法也有相当高的造诣。

"实际上，只有后代的赞许才可以确定作品的真正价值"（布瓦洛《郎加纳斯〈论崇高〉读后感》）。尽管对王安石的政绩存在着种种不同的看法，但对其在文学方面的成就却是一致赞许的。词的方面或许为一些人所了解，而其也长于书法则鲜为人知。故在此略做只言片语的补充性介绍。

王安石的文章以简洁明快，内容充实，议论精辟见长。他的议论文往往"只下一二语便可扫却他人数大段，是何等简贵"（刘熙载《艺概》）。他的《答司马谏议书》便可谓是一篇典型的范例。文中只用"侵官、生事、征利、拒谏，以致天下怨谤也"十五个字便概括出司马光来信中的全部论点，接着用一百多字的篇幅就回答了司马光三千三百多字长文提出的所有问题，有理有据，干净利落。他的文章往往直抒胸臆，言简意赅，几句话便揭示出非常深刻的道理，有很强的说服力。许多短文极为精彩，见解独到，入木三分，启人深思。如《书刺客传后》、《读孟尝君传》等都是千古传诵的名篇。他的碑志文大约有二百篇，写得都很古朴简明，各有特点，只寥寥数语，便能刻画出栩栩如生的人物形象，没有那些陈腐俗套的滥语。其文被列入"唐宋散文八大家"之中。可见其成就已被后世学术界所公认。

王安石的诗歌成就也很高，尤其是晚年的作品更是达到了炉火纯青的境界。他的诗受杜甫的影响比较大，意境优美，颇有韵味。当时的大诗人苏东坡、黄庭坚的诗风都曾受到过他的影响，而以黄庭坚为首的"江西诗派"中的许多作者，也都在不同程度上受到他诗风的浸润。南宋的杨万里对他更加推崇，在所作的诗中说"半山绝句当朝餐"（《读诗》）；"受业初参且半山"（《答徐才谈绝句》），认为要学作诗，首先应该从学习王安石的绝句下手，要参深悟透。

诗论家严羽在《沧浪诗话》中把王安石的诗确定为"王荆公体"，评价说："公绝句最高，其得意处，高出苏、黄、陈之上。"苏东坡、黄庭坚、陈师道可谓是北宋诗歌成就最高的几个人，从严羽的评价中可以体会出这样的意思，即王安石的有些诗是北宋最高水平的。

王安石的书法鲜为人知，北宋四大书法家中的两位都有推崇其书法的文字，这为我们了解王安石书法水平无疑是个重要的依据。

据黄庭坚在《跋王荆公书陶隐公墓中文》一文中说：熙宁年间，有一个盗墓的人在金陵和丹阳之间挖掘了一座古墓，从墓中出土了带有阴文的砖。有内行人买下这些砖，读上面的字，知道这是当年高隐山中宰相陶弘景的墓葬，文章很高妙。王荆公非常喜欢这篇文章，经常朗诵，并将其书写在金陵天庆观斋房的墙壁间。道士于是将其刻在石碑上，使之流传下来。最后说："王荆公书法奇古，似晋宋间人笔墨。"这样的话黄庭坚不只说过一次，在《题王荆公书后》中说："王荆公书字得古人法，出于杨虚白。"

另一个赞美王安石书法的是米芾，他在《书史》中说："杨凝式字景度，书天真烂漫，纵逸类颜鲁公争坐位帖。王安石少尝学之，人不知也。元丰六年，予始识荆公于钟山。语及此，公大赏叹曰：'无人知之'。其后与予书简，皆此等字。"黄庭坚和米芾都是书法造诣颇高的人，他们能上眼的书法作品一定是不错的。故可以知道王安石在书法方面也有相当的功力，其艺术才能是多方面的。

王安石死去已经九百多年，他曾遭受到许多不公平的批评和指责。真正能够理解他功绩，充分肯定他人格的人屈指可数，可谓是寥若晨星。从历史实际出发，为其打抱不平最有功力者是二人，在清代首推蔡上翔，在近代则首推梁启超。

梁启超认为：作为百年不遇的杰出人物，但在其生前被世人指责，死后数代都不能洗刷恶名，在西方有英国的克林威尔，在中国则有宋代的王安石。千百年来，王安石被骂做集一切乱臣贼子之大成的元凶。其实，王安石才真正是数千年文明史上少见的完人。

写完此书，掩卷深思。我的思绪飘向那遥远的宋代，仿佛置身于那场轰轰烈烈的社会改革的运动之中，亲眼看到王安石那坚毅的目光，亲耳聆听到他那斩钉截铁的话语，亲身感受到在那如火如荼的改革大潮中百姓们兴奋的心情。敢于对沉闷腐败的社会风气进行大胆的改革，敢于为天下先，对整个社会的政治、经济、文化、教育、科举、军事诸方面进行系统的全方位的深刻的改革，这需要多么的勇气和胆略啊！

写完此书，掩卷深思。我不由自主地产生许多感慨：中国传统的文化中，固然有许多精华，但也有许多值得我们深思的地方。诚如鲁迅先生所言："但我们自己是早已布置妥帖了，有贵贱，有大小，有上下。自己被人凌虐，但也可以凌虐别人；自己被人吃，但也可以吃别人。一级一级地制驭着，不能动弹，也不想动弹了"（《灯下漫笔》）。因此，凡是敢于打破僵化的局面，进行社会变革的人物都值得敬佩。而这方面，最有代表性的就是王安石领导的变法运动。

就王安石本人来说，他一生始终以天下苍生为己任，以百姓的根本利益、以推动社会进步为自己变法的终极目标，不怕流俗非议，勇于承担责任，不慕荣利，功成身退，既有坚定的志向又有淡泊名利的情怀。我曾经反复思索王安石的缺点，但怎么也找不出来。似乎除了政敌攻击他个人卫生不好这一点外，其他便实在没有什么值得批评的了。至于说他固执，书中已经写到，实在是变法所遇到的情况太复杂所至。而反过来也可看出他意志的坚定。

翻开中国历史看一看、想一想，有过像王安石所领导的如此深刻的社会变革吗？又有谁像王安石这样在最受君主宠爱事业最隆盛之时坚决辞去一切职务而回家隐居呢？回想荆公一生的经历，觉得梁启超评价其为"真正是数千年文明史上少见的完人。"并非是溢美之词。读者诸君，您的看法又如何呢？

写到这里，我忽然想用一首短短的韵语来结束本书，也算是对王安石的歌颂，姑且就称作《王安石颂》：

我思古人，安石荆公。举世淫靡，独守古风。毅然变法，富国强兵，两宋最盛，莫过熙宁元丰。道德高尚，玉洁冰清。一不爱官，摒弃虚荣，六上札子辞相，事业人气最隆，二疏不能专美，有异梅福渊明；二不爱钱，清廉骨梗，浩然正气凛凛，羞煞古今蠹虫；三不爱色，绝无绯闻，妻买美人辞去，不同贾充玄龄。千古知己，梁氏任公。一言判断善恶，三代以来完人。唯仁者能好人，圣人所云。

参考文献

1. 北宋·王安石著，《临川先生文集》，《四部丛刊初编》（上海：上海书店出版社，1989）

2. 北宋·王安石著，《王文公文集》（上海：上海人民出版社，1974）

3. 李壁著 / 高克勤点校，《王荆文公诗笺注》（上海：上海古籍出版社，2011）

4. 傅璇琮等主编，《全宋诗》（北京：北京大学出版社，1996）

5. 唐圭璋编，《全宋词》（北京：中华书局，2005）

6. 《二十五史》（上海：上海古籍出版社，1986）

7. 北宋·司马光编著 / 元胡三省音注，《资治通鉴》（上海：上海古籍出版社，1987）

8. 清·毕沅编著，《续资治通鉴》（上海：上海古籍出版社，1987）

9. 元·脱脱等撰，《宋史》（北京：中华书局，1985）

10. 范文澜著，《中国通史》（北京：人民出版社，2004）

11. 南宋·李焘编著，《续资治通鉴长编》（北京：中华书局，2004）

12. 清·蔡上翔著，《王荆公年谱考略》（上海：上海人民出版社，1973）

13. 北宋·詹大和等编著，《王安石年谱三种》（北京：中华书局，1994）

14. 邓广铭著，《北宋政治改革家王安石》（北京：生活·读书·新知三联书店，2007）

15. 漆侠著，《王安石变法》（石家庄：河北人民出版社，2001）

16. 漆侠著，《宋学的发展和演变》（北京：人民出版社，2011）

17. 漆侠著，《宋代经济史》（北京：中华书局，2009）

18. 李华瑞著，《王安石变法研究史》（北京：人民出版社，2004）

19. 张祥浩、魏福明著，《王安石评传》（南京：南京大学出版社，2006）

20. 洪本健著，《宋文六大家活动编年》（上海：华东师范大学出版社，1993）

21. 梁启超著，《王安石传》（海口：海南出版社，2001）

22. 林语堂著 / 张振玉译，《苏东坡传》（北京：作家出版社，1995）

23. 清·顾炎武著，《历代宅京记》（北京：中华书局，2004）

24. 陈桥驿主编，《中国六大古都》（北京：中国青年出版社，1983）

25. 严杰著，《欧阳修年谱》（南京：南京出版社，1993）

26. 北宋·孟元老著，《东京梦华录》（上海：上海古典文学出版社，1956）

27. 周密著，《东京梦华录》（外四种）之一《武林旧事》（上海：上海古典文学出版社，1956）

28. 徐伯勇主编，《开封文物胜迹》（郑州：中州古籍出版社，1988）

29. 北宋·邵伯温著，《河南邵氏闻见录》（上海：上海书店出版社，1990）

30. 北宋·邵博著，《河南邵氏闻见后录》（上海：上海书店出版社，1990）

31. 南宋·罗大经著，《鹤林玉露》（上海：上海书店出版社，1990）

32. 吴涛著，《北宋都城东京》（郑州：河南人民出版社，1984）

33. 洪本健编，《欧阳修资料汇编》（3册）（北京：中华书局，1995）

34. 尚园子、陈维礼编著，《宋元生活掠影》（沈阳：沈阳出版社，2002）

35. 王曾瑜撰，《王安石变法简论》，《中国社会科学》（北京：1980年第3期）

36. 杨倩描著，《王安石〈易〉学研究》（石家庄：河北大学出版社，2006）

新版后记

已出版二十多年的书能重新出版，很开心，"以文会友"的感觉亦很好。

二十二年前，东方出版社组织撰写一套名人丛书，编委杨军是吾好友，便邀我参与，给出一些传主名单，我选择了王安石。我按照出版社体例要求，循规蹈矩，查阅大量文献和著作，然后本着可信可读，在历史真实前提下追求艺术真实的原则进行写作。一年后交稿。出版首印五千册，不久售罄，加印。一年后又被韩国买去版权，这套书被韩国出版商选中者只有两本。

吾做事，只有水平问题，而无态度问题，从来都尽心尽力，严谨恭敬，与人交往，生怕对方吃亏。写书尤如此，以至诚之心，至极之力，虽非说用尽洪荒之力亦相去不远。正因如此，上天确实垂怜于我，多种书都在再版或加印。本书只是其中一本。

王安石是不朽的。但愿本书也能获取久远的生命。

2022 年 3 月 12 日

毕宝魁识